宣城古道

政协宣城市委员会 编

中国文史出版社

图书在版编目（CIP）数据

宣城古道 / 政协宣城市委员会编. —北京：中国文史
出版社，2022.12
ISBN 978-7-5205-3953-1

Ⅰ.①宣… Ⅱ.①政… Ⅲ.①宣城－概况 Ⅳ.①K925.43

中国版本图书馆 CIP 数据核字（2022）第 212682 号

责任编辑：程　凤　赵姣娇

出版发行：中国文史出版社

社　　址：北京市海淀区西八里庄路 69 号　　邮编：100142
电　　话：010 - 81136606　81136602　81136603（发行部）
传　　真：010 - 81136655
印　　装：北京温林源印刷有限公司　　邮编：102445
经　　销：全国新华书店
开　　本：787mm×1092mm　1/16
印　　张：30
字　　数：350 千字
版　　次：2022 年 12 月北京第 1 版
印　　次：2023 年 3 月第 2 次印刷
定　　价：98.00 元

《宣城古道》编委会

前　言

　　古道是人们用脚板踩踏出来的谋生之路、创业之路，也是人类用精神意志书写的逐梦之路、奋进之路。古道记录了农耕社会、偏僻山乡的先民，走向城市，投身工商业，一心改变面朝黄土背朝天命运的不懈努力，见证了落后、欠发达地区人民追慕城市文明，学习先发地区经验，创造财富，实现人生价值的奋斗史。也许正是承载着无数奋斗者的汗水血泪，蕴藏着深刻、丰富的人生内涵，条条简朴、曲折的古道，才逐渐成了夺人眼球的"风景"。

　　宣城处在长江沿江平原向皖南山区过渡地带，大部分地区为山地丘陵。现代交通未兴以前，绩溪、旌德、泾县、宁国、广德等山区县份以及宣州、郎溪的部分山区乡镇，人们出门做生意、求学、做官，为走捷径，往往翻山越岭、水陆兼程，久而久之，便逐步形成了吴越、徽杭、宣宁、旌歙、鸦山等著名古道，同时兴盛了临溪、三溪、水东、孙埠、章渡、柏垫、誓节、毕桥、梅渚等水陆码头。据不完全统计，宣城现存长短不一的古道有一百多条，其中徽杭古道、鸦山古道先后被列为国家级文保单位；绩溪徽杭古道与丝绸之路、茶马古道并列为中国三大著名古道，徽帮与马帮、驼帮精神，成为人们追寻、体验、效仿的重要文化传统；吴越古道、旌歙古道等逐渐成为网红打卡点，为越来越多的游人所欣赏。

习近平总书记强调，文物和文化遗产承载着中华民族的基因和血脉，是不可再生、不可替代的中华优秀文明资源，要让更多文物和文化遗产活起来，营造传承中华文明的浓厚氛围。宣城古道与中国其他著名古道一样，展现了中国人积极进取、自强不息的拼搏精神，保护好、宣传好、利用好这些老祖宗留下的宝贵遗产，对延续历史文脉、增强文化自信、建设社会主义现代化国家，具有十分重要的意义。

为了挖掘梳理宣城古道的前世今生，讲好宣城古道故事，促进宣城文化旅游产业发展，推动乡村振兴，宣城市政协组织编写了《宣城古道》一书。全市广大文史工作者积极参与，历时一年，从不同角度和侧面，运用不同文体和笔墨，撰写了八十多篇文章，详细勾勒了宣城现存多条古道的历史，生动描述了古道保护、开发、利用的现状。相信本书能为社会各界特别是热爱文史和旅游的朋友，增添一份新的案头资料，提供了解宣城的又一窗口，增进热爱宣城的感情。

|目 录|

泾县篇

绩溪篇

旌 德 篇

宣州篇

绿 野 仙 踪

——鸦山，古道，皖东南的传奇

李居白

其实写下这个题目，笔者心里很纠结。

一个声音：不要惊扰，让古道安然地沉睡吧！一个声音：如此大美，又怎忍不让世人识！

上篇：追踪，当一回好事者

俗话说，大美收不住，没办法的，那些天天叫着喊着、所谓追寻原神的人，总会在某个落雨的午后，将你扒出来，然后又会找个烈日当空的日子，再将你晒一晒，他们只管他们的得瑟，哪管雨淋日晒之后，你会不会被过度的人来人往而弄得疮痍上脸。

鸦山……古道……今天我也是一个不厚道的得瑟者，在这里唠你的隐踪。

鸦山，横纹茶的母土

鸦山的成名早过千年。

至少远在大唐时期，鸦山就已经广为世人所知。

> 蔟蔟新英摘露光，小江园里火煎尝。
> 吴僧漫说鸦山好，蜀叟休夸鸟嘴香。

合座半瓯轻泛绿，开缄数片浅含黄。

鹿门病客不归去，酒渴更知春味长。

（唐·郑谷《峡中尝茶》）

"吴僧漫说鸦山好"，郑谷诗中的鸦山，位于皖东南的宣城境内，天目山脉的一支自南向北奔走，斜插入宣城境，余脉蔓延而成此山，是郎溪、广德、宣州三地的界山，也是自长江中下游平原区向南进入皖南群山的一片前沿山群，是皖南山区风光的先睹为快之地，更是皖东南的天然氧吧。

"山不在高，有仙则名"，鸦山不高，也没有仙，但她有茶，所以她也早早成名。

山实东吴秀，茶称瑞草魁。剖符虽俗吏，修贡亦仙才。

溪尽停蛮棹，旗张卓翠苔。柳村穿窈窕，松涧渡喧豗。

等级云峰峻，宽平洞府开。拂天闻笑语，特地见楼台。

泉嫩黄金涌，牙香紫璧裁。

（唐·杜牧《题茶山》）

杜牧诗题里的茶山，其实也是鸦山山群里的一座，五代毛文锡在他的《茶谱》里曾记："宣城县有丫山小方饼，横铺茗牙装面，其山东为朝日所烛，号曰阳坡，其茶最胜。太守尝荐于京洛，人士题曰：丫山阳坡横纹茶。"且又记："宣州宣城县有茶山，其山东为朝日所烛，号曰阳坡，其茶最胜，形如小方饼，横铺茗芽其上。太守常荐之，京洛题曰阳坡茶。杜牧《茶山诗》云：'山实东吴秀，茶称瑞草魁。'"由此，可见鸦山所产之茶，在唐时有多么出名，而所谓横纹茶和瑞草魁应该也是一种茶的两个称呼，实际上都是鸦山茶，明代王象晋的《群芳谱》就很明确地注释有："丫山阳坡横纹茶，一名瑞草魁。"

清代宁国县张所勉在《鸦山辨》中写道："按《一统志》，鸦山产茶旧常入贡，属建平，故辨之。"郎溪县古称建平县，始建于宋端拱元年（988）。清代谈迁《枣林杂俎》和阿世坦《清会典》都记有建平县岁贡芽茶二十五斤，因郎溪县无其他历史名茶，这里的贡茶应该就是来自鸦山。又据清《宣城县志》记载："阳坡山下，旧产佳茶，名瑞草魁，一名横纹""水东之东，有象山、狮山、石壁山、双峰山（古名丫山）产横纹茶。"这就把横纹茶产地，由鸦山阳坡向西扩展到宣州区水东镇以东的山区，在水东镇碧山、汪村、前进等自然村也确实发现有树龄 50 年以上的横纹茶品种。

鸦山佳茗，自唐以来盛名不衰，明代曹学佺《名胜志》云："鸦山在文脊山北，产茶，充贡茶。经云：味与蕲州同。梅询有'茶煮鸦山雪满瓯'之句。"横纹茶入贡，尊享礼遇，而今，在鸦山顶，依稀还能寻见古鸦山寺和鸦山街遗址，据说鸦山寺即为当年鸦山茶的创制之地。

古道，一直都在

鸦山上古道的存在，应更早于千年。

茶香飘过千年，仍在唇齿间回荡。山孕育了茶，茶也成就了山，因为有了横纹茶的存在，鸦山便成了世人瞩目之地，向往之所；或许也是茶的原因，鸦山上才会被漫漫岁月踩踏出那么多条古道。

古时茶树多为野生，常生于险远偏僻之地，采摘需要修凿山道；鸦山茶以名盛入贡，采摘者自然会增多，山路在往返中慢慢踩出，久而久之，两端延伸渐成古道，采茶之路为徽商大通道打下了很好的前期基础，这或许也是鸦山古道之多的另一个原因。不过，这只是一种猜想，过往怎样，我们无法探及，我们只知道，在鸦山，有很多条古道，它们一直都在，静静地存在。

准确地说，鸦山古道是一个古道群，九曲岭、大鸦山岭、螃蟹岭，商道、骡马道、战道，穿插、盘旋、翻越，一条条弯曲在鸦山中，蜿蜒成梦。

茶香飘了千年，古道也蜿蜒了千年，千年的时间里，这些古道一直发挥着至关重要的作用，在地域史上，是举足轻重的，其实它们一直延续到新中国成立后的很多年，都仍然还是重要的交通通道，有的甚至还是主要的运输大动脉。

岁月悠长，古道漫漫，其实，我们说千年古道也许并不正确。古道应该都是没有历史的，"世界上本没有路，走的人多了，便成了

路"，所以，一条路的形成，是岁月长河雕刻的结果，至于是什么时候，谁是第一个走过的人，无法知晓，而古道的历史尽头，更是无可探知，故而我们只能说，在古道上有哪些岁月刻过的痕迹，而这些印痕也只能作为某个年代古道上繁荣或衰落的印证标记。

历史和未来，都在古道上散落，一点点，记录着各个时期，所以古道纵横在岁月流中，并不局限于是哪个

王朝的，更不属于哪个王朝，它就是一个存在，安静地存在，过去在，当下在，希望未来依然在。

中篇：惊梦，扰了你的清修

忽然梦断。

这一天，古道还是迎来了嘈杂的市声，尽管退隐多年，但还是再度被惊扰。

在野驴的拐杖下，在背包客的镜头里，鸦山古道，再也藏不住，正所谓功夫高而无隐，挑战者总会至，江湖总是如此，鸦山自然也不例外，古道的武林，似乎永远没有安宁。

各方密探来报，一条又一条的古道被曝，鸦山已无神秘。

鸦山岭古道，战火仿佛还在燃烧

我们现在通常所说的鸦山岭古道有两条，一条自郎溪县姚村乡鸦山岭脚翻越大鸦山岭至宣州区水东镇胡村，这是人们走得最多的一条，可以视为主道，而另一条则是由郎溪县姚村乡刘家冲翻越螃蟹岭至宣州区水东镇南冲。

据说，鸦山岭古道始兴于宋代，是古建平县、广德州通往睦州（今杭州淳安）、徽州的交通要道，现有近30公里路段保存完好，古道路宽一米左右，为块石垒砌，间或也会凿岩开蹬，大多就地取材，修造全随地形变化，路顺山势而走，随山势而变，或沿山溪沟壑蜿蜒，或随峰转盘旋上下，一路穿行，沿途古树参天，竹林成海，时有溪流潺潺，鸟鸣山间。

鸦山岭古道的形成除了行旅之外，一个重要的功能是走商。明清时期，徽商兴起，鸦山岭古道是重要的徽商通道，当时徽商经宁国、宣州水东，途经鸦山岭古道至郎溪，过高淳至南京、扬州；或经芜申运河、太湖至苏锡常和上海，古道悠长，承载着皖东南地区经济、文化交流的重担。

古道多传奇，鸦山岭古道既是商道，还是战道。

最远的故事可以追溯到大宋宣和元年（1119）十二月，宋江因不满官场黑暗腐败，聚集了三十六个亡命之士"起河朔"，在黄河以北地区起事，杀富济贫，替天行道；而宣和二年（1120）十月，方腊在青溪（今浙江淳安）起义，宣和三年（1121）正月，方腊义军别部北上攻克宣州宁国县，进围广德军。

北有宋江，南有方腊，北宋王朝风雨飘摇，危如累卵，只是最后宋江被招安，且还参与朝廷南平方腊。宋代徐梦莘《三朝北盟会编》曾记："宣和二年，方腊反睦州，东南震动；以童贯为江浙宣抚使，领刘延庆、刘光世、宋江等军二十余万往讨之。"宋、方二队人马于宣州水东短兵相接，交锋于鸦山古道，死伤惨烈。

漫漫古道，承载着太多兵事。

元末朱元璋进军浙东，为打开通道，派兵接连攻占广德、宁国、徽州，行军屡次借道鸦山岭。清代太平军与清军在宣城拉锯战旷日持久，为奔袭杭州，1860年2月李秀成率主力由芜湖机动到南陵，渡青弋江，绕过宁国府，深入皖东南腹地，悄然从鸦山岭古道穿过，直趋广德州，迅速攻占打开了江浙门户。抗战时期日军一部自水东进入鸦山时，也曾在鸦山岭古道遭到抗日部队伏击，死伤惨重，此后便再也不敢进犯鸦山；之后更是有新四军、游击队多次与敌在鸦山岭古道狭路相逢。英雄淘尽，"是非成败转头空"，真的是一条古道，多少兵燹，沧桑千年，默默见证着血雨腥风、江山更迭。

九曲岭古道，依稀还有徽商的身影

金戈铁马杳去，古道上依稀还有骡铃叮咚。

追寻着皖东南徽商的身影，我们离开鸦山岭，却又与另一条古道相遇。

在广德、宁国、宣州、郎溪四县交界处，弯弯曲曲，一条古道蛰伏于群山之间，相较于鸦山岭古道，这条要宽很多，大部分路段都要超过2米，主铺石料红砂岩皆为就地取材，路面坑洼之处更是多用小石块叠砌铺展，坡面平缓骡马易行，道路增宽便于驮运货物的车马对向交错，故而看上去，这条古道应该更适合于商队的行旅。

这便是鸦山古道群中最宽最繁忙的一条：九曲岭古道，现保存完好的部分大约有5公里。

九曲岭古道是一条跨境出省的古老商道，在整个徽商古道的漫长路途上，它是很重要的一段。它四通八达，向西可横穿宣州区的水东镇入水阳江一路北去可达芜湖，中途又可拐入鸦山岭古道通往郎溪直达南京，向南可经宁国去往徽州、江西、福建，向东可到广德、安吉、苏浙沪，《广德州志》曾记：明嘉靖年间，有百十徽州商人聚

广德行商，县城设有"徽州商会"，由此可以想见这条路上的繁华和喧嚣。

古道上遗迹众多，驿站、行亭、桃花庵，古树、小桥、山涧溪流，皆是古道风景，一路印痕漫说着岁月的古老。川流不息、络绎不绝曾是它的过往，虽然历史故去，徽商渐远，但它仍然还是风姿依旧，至今还是居住于九曲岭周边各县居民往来的主要通道。

下篇：还魂，留住仙容依旧

"鸦山不与众山并，壁立孤峰势欲倾。草色连溪偏莹净，松屏如画轻水明。洞门仙去茶烟旧，谷口云开石径平。静爱僧家清话久，子规啼落月三更。"这是明代郎溪本土诗人吕盛对鸦山的赞誉。

"倚天盘蠹与云并，云锁乾坤向日倾。春雨过来还峭拔，晚烟散尽愈分明。盈眸土埠知难及，绝顶松涛诉不平。雪满茶瓯有佳句，梅公之后有谁更？"这是明嘉靖《建平县志》录载的赞美鸦山之诗。

山峰耸拔，林茂竹翠，文人墨客、商贾官宦，留下过怎样的佳话；古街、古桥、古村，商铺、茶馆、酒肆，又诞生过多少逸事。在鸦山，一种古朴的神秘总会让你向往，总想前行一探。

隐，才是最好的风景

传奇永远属于过去，鸦山的美景还在，但古道的灵魂已被时光淘走。

当青春成为记忆，古道在完成了它的使命之后，已苍老退隐。同绝大多数古道一样，鸦山古道也被现代化的交通网所代替，喧嚣与繁华远了，战火与车轮远了，马蹄儿与骡铃声远了，一切归于无声，山林寂静，心魂沉淀，退而隐，成为它低调而奢华的厚重，也是它对命运最好的领悟和诠释。

精于悟道，方得以全身而退，方能入得佳境，江湖老了，见的多了，倦了岁月，古道渐渐失去它的原生动力，退而转型成为最原始的风景，也许它知道，要想护得周全，静待再次花开，就必须远离方外，啜精饮华，再次修炼。也许正是因为它的睿智，才在多年之后，当它再现人间时，人们惊喜地发现，鸦山古道，早已立成了另一道风景，尽管落叶积满面容，但它的沧桑，已然是一个千年的梦境，神秘而幽远。

静，才是古道的真谛

其实，最美的风景是永远不要被打扰。

所谓"无限风光在险峰"，就是因为过于偏远险峻，人不能及，故而景会常在。

只是，人事浮躁，在这个年代，古道总会被无聊的市声惊到，尽管它藏于绿水青山，小心再小心，但总有好事者，一个表情包会曝了它的行踪，一个惊叹号会断了它的清修。有时候想想，这个世界真的是已无风景，遍地的人影，早已破了风景的魂。至于险远，在现代科技的力量下，早已没有了这个词的释义，科技越发达，险远越可以穷及，而人和资本一到，风景常常便会戛然而止。

而今，一些所谓的旅游开发、一些所谓的保护和维修，其实更是对古迹的变相破坏，蝇头小利常坏了一地山水，资本一到，于是古镇不再是古镇，古桥不再是古桥，古道也不再是古道，这些为了达到资本的目的而对珍贵古迹进行大一统的整修，让它们在斧钺之下变得面目全非，真的是让人心疼到痛。

（作者单位：宣州区区委宣传部）

茶花岭古道

焦正达

　　在宣州东南重镇水东，现有 4 条古道，名为茶花岭、丫山、九曲岭、南峰岭古道，它们穿山越岭曲折蜿蜒，最后共同汇聚到水阳江边，通过江边的码头分散到南北西东，勾连起万里征途。

　　这些古道之中，茶花岭是个谜一样的存在。

　　在宣州，若论知名度之高、知情度之低的所在，第一非茶花岭莫属。美丽与苍凉，浪漫与沉重，传奇与真相，雾一般地笼罩着，使茶花岭的一切都显得神秘。

　　茶花岭古道的核心就是茶花岭。宣州有个民谚说："先有茶花岭，后有水东镇。"茶花岭原名"长幡岭"，临界宣州、郎溪、广德、宁国4 县之地，是水东、孙埠两个古镇的分界岭，四面群山环绕，地势险要。久远以来，民间口口相传，茶花岭头曾是一座繁华的市镇。然而这个市镇何时形成，如何形成，何等情状，因何毁败，却无据可考，也无人能说清。

　　清《宁国府志》"舆地"记："长幡岭，在稽亭山东。"清《宣城县志》记："长幡岭，山势夭矫，如幡幢挂空，故名。"县志"寺观"也只记了一条，长幡岭上有一座昌福殿，"宋时建，凡五修。至国朝乾隆戊午复修，有记。"大凡市镇形成，一个基本条件就是交通状况较好，一般都临水陆要道，在古代水路尤为重要，水陆交汇处多有大市镇；水东市镇就是如此。而茶花岭毫无水陆便利，如何成为市镇，又为何不见记载？若说传言为虚，但"遗址"又凿然存世。茶花岭，究竟隐藏了什么秘密？

据说，这座山岭曾遍种山茶，每当花季，一片红粉铺陈，艳若云锦，故又叫"茶花岭"。也可能因"长幡""茶花"在方言中发音较近，而长幡岭词文费解，久之就叫成了通俗好听的茶花岭。现在已没有了茶花，漫山木竹，奇石林立，造型各异；很多石头上生长着榆树，宛如巨型盆景，蔚为奇观。还间有溶洞，曲折回环，莫测幽深；时见细水自山壁崖缝渗出，汇成涓涓溪涧。茶花岭的景色堪称清幽，但清幽中透出一种荒芜的气质。山岭呈东西走向，由南麓登山，全程6—7里。古道曲折，或陡或缓，崎岖难行，宽处约2米，窄处不足0.5米，或尚完整，或有断缺，山石铺垫，褐红斑斓，被岁月脚步打磨得光滑明亮。上到岭头，只见一片平地，横约200米，纵约50米，南北2条路径在此交会，形成一个市镇的"十字街心"。20世纪90年代，这里建了一座小庙，供奉道教神祇祠山大帝，"殿主"却是个和尚。殿内保存了一座清道光乙未年秋月的功德碑，刻有"重修祠

寂寂祠山殿，淡淡一炉香

山殿碑记"，说明在 1835 年前岭上就有祠山殿。

当地人士普遍认为，茶花岭头的集市起源于唐初。因附近乡民山货特产难以外运，便到这个中间地带交换贩卖，慢慢走出了道路，形成了市镇。在水东、孙埠集镇建立前，茶花岭汇集了各方商家，四乡八岭的人来此交易，一度成为宣州东南的商贸重地。各地的土产、日用器具、盐等货物由骡马或人力运上岭头，再经山间古道、水阳江发往浙江、江苏、皖北等地，一集一散，日积月累，吞吐着巨大的财富。岭上房屋店铺鳞次栉比，街巷都是大麻卵石铺成，人来人往，热闹非凡。据说，元末茶花岭有 100 多个精壮挑夫，另有大牲口和独轮车，从事货物运输。最盛时岭上开过 3 家当铺，解放初当铺的石碑还在。有数家当铺和百人运输队的市镇，足见其商业繁荣和人烟稠密。

至于茶花岭的衰败，却众说纷纭，矛盾混乱。有说元末时，朱元璋和陈友谅的军队在茶花岭大战，战后只剩下 30 余户，茶花岭就此一蹶不振。有说晚清时太平军经过茶花岭，纵火烧了整个街市。这两者都说，兵祸前，大商们把金银财宝秘密装运，有的藏在岭上的地窖或山洞，有的转移到山外。后曾有"藏宝图"现世，一首"藏宝歌谣"流传至今："太阳出来照人头，人头影下窖金银，一窖金来一窖银"，神秘兮兮。

古道悠长，山外有山

还有说法是，经过数次战乱，加之陆路的畅通和水运的发展，商贸活动自然地就转向了水东，茶花岭便慢慢衰落下来。

茶花岭头的遗留，证实了一个颇具规模市镇的存在。整个"十字街"的"街道"两旁、四片区域，树木杂草间遍立一截截的石砌屋基，一般30—50厘米高，长宽不等，依稀可辨房屋的形状。"东街"出岭头延伸400余米，屋基分布山路北侧，多似生活住房；南侧往东到"冬瓜洞"原来都是梯田；岭上古道经螃蟹岭到郎溪，现已基本荒废了。"岭南"是一片较陡的山坡，斜对碧山，自下而上150米，"街道"东侧的屋基参差向岭头递进，有的似"前店后坊"结构；西侧是一座巨大的建筑基础，沿山势修建，地基南端最高2米，南北长40米，全是块石垒砌，严整坚固。边沿有一对旗杆石，长宽各80厘米，高50厘米，洞眼直径25厘米，两石相距10米，底座已无。这座建筑的规制不像商铺祠堂，倒像是一座兵寨。"西街"最小，只有沿街

历经风雨的石础、残砖、老墙基，唯余沉默

各一排房屋，建在长约80米平地上，有小道通水阳江畔的稽亭山。而山岭北部的"商业中心"，才是茶花岭精华所在。

"岭北"是一道400米长，300米宽的缓坡，"街道"尽头似猛然被切断，出现一道险陡的山壁，下面是胡家沟，沟上为寨山，都属孙埠界。东区靠山，"市口"不错，当铺就开在这里。西北是一个山坳，无论下多大雨都不积水，可能山体内藏有溶洞，人们引以为奇，称之"金盆底"，聚宝积财，是为"黄金地段"，房屋密集，"寸土寸金"。现灌木荆棘中只有一些残损的石料：石槛、石条、石础及断砖碎瓦等，一户商家的天井保留完好。一口古井仍在供水，井深7米，口径0.4米；此类水井已找到了3口。根据现存遗址估量，当年茶花岭商家居民应不少于200户、1000人口。

茶花岭遗址虽未经权威的考古鉴定，但有实体可供琢磨。其传说中的起落，虽无凭据，亦是事出有因。以现有的种种"物事"为基础，结合历史的背景，可作出初步的判断：茶花岭市镇的兴起，应与"巡检寨"制度有关。

自南宋之后，宣州的巡检力量得到加强。黄池、水阳、麻姑（山）先设巡寨，后新河庄、马山埠、湾沚、寒亭、杨柳铺等地分别设了巡寨、汛兵等武装。宣州东南地域较大，又毗邻数县，民情繁杂，设巡寨镇抚应在情理之中。从地名看，县志释长幡岭"如幡幢挂空"，当是后世文人饰词，百姓、军兵不会这样说。"长幡"者，大旗也，可能就是指旗杆石上插的旗帜；那座宏阔的石基，可能就是巡寨，岭头有平地、附近有水源，具备驻兵的基础条件；立旗为标记，以告知、警示地方；以飘扬山巅的寨旗指代这座山岭，也符合民众的习惯。

设寨前后，附近乡民不定期到这里"赶集"；随着人员的增多，

昔日长幡风吹去，此地空留旗杆石

需求的扩大，后来演变成固定的市镇。有寨兵保护，又占据地利，于是近县远州的行商坐贾逐渐汇集，茶花岭日益兴盛起来。南宋至元代，江南盛行全真道，"拜祭祠山"活动也在皖、苏、浙10余州县流行，茶花岭建昌福殿、祠山殿亦是正当其时。

元末群雄并起，逐鹿天下。至正十七年（1357），徐达、常遇春率部攻打宁国路，元军残部逃到茶花岭巡寨，与常遇春部发生战斗，当不足为奇。至正二十年，陈友谅进攻南京大败逃回江西，其一支败兵途经宣州，在茶花岭据险与追兵争战，亦不无可能。总之，茶花岭在元末遭遇战乱，打击极其惨重。

至正二十六年（1366），朱元璋开始扩建南京城，并兴建宫城，宣州成为建筑材料物资的供给地之一，而水东则是宁国府主要的物资运输点之一。据说，当时郎溪、广德、宁国、宣州东南包括徽州等地区的物资，诸如石灰、木桩料、石材、竹器、桐油、漆、炭之类，通过水东的茶花岭等古道和水阳江抵达水东码头，再由船排运输队伍运送至南京。南京的工程建设20多年，古道就运送物资20多年，运送

群山环抱，茶花岭复归于田野

最多的是用量极大的石灰和木头。

洪武十三年（1380），朝廷裁汰巡检司，已是明日黄花的茶花岭，应就此撤销，后再也没有复兴。否则，在明清时代，地方官府热衷于修志，对一个繁华的市镇不会没有记录；明中叶到清初，宣州文风鼎盛，文人热衷于游吟，对一个兴旺的茶花岭不会不着一字。

茶花岭衰落了，但还没有彻底覆灭。祠山殿的功德碑尽管字迹已不清晰，毕竟记下了岭头的人间烟火。那些刻在前排的名字，捐银不过"叁两、贰两"，或是有心无力，或是低调吝啬，总归消散了茶花岭盛年的豪气。"咸同兵燹"时，太平军与清军在宣州长期进行拉锯战，天京陷落后也有太平军残部经宣州撤往江西。元末、晚清的两次战火，将茶花岭市镇从历史上抹去，它延伸的古道逐渐湮没于荒草轻尘之中。商民或死或逃，或回原籍；20世纪80年代，一位80多岁高龄的外地老太太来到祁梅村，请人将她抬上茶花岭，在废墟上彳亍良久，寻觅她先人的故居痕迹，凭吊那尘封的辉煌岁月。此际也有商家搬到了水东，水东有一条老街叫"当铺街"，据说当铺就是迁自茶花岭，但已说不清是迁于元末还是晚清，500多年间，缺失的岂止时光。一个市镇湮没，一个市镇崛起，历史就是这样，生生灭灭，生生不息。

抗日战争时期，茶花岭的战略位置再次凸显。当时水东、孙埠一带形势极为复杂，国军、保安队、日伪军、土匪等各种武装犬牙交错，交战不断；稽亭山被日伪军占领，并修筑了碉堡，控制宣、宁通道。1942年7月，中共宣城县委在茶花岭成立"宣城抗日游击队"，废弃已久的古道再一次活跃起来，战士们利用有利的地形机动灵活地打击日伪军，最终迎来了抗战的胜利。茶花岭古道，又新增了一道淡淡的红色印记。

今天，相关政府部门组织专业人员对茶花岭古道进行了田野调查，古道的保护已引起社会各界人士的高度关注。

（作者单位：宣州区水务局）

宗村多幽径，古道闻钟磬

吴　俊

　　行至水东宗村已是正午。7 月上旬的烈日似乎被环伺周围的山尖高高地托了起来，白晃晃地炙烤着没有林木遮阴的开阔地。溪流从东面的山涧流下来，舒缓地经过村舍的门廊之下，涌到村前小桥下的凼口汇聚成一碧清流，又匆匆地满溢而出向更低处流去，浸润着更低处农家的瓜果菜蔬。

　　宗村的小桥流水之上一片清凉，右边一棵老树，左边两棵古树，交织的树冠撑起半个篮球场大的阴凉。密荫之下润透着溪水般的凉爽。老树不知何树，两棵古树是青檀。青檀树下有木椅石桌，地面是溪流之下的鹅卵石铺成的。

老树林荫

三三两两的村民刚吃过午饭，坐在石凳上闲话。不禁伸手抚摸青檀粗壮的树身，凹凹凸凸的树干包裹在皱褶扎手的树皮之下。一位老者脱口而出："这树皮可以造宣纸呢。"我拾起一块脱落的树皮，深褐色，有韧性，纵深的纹路像一行行写意的古字帖，像流水的溪道，像村庄通向四面山林间曲曲折折的小道。一块古树皮深嵌着村庄的历史厚度。

据传，宗氏家族是宋代名将宗泽的后裔。明代至清初为宗村发展巅峰期，有360户，3000多人口，散集在各山冲、山腰和山脚下的大块平地上，和现有的人口数据基本相当。历史并没有远去，它只是隐匿了起来，甚至也在和现代的空间共同成长。村民是历史的延续，四合的山岭是这片土地神秘的碑文，而古道便是一笔笔散发着余味的墨迹。除了现有的已被人们熟知的宗村九曲岭和鸦山古道，在宗村大山头的密林幽壑之间，还隐藏着一条更具本土味的石条古道——大山头古道。

说起"大山头"，村民的神情即刻亲切了起来，他们把手往东南方向的山头一指，仿佛是指着自家的田间地头。大山头的山脊、山腰、山脚，紧邻宗村唯一通往外界的公路——"宗水公路"。但说到古道，他们却迟疑不定，只是说山头之上的"法云禅寺"，年代悠久，现已重新修建，门前有一湾水塘，有数条狗护院。也是，他们无须刻意寻求一条古道，山中的哪一条幽径又不曾是古道？他们想要上山，山脚之下任何一处沿口都挡不住他们的脚步，他们的血脉之中藏有千百条古道。

沿着他们手指的方向抄近路上山，穿过一片被山风吹得"沙沙"响的玉米地，再踏上数十阶有些年头的水泥石阶，便是宗水公路。路沿之上，一棵笔直的需有两人才能合抱的古树，擎起了一围荫翳，是香榧树，再看，一排参差不齐的香榧。树在山体的庇护之下枝繁叶茂，紧连的树冠之下层叠着新旧交错的宗村民居，近处的庭院一片荫凉。

从宗水公路俯瞰宗村全貌

　　朝着公路的东南方向一路行至尽头，再向右一拐，便是一条通向法云禅寺的上山幽径。"记住右拐，右拐，向左走就到广德去了"，这是当地人给我的路标。山道两边的山芦苇被微风轻荡，正午的烈日在山脊之上撕开一道裂口，投射在成片的山芦苇如鹅绒般的苇絮上，反射出银色的絮光。

　　在宗村的青檀树下，我特意打开地图测出宗村与法云禅寺的具体距离，3公里。除去上山途中的公路1公里，爬山的实际路程只有2公里。据村民讲，这条路是后期修建而成，路很窄不到两米，碎石路两边有明显的车辙印，车辙中间蓬勃的野草蜿蜒出一条向上的绿带。碗口粗的竹林从两边山腰之上一铺而下，葱郁青翠，铺满山岗，竹林在顶端又成片相互合围，像古时贤士谦谦地相互作揖。

　　路越发的陡了，耳畔隐隐地传来溪流缓缓的叮咚声。是一条左侧的山涧，靠着山沿跌宕而下。暑热难耐，清泉凉身。泉是从时光深处淌来的，击石而泻的声音里，藏着历史的马蹄和古靴踏路声。有泉水的地方必有古道，哪怕只是斩荆披棘的痕迹。和泉水一起淌来的还有寺庙的钟磬声，法云禅寺历史悠久，曾又名为百莲寺。如果从空中俯瞰连绵的与大山头相连的群峰，坐落在山头中间的法云禅寺，便如莲花之蕊。

据文物单位考察，大山头古道始建于明代，那么法云禅寺年代应该更为悠久。路是寺庙与俗世的连接，从初建的小小庙堂到具有一定规模的寺院，这条发展之路也是一条悠悠古道。

拐了几处向右的弯，车辙印几乎消失，碎石路下已显出大小不一深嵌入山路之中的青石块，红褐色与灰青色交杂出斑驳的斑纹，路两边也堆着杂乱的青石块，在它们尖锐的棱角里，留有无数道古时凿山削壁之痕，先钻后劈的山石再细细地打磨，之后，被巧妙地用榫卯结构相连，平铺成山道，工序繁杂而艰辛。深山幽谷，日月星辰，风雨雪来，人影往复百年又百年，悠悠时光之下，岩石坚硬的内质里已经有了人间烟火的纹路。

再向上，碎石渐少，已裸露出成片的青石板块，其间衔接着阶梯式的自然呈现而出的山体岩石，这些岩石，有着紫玉般的色泽，由衷地佩服古人的工匠之心，人工和自然巧妙地衔接，造就了独具匠心的审美艺术，就像粗藤缠老树，是时光深处延伸出来的美。法云禅寺越来越近了。原先路两边的幽幽竹林，陡然切换成了成排的老树，粗藤盘绕直上树冠，弯弯的山道一片幽凉，炙热的光线已无缝可钻。

屏住呼吸，静听林木轻吟，再俯身用手掌紧贴古道，现代的喧嚣已被这山间一隅瞬间隔开。在时光的厚度里，美妙的生命之静，刹那被打开。山高 600 米，路行 3000 步。越靠近寺庙，古道的石板面越

古道清晰可见

大，深嵌其间的裂纹也越清晰，纹壑之间也如鹅卵石般光滑，可见寺庙曾经的香火鼎盛。

山头的平坡上，寺庙的结构在明烈的光线下一览无余。正门是新修的，石头墙体，翘角的棕色瓦顶，左边有一弯月形池塘，水色青绿，有锦鲤游影。在池塘左上方的斜坡上，是一面禅堂的侧廊，檐角上系着小铃铛，小铃铛在等风。从正门右角的铁栅栏门进入，无僧，有狗吠在庙宇的四处此起彼伏，仿佛是一座无人的山顶村庄。护寺犬往寺庙的深处退去，仿佛是引迎，又像在窥探。转身向左踏上水泥石阶，蹬上木梯，来到挂有"动静等观"门匾的禅堂。堂门是现代的木边玻璃门，环行内廊，禅堂两侧各五扇拱形窗，窗明几净，禅堂全木质，锈红色的漆面光泽浮影。我的脚步在地板上移动，像是在午间轻敲了木鱼。倚廊向东望，法云禅寺的正殿檐角静谧得如古树层叠。再望"动静等观"四字,凡心竟有了一丝禅意,能把狗吠声隐去。

如果单论禅意,被多次修葺的法云寺是不如古道的。古道的青石条,哪一块不是佛性禅心,入道即禅定。轮世的僧人,过往的商客,曾经的樵夫,流落他乡的断肠人,古道是他们在世间的指路人,感知着他们在人间的悲喜交织。苔痕和野草是古道虔诚的追随者,也是从古至今时光里的行者,一步一步丢下了人间之惑,一步一步又种下了希望和坚毅。走过了千峰万岭断崖路,便是一次心性的修行,再归世间,也无风雨也无晴。

从寺庙折返下山,重踏古道,手机显示 200 步。直至在走到 800 步之后的弯坡下消失。坡沿以及坡下的幽壑处,乱石扎堆,有山洪汹涌而来的痕迹。洪流是损毁古道的主凶之一,如若"大山头"古道起于明代,那么 600 年的洪流也没有把古道全部摧毁,600 年的人间脚

沿途岩壁

步是古道深扎在山体内部的根，也是古道和人之间修炼深厚而未尽的缘分。

返回宗村的途中，偶遇几位当地的老者坐在竹椅上，围在树荫下聊天。我欣然上前递烟，与他们攀谈。我想从他们口中获取更多的关于"大山头"古道的故事。老者们满脸笑意，热情地又搬来竹椅招呼我坐下。他们搁下方言在回忆里搜索，再摇头，甚至有点诧异。我翻开手机的图片，凑近了给他们看，希望能唤醒他们被现代安逸生活埋没了的记忆。当我翻到法云寺的图片之后，一位戴眼镜的老者却向我娓娓道来法云寺近年的故事。他说大约十年前，寺庙曾经有一位来自蒙古呼伦贝尔的张姓法师，似乎在佛教界颇有盛名。那段时间，有很多从各地纷至沓来的僧人来此听张法师传经授道，这些僧人在此培训之后，再回到各地的寺庙任住持，法云寺好比是培养佛教领导者的殿堂，这应该是法云寺最近一次的辉煌。

新修的法云禅寺禅堂

如今，现代的寺庙经声已弱，更多的是一种对历史和文化的尊重和留守。然而，仔细听，古寺的钟磬声还在大山头的山峰上敲响着余音，那是落在古道之上600年的风雨和人迹，每一块古道石板的纹路里，都回荡着600年的钟磬声。

似乎被磬声唤醒，老者突然说到"和尚坳子"。他指着连着外界的宗水公路的前方，说有个叫"白果树"的村庄，那里的山坳里曾有一条和尚下山的小路，你去看看。我告别他们，循着他所指的方向再次寻道。"白果树"是一座只有10来户人家，依在山脚下的村民组，隶属于宗村。从中午上山再下山，大约已过去了两个半小时，来到"白果树"已是下午3点。村民已从午梦中醒来。盛夏的山脚下，即使在没有古树遮阴的地方，也没有袭身的炕气。

见一位中年男人站在楼房的台阶沿子上，朝着我望。一楼堂屋里的方桌上，围着一群看打麻将的人。我问中年男人"和尚坳子"在哪，他好奇地打量着我，心里寻思着一个陌生人怎么会脱口而出只有当地人才知道的地方名称。他缓过神，指着村庄上山的小径，说，那就是。我又翻开手机的图片问，有这样的古道吗？他说，古道在山之上，山坳里早已不见，有可能被顺山而下的竹竿子碾碎了。

道谢之后上山。纵深的竹林，一条蜿蜒向上的小路，有溪流汇入的溪水洼子。小路被一层厚厚的草黄色竹叶覆盖。再向上，有丢弃的竹节和几块嶙峋的岩石卧在路中间。我在一块岩石上坐下，用竹枝扒拉着地面，竹叶之下是一片碎石土路，这碎石像是搅拌后的石块。疑窦渐生，突然发现左脚下方的一块长条青石板，那平滑的纹路，分明是一块古道的残存。我心中立刻涌起了一个个问号，那些坚硬的石条到底去向何处？被山洪解体冲刷于暗角沟壑？被滚滑的竹竿碾碎？这个问题在我回来后，一遍遍翻着手机拍下的图片后，才恍然大悟，它

院墙围子砌有古石条子

们应该是被人为地撬走了。在一张图片中，一户山民家的石围子院墙上，便是用一块块厚实的青石条子垒起来的。我猜测，法云禅寺的落成应该是大山头古道的起源，"和尚坳子"，这句地方俚语形象又亲切，同时，又能从岁月的深处，感触到这条古道幽深的禅意。那一块块砌在村民院墙上的古道如一行行灵性的经文，还是佛悯众生啊。

水东宗村的灵山秀水，让这座村庄经济繁荣，村民安享着舒适而富裕的生活。这一切都离不开一个"古"字。绵绵的群山是护佑古韵的天然屏障。古树，古建筑，古道，以及延续下来的古传统，是人类缓慢而又厚重的人文积累。仰望一棵古树，虔拜一条古道，维护保留好一座座古宅，才能让人民福祉如溪水长流，这也是一条文明和感恩的"古道"。

（作者单位：宣城市信息工程学校）

宣宁古道话古今

童达清

　　早在春秋时期，我国就设立了驿传制度，明清时期，驿传制度更加完善。铺递是驿传的重要组成部分，宁国府下辖六县，府与县之间皆有铺递连接，宣城县与宁国县相距九十里，十里一铺，中间设有上渡铺、长安铺、寿松铺、黄渡铺、杨林铺、杜迁铺、延福铺、双溪铺八个铺递，其中前五铺在宣城县境内，后三铺在宁国县境。这条官道就是连通宣宁的最主要的道路，南宋时可由此达都城临安，也是前往徽州的重要通道。

　　宣宁古道的具体路线为：

　　第一段，全长 37 里：由宁国府城出发，南行至五里岗，东南渡葫芦墟之小溪，至辛家渡，越龙头山，抵夏家渡。又东南行二里至十里铺，旋渡红板桥（横板桥）至关张村。不二里，登阜山，行至官山前。又经高村塘、等高阜、七里岗头，再西南行过七里岗，下坡行至板桥。又东南行二里余，至糖栗村，两侧皆低阜环抱。又前至小店，至港村。再向东南行，即峄山。山行三里余，下坡渡峄阳桥，至吴家边。东南行至寿松铺（俗名守成铺），又里许登阜至灵官庙（即目连窨），又里余，下坡过五里铺，至高泥堵分歧处，折而西南行，渡沙河小板桥，至杂铺街，又渡板桥至荒原，直前再渡河，至黄渡。

　　此路段因有华阳河、宛溪河等河流流过，需要架设众多桥梁，新安桥、黄渡桥就是其中的重要津梁。新安桥位于夏家渡，始建于明弘治年间，因其为歙县人阮辉、阮杰在宣经商，捐资建造，故时任宁国府知府刘廷瓒将其命名为"新安桥"，当地老百姓又称其为"阮翁桥"。清顺治年间，阮杰之裔孙阮士鹏也曾捐资重修，宣城县知县王同春有记。雍正九年（1731），因该桥被洪水冲毁，阮士鹏之子阮赞妾林氏捐银2000两重建，宁国府知府程侯本作有《重建新安桥碑记》。至今新安桥仍完好地保存着，成为一段美好历史的见证。

　　黄渡桥位于黄渡镇北华阳河上，华阳河是水阳江的重要支流，水源众多，每当发水季节，"激浪若奔马，怒涛若吼雷。虽复厉揭之波，而浩瀁汪洋，有悬仞不辨马牛之势。"游人病涉。明万历年间，文峰梅氏后人梅守简（字行甫）急公好义，率子孙先在河上架设木桥，被洪水冲毁后，又两次重建，最后建成了一座坚固实用的石桥，"石侹而肤厚，材完而工致"（梅守箕《黄渡石桥记》）。梅守简前后修桥历时 30 多年，花费金银数千两，可谓乡贤典型。

2200 年前，西楚霸王项羽率八千江东子弟兵过江诛暴秦，曾从这条古道走过，在峄山下驻兵整训。其后宣州人在此建有项王庙以祭祀之。梅尧臣《宣州杂诗二十首》之一："项籍路由此，力豪闻拔山。八千提楚卒，百二破秦关。垓下围歌合，江头匹马还。却思诸父老，相见亦何颜。"（《宛陵集》卷四十三）就是其过峄山项王庙时有感而发。元至正十五年（1355），长枪叛贼琐南班攻陷宁国路城，邑人汪泽民不屈被杀，埋魂于峄山之麓。1945 年 3 月，我宣城抗日游击队为了反抗日军的侵略，在此与日军鏖战一整天，共牺牲游击队干部、战士和民兵 70 多人，负伤 100 多人。可见由古至今，这条古道上走过无数不屈的英魂，正是他们，竖起了五千年中华文明的伟岸脊梁。

这条古道上，还走过无数的文人雅士，一路风景一路诗。明隆庆四年（1570），歙县人王寅至宣城游历，临别，宣城梅鼎祚等送行至寿松铺，作有《寿松店送王仲房》诗："秋色苍然木叶丹，留君沽酒暂为欢。尊前何限青山路，落日萧萧一骑寒。"（《鹿裘石室集》诗集卷二十二）王寅也作有《寿松驿别梅禹金与叔时甫、兄思振，兼怀沈君典未至》以酬答："夕阳落叶正纷纷，送客城南忍别君。九日且归郭岭社，双里还约敬亭云。"（《十岳山人诗集》卷三）

第二段，全长 18 里：由黄渡铺南行二里至夹岗山，循山南行至塔桥。东行至永泰桥，又前至栗木港、五丰桥，东南行至太白村边，过李家桥，即至杨林铺。再往前就是分界山，乃宣城县与宁国县的分界处。

杨林铺西，即是著名的柏枧山风景区，也是文峰梅氏的发祥地。自古以来，文人雅士纷至沓来，留下了数不清的佳诗名咏。自然，要到柏枧山，就要走宣宁官道。万历四十六年（1618）四月，歙县潘之

恒应邑人汤宾尹邀至宣城，二人同游柏枧山，走的就是这条官道。二人一路游赏一路诗，潘之恒作有《过峄山呈汤嘉宾太史》《宿黄渡赠周生》《望柏枧山》《山口问梅氏故宅》《遣讯梅季豹伯母太君，兼呈嘉宾先生》《柏枧寺寻涧源》《飞梁故址望潭壁》《寻源三首赠周无憾》《从汤司成公游山门题壁》（《漪游草》卷一）。其后潘之恒自柏枧山游宁国，还是走的这条官道。临别，作有《山门别汤嘉宾先生遣讯后期》《宿通灵峰得汤司成嘉宾讯》等诗（《漪游草》卷一）。

第三段，全长 27 里：过分界山，出山至杜迁铺（即港口镇），渡凤凰桥至韩家桥，经斧头山下渡瓮子桥，再渡小石桥、新桥，东南行至五里亭，又前至七里亭，渡澄清桥，经许村至株木店。再向东南行里许，至延福铺（俗称"烟火铺"）过石岭头至擅山脚。又前渡双溪桥至双溪铺。东南行里余，就到了河沥溪和宁国县城的岔路口。继续前行，至八卦头、水木塘，过潘村渡渡河，经唐北庙就到了河沥溪。

此段全在宁国县境内，多为山路，行旅不便，然沿途风景绝佳，通灵峰即为其一，"孤圆真秀，绝顶平处六七亩，泉出其中，有石巉然，号鸡冠石"（嘉靖《宁国府志》卷五）。明代梅鼎祚《秋日宿通灵峰》："榻依河汉繁星曙，门掩杉松宿雨寒。返照倒衔吴岫出，飞流斜界楚云残。清秋瑶草如堪拾，此地吾将老鹬冠。"（《鹿裘石室集》诗集卷十五）《通灵道中》："天风吹散碧云秋，片片岚光挟雨流。借问仙人双白鹿，与君今夜宿峰头。"（民国《宁国县志》卷十二）都是对通灵峰美景的形象概括。

晚清民国初期，随着近代通信事业的发展，铺递的功能日益衰退，民国初期即计划沿此古道修建宣屯公路，然而民初时局动荡，未能实现。民国15年（1926）前后，芜屯公路芜宣段修筑完成并开始运营，民国17年（1928）10月，芜屯公路宣屯段也被提上议事日程，开始全线勘测，由安徽省建设厅技正、休宁人金慰农任总监测员。至1935年1月1日，芜屯公路全线正式通车，并在各站点依次举办"芜屯路沿线物品展览会"。改革开放以来，宣城的交通事业持续发展，于今，宽阔的250省道宣港路即将全面贯通，古道焕新颜，新的时代，新的征程，宣城的未来会更加美好！

（作者单位：宣城市第三中学）

绿漫塔泉，芳浸古道

刘永红

塔泉古道起点于宣州区溪口镇塔泉村，高峰山下。翻过高峰山，到达宁国板桥乡的桃花源村，那里便是这条古道的终点。一山之隔，脚程两天，百年千载，生命繁衍。塔泉村在山，盛产茶叶、香菇、木耳、竹笋、香榧、白果、板栗、猕猴桃以及各种名贵中药，当然还有木材。桃源村临水，可连接华阳河和青弋江，再经长江入海。那里有食盐、粮油米面、绫罗绸缎。当然也有来自山外的新奇传说。

我先后数次去过高峰山，时间跨度十多年，爬上过山顶，有时也只是在山脚转转。我记得第一次是 2009 年的暑假，那一次我登了顶。我是跟随一个姓黄的居士去的，我私下里喊他"黄道士"。黄道士是佛家居士，总是拿来一些稀奇古怪的珠子来诱惑我。他喊我去爬高峰山，我立马就答应了。我想我上一辈子可能是一个山民，对大山总有着莫名其妙的向往。

他说山上住着一位老和尚，年逾八十，尚能健步如飞。我在山顶见着了这位高僧，身体还真是硬朗，据说上下几十里的山路他半天之内就可以完成。老和尚常年一个人住在山顶，三间破草房，和一点极简极简的家什。我在庐山东林寺见过许多位住在深山里的大德高僧，也都是他这个样子。穿着百衲衣，谈论着很简单的佛法。就像不谙世事的李白，面对权贵也一样"众生平等"；也像杜甫，茅屋破了还在高唱着"秋风歌"。好像这个世界只是一处丘壑坡谷，秀木荆棘一样都是草芥，在他们的眼中没有高下贵贱的分别。

老和尚的佛法就是一个字：善。你百问他只有一对，总离不开他的"善"法。那时候我还年轻，领悟不了这其中的奥旨。交流过后，以为老和尚"不过尔尔"。据说老和尚至今还在，怕是年近百岁了。队伍中有人送给他一件毛衣，估计现在早已成了蔺粉。我不得不惊叹，这善法真是厉害，演绎出人间的一条真理：人体要比衣服不朽得多！

同行的人有二三十位，黄道士说"人少了害怕"，我一开始以为他是唬人的，爬个山怕啥？再说这一婆婆妈妈的队伍，又能壮个什么胆？我们是天色微亮出发的，走进山里却是越走越暗。几十个人瞬间被大山吞没。除了恐惧便是寂寞，大家首尾不见，地上又滑，怕摔跤更怕掉队。难怪俗话说"不破初关不入山"，虽说是修行，俗人进山也是要有点准备的。老太太们倒是准备了不少，有米有油，还有一些零食和蔬菜，大多是准备送给老和尚的。那年这里还没有开发出来，山路很难走，溪石不仅长满青苔，溪桥有的地方也是断的，要蹚水才能通行。现在听说好多了，虽说仍保留了不少原始状貌，至少不用蹚水了。

一路上不断有人摔倒，摔倒一个我就俘虏一个"包裹"。本来我

是轻装，走到半路，我已经负重三四十斤了。仗着年轻，我还是咬着牙挺过去了。行程达三分之一处，人还在山谷中。蓦然前方訇然作响，犹如万马奔腾。一转角便见"悬泉瀑布，飞漱其间"，溪边有石，石上有菖蒲，石下有幽兰。纤尘不染，碧水白浪。真是绝好风景，洞天福地。上山时顾不着，下山时我坐下来好好地领略了一番。并且意外发现路石缝隙里竟然有娃娃鱼，这是生平第一次见，真让我大开眼界。

黄道士不知怎么地就采到一个蓝边碗大的野生灵芝，我羡慕极了，又不好意思要。后来问他，他说放那儿放坏了。真是三文不当两文，这东西要晾干炮制，即使不当药用，作为一个装饰也是极好的。

从塔泉村登山时必经一片灰白带棱角、形同豆腐状的乱石块地带，面积有300—2000平方米，被称为"石海"，又叫"豆腐坡"，是远古时期地壳运动形成的。这一段最难走，传说是一个小和尚豆腐挑泼了形成的。这哪里像豆腐？一眼望不到边的硬石头，就像进入荒漠地带一样。好在听说有一块神奇的石头，你敲击一下，犹如钟磬。我敲了，果然好听。

登上高峰山山顶，到达铁瓦寺遗址，不过是一堆残砖断瓦。但在寺前却有一棵千年古松，还有一棵银杏。它们没有锈迹斑斑，却浸润着大山里的苍绿，活成了我眼前的风景。宋代治平年间寺碑记载："铁瓦寺前峰立万仞，上有罗汉松一株，周围百丈，经久不凋，历数百年而翠绿常青。"有同行者闭着眼在那儿做深呼吸，不停地说"这空气真好哇"，仿佛吸了这气能长生不老一样。我不屑这种做派，自顾自和老和尚聊斋去了。

现在的铁瓦寺建在山脚下，我不喜欢这个换来换去的样子，我喜欢老地方老物件，这样能引发禅思。后来一想，凡事都是从无到有，哪有一上来就成旧物的。这样想来也就释然了，就像你若在老房子里喝茶，喝的茶总是新的吧？哪能都是旧的？总是要新旧交替的。

一位大娘在山顶摘茶叶，那叶片像雀舌一样，我看她只摘了一小把。我说你这也不够炒啊，大娘说：不用炒，晒干了就能泡，香得很！这叫"鸦茶"。这大娘幽默得很，估计晒了就能泡是骗我的。后来读到宋代梅尧臣《答宣城张主簿遗鸦山茶次其韵》诗中有"昔观唐人诗，茶咏鸦山嘉。鸦衔茶子生，遂同山名鸦。江南虽盛产，处处无此茶。纤嫩如雀舌，煎烹比露芽。吴人与越人，各各斗相夸"，搞不好说的就是这种茶。

高峰山处在皖南川藏线的途中，属黄山山脉，海拔 1153 米。背面原始森林属国家自然保护区，天然植被保存良好。有近百种国家和省级野生珍稀保护动植物。高峰山也是古今闻名的佛教圣地。隋末名将扶风，曾隐居高峰山。唐贞观三年（629），扶风妙祖在高峰山灵岩洞前始建"灵岩寺"（现叫铁瓦寺），至今近1400年历史。它还是红色根据地，抗日战争和解放战争时期，中共领导的旌泾宁宣游击队经常往来古道，开展革命斗争。

青山绿水，有色彩，有诗意，有传奇，还有几分难以言说的神秘。若天气晴好，登上此峰绝顶处，南可观黄山雄姿，北能见长江烟波；东眺天目山色，西望九华云霞。山顶的寺庙，老和尚说，自唐到清，历代皇帝对这里的寺院或敕封、或赐额、或封典，历来香火旺盛。但在1944年国民党五十二师"围剿"新四军时，将这千年古刹付之一炬，成了现在的样子了。

（作者单位：宣州区洪林中学）

敬亭山古道漫谈

童达清

敬亭山位于宣城城北十里，如今交通发达，咫尺可达。可是很少有人会去想这样一个问题：古人上敬亭山是怎么走的？

要回答这个问题，就先要了解古今环境的变化。据故老相传，古代气候温润，宣城河道水位较高，敬亭山东、北、南三面环水，从城内上敬亭山，就必须要由宛溪河乘船至敬亭山东，方能入山。我们不妨来寻几首古诗看看。

古诗中的敬亭山古道

南齐时，谢朓任宣城郡太守，每逢水旱灾害，常至敬亭山祈雨祷晴。《往敬亭路中》："渌水丰涟漪，青山多绣绮。……春岸望沈沈，清流见弥弥。"（《谢宣城集》卷五）可见诗人乃是乘舟而行，脚下是宛溪河的碧流，眼前是宛溪河两岸的景色。在庙埠古码头下船，步行约一华里，就到了敬亭山东麓的梓华神君庙，谢朓《赛敬亭山庙喜雨诗》《祀敬亭山庙诗》《祀敬亭山春雨》等均作于这里。这条古道，我们不妨称为"水路"或者"东路"。

唐人游敬亭山，仍是先走宛溪河水道。杜牧《偶游石盎僧舍》："敬岑草浮光，句溪水解脉。怡郁乍怡融，凝严忽颓坼。梅颣暖眠醅，风绪和无力。凫浴涨汪汪，雏娇村幂幂。落日美楼台，轻烟饰阡陌。

潋绿古津远，积润苔基释。"（《全唐诗》卷五二〇）石盎寺在敬亭山，大和五年（831）春，凝寒初解，新草方绿，任职宣州不久的杜牧就迫不及待地往游敬亭山，宛水与句水交汇于敬亭山下，春雨过后，河水齐岸，浴水的野凫，幂幂的村落，烟雾笼罩下的田间小道，长满青苔的庙埠古码头的石阶，在给诗人以不尽的新鲜感。

清人翟赐履《游敬亭山记》说："传古敬亭在庙埠市后。绝巘临河，上有拥翠亭，即李青莲题咏处，去今之齐云阁、额珠楼地只里许，总一山也。其麓有敏应庙。"（《泾川文载》卷五十三）将古敬亭建于庙埠，可见在古人看来，由东麓入山，水路或者东路，乃是正途。

宋代以后入山古道的变化

宋代以后，由于气候的变化，水阳江整体水位开始下降，秋冬之际，敬亭山南的溪水渐浅，游人可以涉马游山，直入广教寺，较之由东麓入山，路程缩短了不少。

天圣四年（1026），苏为以尚书职方郎中知宣州，其上敬亭山，仍走的是传统的水道。《泛宛溪至敬亭》："南国初寒候，扁舟远客心。归人出断岸，晚翼会疏林。渔市临官道，丛祠蔽木阴。"（《宣城右集》卷二十三）邑人梅尧臣居家时，常至敬亭山，除了传统水道外，水浅时节，也曾骑马由南麓入敬亭山。《与二弟过溪至广教兰若》："溪水今尚浅，涉马不及鞯。岸口出近郭，野径通平田。行行渡小桥，决决响细泉。"（《宛陵集》卷三十七）《和真上人〈万松亭〉〈虎窥泉〉》："南冈新路平，东岭新亭成。"（《宛陵集》卷四十一）"新路"一词，可见由城北径敬亭山南麓入山，乃是新辟的一条道路。我们可以称为"南路"或者"陆路"。

从此水路、陆路皆可入山，游人自然多了一条选择。元代以后，因水路迂远，若非兼游宛溪，行人已少有自水道入山者。如元代戴表元《九日阴雨略霁，即与孙子善骑行敬亭山，道过王敬叔兄弟，遂归子善家饮》："晞衣青阳风，跃马昭亭秋。"（《剡源逸稿》卷一），即是骑马入山，诗中描述的景色也是山景，不再是宛溪及其两岸的景色。明万历四十六年（1618）冬，广德州同知马之骏至宣城游敬亭山，作有《敬亭记》："出北郭，……由城趾取小道蛇行，沮洳间数步辄一蹶。……从曲径缘上，石隘处即格舆。既登得寺，寺前得阁，为觞客地。……旁上别有亭可远眺，寺僧导之……"（《妙远堂全集》卷十六张集）可见陆路历经数百年，道路还不是很平坦，所以游人才"数步一蹶"，也说明陆路还没有完全成为入山的主要通道。

清康熙初，邑人施闰章闲居在家，水阳唐允甲与之同游敬亭山："晨兴盥栉罢，奋袂理筇节。苍然入烟霭，细路迷曲折。香片随风来，野梅落残雪。……日脚半岭开，阴晴态殊谲。层崖暖气变，往往啼百舌。披榛造双塔，拂藓扪断碣。千盘势逾高，接臂凌巉嵲。丛篁削寒玉，壁色绣古铁。展眺跻凭虚，山川翳仍澈。"（《同施愚山登敬亭即事》，《宛雅三编》卷四）二人策杖步行入山，从诗中描写的景物来看，已和今人常走的入山路线十分相似了。

民国以后敬亭山古道的新变化

民国以后，人们的旅游意识大大增加，外地游客来游敬亭山者明显增多。为了改善从城内到敬亭山的道路状况，1933年2月17日，宣城县建设局开始修建宣敬路，全长10里，路宽8尺，路面铺以河沙。至3月29日全路竣工。（《一年来之安徽建设》第三编，安徽省政府建设厅编印，1933年）限于当时的条件，宣敬路虽是沙石路面，但道路裁弯取直，路面平坦，较之先前的"数步一蹶"，自是不可同日而语。据本年4月27日《宣城日报》载《宣城建设局修理南楼及敬亭山两处工程工料费用露布》，此次修建南楼及宣敬路等项工程，共花费大洋936元余，其中修建宣敬路及修复太白楼、先贤祠约占全部经费的90%。县建设局还花费30大洋，在宣敬路山建有石牌坊一座，正面镌"相看不厌"，反面刻"江城如画"。牌坊以两只高大的石狮为底座，出北城门即可遥遥望见，也成了敬亭山景的一个有机组成部分。

1934年，江南铁路修建到敬亭山东脉，为了铁路建设的需要，东脉被挖断铺设铁轨，路西成了悬崖绝壁，不能攀爬。从此延续一千多年的东路被迫中断，时至今日，更是已经鲜为人知了。

关于宣芜古道

古人去芜湖，自然选择水路，由水阳江过乌溪、黄池至芜湖。但是还是有一条陆上宣芜古道，穿敬亭山而过，却是很少有人知道了。

敬亭山主要有三峰，净峰、碧峰、一峰。宣芜古道即在一峰西下垭口，有人称之为"一峰古道"，很明显不符合古道命名的原则，自是不经。从垭口往北向下走，可以很明显地看出古道的痕迹，路宽约 2 米，路面铺以石片或碎石，据说当年可以通行马车。或许已经百年无人行走，现如今路面很多地方已经杂草灌木丛生，只有偶尔露出碎石的路面，在期待着

THE KIANGNAN RAILWAY

宣城县北之山间工作。XX剧急修铁路

行人的回顾，他们也急于把曾经的车水马龙说给行人听。然而他们注定是寂寞的，一年四季，少有行人经过，陪伴他们的只有永恒的松涛竹风。

沿垭口南下，一峰庵即在古道旁，只是庵久已不存，遗址上一座破旧的石灰屋还兀自挺立着，接受来往行人目光的询问。再向下就是今广教寺后墙，继续往下走，穿过今敬亭山风景区东门，就可以进城了。

宣芜古道穿敬亭山而过，可以节省许多路程。而其衰落，或许与修建芜屯公路有关。为了发展近代交通事业，加快宣城与芜湖的经济往来，宣城、芜湖两地士商积极主张修建芜屯公路，宣城率先成

立宣芜广汽车公司，以董士修、俞稚舲、张伯英为主要负责人。芜屯公路没有沿用原来芜宣古道的路基，而是另辟新路，至敬亭山时因为古道坡度太大，自然也在摒弃之列，芜屯公路沿敬亭山西麓修筑，逶迤由城西入城。1926年4月，芜屯公路宣城至湾沚段通车，当时的一则报道《皖南汽车路将一部通车》中说："该路系属另辟，不就原有官道建筑，并经各县官绅查明，并无妨碍。"（《道路月刊》1926年第18卷第1期）可见宣芜古道古来即有，也可称为"芜宣官道"。

芜屯公路的修筑导致宣芜古道的荒废，或许这就是历史的必然，新陈代谢，历史的车轮永远滚滚向前。2017年，有关单位对一峰下南段古道进行了修复，但修旧没能如旧，白花花的水泥路，没了古道的古韵，也就难以引起游人的遐思了。

（作者单位：宣州区第三中学）

宣城北路古道的历史回望

袁晓明

古代宣城的水陆交通已很发达，由宣城出发通达四面八方的官道就有六路之多。在这六路官道中，由宣城北城出发，翻越敬亭一峰，通往黄池镇的南北大道，是宣城北达太平、金陵的一条官道。府志对此作了详细的标注：

> 府前铺北十里至敬亭铺，十里至梅岭铺，十里至黄冈铺，十里至竹塘铺，十里至焦村铺，十里至新店铺，十里至施茶铺，十里至绍泽铺，十里至庄武铺，十里至横堽铺，十里至当涂县界铺。（嘉庆《宁国府志》卷二十《武备志》驿传铺递附）

从以上记载可以看到，宣北古道凡铺递 11 个，路程总长 110 里。当年古道上设置的这些铺递，每铺均有铺司一名、铺兵三名守卫，遇有河流阻隔，则设置官渡，以保障沿路通行的畅通、便捷与安全。为确保古道上铺递、官渡的正常运行，历代官府在经费上也给予了保障。万历《宁国府志》卷八《食货》记载："本县东、西、南、北六路铺司兵银八百六十四两，黄渡、通津、寒亭、水阳、黄池、管家渡渡夫共银一十八两。"入清以后，据嘉庆《宁国府志》记载，铺司兵银及渡夫工银均有增加。

天际阁、敬亭一峰（李祥坤摄）

宣北古道从宣城城内到敬亭山南麓铺递的一段，是在起伏的冈陵间穿行，沿路桃林成片，树木苍翠。如今，古道已经消失，沿途的景物也已为现代化城市建设所替代。敬亭南麓至敬亭一峰的古道，是一条宽为2米左右的石子山路，至今还在使用。当古道经过一峰庵，翻越一峰，南北大道在冈陵间向正北方延伸。如今，古道断断续续保留了下来，但大部分已被改造成了水泥路面。古道沿线的原住民，至今还记着自家门前的大道是一条来自悠远岁月里的古道，他们津津乐道着口耳相传的古道往事。

宣北古道的北端是黄池镇，这里大河横流，沿河两岸分列南北两个市镇，南镇在宣城境，北镇在当涂界，河上有"黄池渡"将两个市镇相连，过黄池渡即入当涂境内的大官圩，由此往西北可通太平，往东则达金陵。

从道路通行的区域来看，宣北古道在古代宣城社会经济发展中，起着十分重要的作用。

宣北古道东部是一片开阔的平圩，再远处就是水阳江支流裘公河。在漫长的岁月里，这一片平圩原是滩地，后逐渐被围垦，成为广袤的圩田区。道过焦村铺往北直至黄池，这一带的圩田区与宣城首圩金宝圩隔裘公河相望，这里是古宣城北部最大的平圩区，也是古代宣城县十三乡之一的昭亭乡。

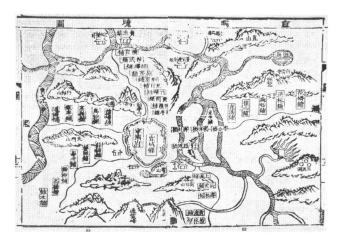

宣城北路古道

昭亭乡辖 7 都，其中 11 都至 13 都就在这条古道沿线，宋代时为下昭亭乡；14 都至 17 都在金宝圩内，宋代时为上昭亭乡。到了元代，上下昭亭并省，合为昭亭乡，乡、都建制一直相沿至清代。

昭亭乡东边有宣城通达东北境水阳镇的东北路官道，俗称"小北路孔道"，水阳江漕运航道环绕古昭亭乡东岸沿线，航道沿线还有唐宋年间兴盛起来的商业重镇水阳镇、黄池镇。昭亭乡的西边，则是宣城北路官道，裘公河从上下昭亭乡之间穿过。可见，昭亭乡在对外交通上，占足了水陆交通两便之利。同时，昭亭乡圩田面积居宣城之首，土地肥沃，产出富饶，人口密集。

踏上古道，北当敬亭一峰。当年大唐诗仙李白登临敬亭山，《独坐敬亭山》千古绝唱为人们开启了古道的诗路历程。他自宣城赴当涂，或由当涂往宣城，取道水路固然是他的选择，而宣城北路这条直达当涂的陆路驿道，当然也是李白应走之途。南宋嘉定十年（1217），武状元华岳所作的《过新丰市怀古》，就有"新丰乃太白旧游，书堂今立道旁"的诗序。

过新丰市怀古

新丰乃太白旧游，书堂今立道旁

路出横江去，虚堂立道偏。雨声杨柳外，风色杏花前。

有泪沾诗宿，无歌述酒仙。采江千古恨，号认向谁传。

（《宣城古代诗词总集》第一卷）

新丰市，是位于宣北古道上的一个街市，街市两侧有鳞次栉比的商铺与青砖黛瓦的民房，穿市而过的街道，即为唐代留下的古驿道。古道上的新丰小镇，至今屋舍俨然，保持着悠远年代的古朴与肃穆，于无声处展露着曾经的繁华。

当年寻觅李白游踪的华岳置身新丰市，听雨中杨柳呓语，看风里杏花娇艳，思绪穿越时空，无限感怀地写下"有泪沾诗宿，无歌述酒仙"，此情此景，着实令人感动。

宣北古道上的新丰市（余晓胜摄）

明代郭奎，巢县人，曾参朱元璋幕府，沿宣北古道途经新丰市，留下诗作《新丰市》，抒发了自己的伤怀之感。

道过新丰的郭奎恰遇"雪华当空大如手"的恶劣天气，于是，他想在新丰市上喝上一壶酒，暖一暖身子。可战乱之际的新丰市却是"断桥荒店无人烟，独有寒梅伴疏柳"。古道上凋零的情景令郭奎感慨万千，他不由得追忆起往昔经过古道时所见到的繁华情景。

忆昔江东未构兵，我亦曾经此地行。

东家槌牛出新酿，西家开宴还吹笙。

春风步障千花锦，当垆美人劝客饮。

（《宣城古代诗词总集》第二卷）

如今，古道往日的繁华不再，行旅于大雪纷飞中的郭奎只落得"斗酒不可得，高兴良难酬"，无奈的郭奎发出了"着鞭遥知敬亭路，孤云日暮心悠悠"的无限感怀。

古道的寂寞只是历史长空中的一瞬，承平之时的古道依然还是喧嚣如常。清代王政有诗《新丰道中》，为我们再现了新丰市的生动场景。

新丰道中

晴日春郊飘酒旗，村翁社散醉支离。

野棠香谢风千瓣，布谷声催雨一犁。

古驿青留官廨树，行厨碧洗定窑瓷。

征鞭几度逢寒食，补得寻常驴背诗。

（光绪《宣城县志》卷三十四《艺文》）

行走于古道上的王政途经新丰镇，尽管时值寒食节，但新丰街市上依然是酒旗招展，行人如织，村翁社散，微醺而归，乡村生活的闲适与安详跃然诗中。放眼古道两边的田野间，绿荫迎风、布谷催耕，农家春耕季节的繁忙景象展现于眼前。至此，人间丰盈的烟火已经充分地表达，但诗人意犹未尽，他选取"古驿""官廨""定窑瓷"这些静物意象，着力表现小镇的厚重与沧桑。

古道不独有诗酒，还有美丽的传说和久远年代的古刹与道观，呈现出古道多元的文化和开放包容的品格。

古道旁的印信桥，桥名留刻于明朱元璋御玺印章中；玉带桥，相传乾隆帝于此丢落腰带，因而得名"玉带"。如此动人的故事和美丽的传说，拓展了古道底蕴的宽度，也带给人们无限美好的想象。

古道上的一峰庵，高踞敬亭一峰，为唐大中间广教茶亭，历经明、清两代递修，知府罗汝芳曾留题刻碑，历代文人墨客咏唱不绝；竹塘铺的关帝庙、新丰市的回龙殿、新店铺的老晏公庙，虽创建无考，但遗迹尚在；距宣城九十里的道观敏灵观，土名九十殿，更是早于唐末创建，至今保存完好，观瞻如旧。古刹道观见证岁月不居，古道悠悠。

走进当下，古道已被坚硬而冰冷的水泥覆盖，但是，它给沿途百姓带来的通行便利与经济实惠，至今在当地百姓的心中散发着挥之不去的温度；它悠久的历史与厚重的底蕴，在时光的隧道里依然发光。

时序更迭，因为行政区划的调整，宣北古道大部分已经划归芜湖市，但这条古道见证了宣城千百年政治和社会经济的发展；它与宣城无法隔离的渊源，永远定格在了宣城悠久历史的记忆中。

（作者单位：宣州区水阳镇人民政府）

宣水古道，沧桑蝶变

袁晓明

古宣城东北路官道，俗称"小北路孔道"，通往宣城东北境70里商业重镇水阳镇。由水阳镇向东，则可通达南京。因此，宣城、水阳之间这条东北向的小北路古道，在古代宣城有着重要地位。

小北路古道的线路轨迹，可以在嘉庆《宁国府志》卷二十《驿传铺递》中找到：

> 府前铺东北二十里至安民铺，十里至养贤铺，十里至澄清铺，十里至永隆铺，十里至龙溪铺，十里至高淳县界铺。

小北路古道从宣城北路向东北方进发，绵延于山冈丘陵之间，一路灌木丛生，起伏跌宕，到达安民铺，即今大山庵。继续北进，即到达宣城北部平圩区养贤圩。养贤圩以北，是宣城水道最复杂的区域，通行十分困难。古宣城十八都即位于此，因受山洪冲决，荡析为滩，丰水季节成为一片湖泽，古人称为"焦村湖"，所以，古代有"宣城无十八都"之说。显然，官道要穿过这一区域，这在当时很难实现。

于是，小北路古道进入养贤圩，便折向东行，沿着养贤圩圩堤来到东临大河的仁村湾街市，养贤铺即位于市上。从这里沿着大河岸边的圩堤继续伴水北进，经过呈山脚下开辟出来的蜿蜒山路，到达新河

呈山脚下小北路古道遗迹

庄，这里是澄清铺所在。再由新河庄继续沿圩堤北行，绕过稻堆山脚下的曲折山道，过管家渡进入金宝圩。顺着金宝圩东埂一路向北，途经永隆铺——徐村坊，最后到达小北路古道的终点站龙溪铺——水阳镇。

水阳镇位于有"江南米仓"之誉的金宝圩东，这里夹河而峙东、西两个街市，东、西市之间有"龙兴四渡"四个渡口相通，往来十分方便。大河上连徽宁，下通长江，水上交通十分便捷。

由水阳镇西市渡河来到东市，向北即入高淳界相国圩，向东水陆两路均可通达金陵（南京）、京口（镇江）。当年南京与宣城之间的官商行旅，都要在水阳镇歇脚、中转，使得水阳镇占足了地利人和的优势，自唐以来，这里就是古昭亭乡东部政治、经济和文化的中心，也是古代富甲宣城的名镇。

宋雍熙二年（985），宣州知州杨缄到水阳镇督运漕粮，给水阳镇写下了这样的评语："宛句合流下百余里，爰有古戍，厥名水阳，风物井廛，甲于宣郡。"（《宣州水阳镇重修张侯庙记》）可见水阳镇无论是物产的富饶，还是集镇的规模，在古宣州，都是首屈一指。

另据《宋会要辑稿》记载，"绍兴三年（1133）十月六日，刘大中言：广德军广德县岁额苗米，在国初时系津般赴宣州水阳镇送纳。"由此可以判断，唐宋之际，水阳镇就已经建有粮仓。光绪《宣城县志》记载，宣城郡守袁旭为漕运便利，奏准重建规模较大的水阳仓，邑人梅守德作《水阳仓记》记录了宣城漕运史的这一盛举。由唐而下，宣城周边州县所征田赋，都要送纳到水阳仓中集中储存，然后由水路兑运进京。同时，《宋会要辑稿》还反映了水阳镇的商业经济早在宋代就已经相当发达。《宋会要辑稿·食货一六·商税二》对宋时水阳镇的商业税收情况就有记载：熙宁十年（1077），水阳镇商税一千九百六十六贯三百七十文。当时，水阳镇这一商税数额与旌德、太

水阳古镇一角（徐四治摄）

平两县相当，为乡隅市镇之首。

综合水阳镇在古代宣城的经济地位以及邻近南京的诸多因素，不难理解，打通宣城东北向宣城与水阳镇之间的陆路交通，对于古代宣城政治与社会经济的发展，有着非常重要的意义。

于是，他们有意让小北路官道避开纵横交错的河网地带，不惜于平圩区改变道路方向，向东穿过圩区，利用堤埂伴水而行，这在当时，应该是十分理智而实惠的选择。古代宣城地方当政者在小北路官道的开通过程中，所表现出的远见与灵活、坚韧与勤政，是值得借鉴的。

古往今来，人们匆匆行走于古道上，有心人将沿途风光、行役之感，记录在了他们的诗文中，这又为后人留下了可资利用的珍贵的文化遗产。

安民铺，是由宣城小北路出城后的第一个铺递。这里地处冈陵，原本荒芜，因铺递的设置，迎来了崭新的气象。位于古道旁的古刹大山庵，也由此兴旺起来。明万历间泾县秀才翟佑曾借住于大山庵，他的《大山庵雨霁步野》，将冈陵地带古道的景象，定格在了岁月的长河里：

> 潇洒襟怀放，抠衣蹑翠微。风摇松影乱，雨过草枝肥。
> 古刹钟声远，荒山客迹稀。飘然幽恨断，得句澹忘归。
>
> （《泾川文载》卷二十一）

清代宣城人江云沿着小北路古道从城里也来到大山庵，安民铺上静中有闹的景象使他感受到了官道的力量。

慧公邀同游大山庵留宿

天气暄和忽解严，支公期我不须占。

好山避俗藏精舍，小市如村出酒帘。

夜与故人铦脚坐，起看残月两头纤。

知君住此多年岁，叟号支离个个髯。

（光绪《宣城县志》卷三十四《艺文》）

大山庵远离城市的喧嚣，确实是修炼的好地方。然而，不远处的安民铺集市上，那迎风的酒旗招揽着过往的行人，尤为显眼。荒山僻野已经与纷繁多彩的外面的世界联系在了一起，荒芜的冈陵山村已不再寂寞。

澄清铺，是小北路古道进入平圩的第二个铺递，这里有傍水而立的新河庄小镇，小镇上的码头吸引了南来北往的商贾驻足。官道从小镇街市间穿过，又使得小镇与山圩联系在一起，给这里带来了繁荣。

明代时，诗人刘览于黄昏时分道过呈山脚下，他行走在石阶上，身旁是高耸的呈山，脚下是奔腾的江流，"石磴黄昏路，行行蚁径宽。"（《宛雅三编》卷十四《新河夜宿》）形象地将自己行走在崎岖曲折的山路中的安然心情表现了出来。

清代时，诗人葛迁道过新河庄，写下"一水绕山出，山从水面横。片帆随曲岸，千嶂隔孤城"（光绪《宣城县志》卷三十三《新河舟中》），葛迁的诗平实自然，但却将古道上新河庄小镇的明丽与气势烘托了出来，描绘了水绕呈山，圩岸曲折，江水横流，帆影片片的小北路古道风光。

龙溪铺，这里是小北路古道的最后一站。一路风尘来到这里，迎接旅人的是繁华喧嚣的水阳街市，流连古镇、品美食、赏美景，一路辛劳，稍事休息，自是行旅一乐。清康熙三年（1664）徽宁道窦遴奇道过水阳，就将他的这种行旅之乐留在了诗中："闻道此间多美醴，开樽未饮醉颜酡。青山无数接钟阜，绿水盈渠灌大河。"（《倚雉堂集》卷九《水阳镇》）诗酒之乐，为小北路古道画上了一个欢乐的句号。

历经千百年沧桑，小北路古道终于在新中国成立以后，迎来了一次又一次的改造，最终步入了322省道的行列。

为了实现宣城市区与水阳镇更为便捷的陆路交通，解放初，建设者们逢山开路，遇水建桥，取道东门渡，在古人无法铺设道路的河网地带，打通了宣城与水阳之间的陆路通道，这条新的道路命名为"宣水路"。宣水路告别了仁村湾至管家渡一线的蜿蜒曲折的山道与圩岸，大大缩短了行程，提高了行车的安全性。

1997年，宣水公路开始铺设柏油路面，继而避开芜湖县界的东门渡，在裘公河上建设了一座管家渡大桥，并在高岗丘陵之间开辟出一条直行的大道，道路等级提升到了省道标准，通行的便捷早已经不可同日而语了。

如今的宣水公路，南接沪渝高速，在敬亭山下进入高速公路，四小时车程即可到达上海；北连溧芜高速，于金宝圩东北进入高速公路，一个半小时车程即可到达南京禄口机场。昔日的小北路古道，华美蝶变为宣水公路，成了华东地区公路交通网络中的一部分。

沧桑巨变，宛若神话；抚今追昔，令人感奋。小北路古道的华美蝶变，使宣城市北部山圩地区融入了中国经济最发达的长三角区域，迎来了风帆高挂的筑梦时代。

（作者单位：宣州区水阳镇人民政府）

千年扁埂，古圩孔道

袁晓明

初创于三国时代的金宝圩，圩中心有一条贯穿东西的长埂，地方府县志称其为"中堤"或"中心埂"，当地人习惯叫作"扁埂"。

扁埂东起双陡门，西至束家渡，全长近30里，将金宝圩分为南、北两部分，是圩中唯一直通大圩东西的陆路通道，也是历经千百年沧桑的一条古道。

大圩形成，始有扁埂

早在三国时代，中原避乱的流民纷纷迁入古五湖之一的金钱湖，因金钱湖的地形特点是"阜其南而倾其北"（明·王肯堂《金宝圩中堤旌义慎防记》），所以，最初来到金钱湖的流民便在南部湖滩高地上耕作谋生，后经东吴在金钱湖督众筑圩，金钱湖的南部率先被围成圩田，其北埂就是最初阶段的扁埂。

晚清金宝圩名士袁一清先生在他所撰《金宝圩鸟官料公缘起并鼎建公屋碑记》中对金宝圩的形成进行了研究。

吴史永安三年，丹阳郡尉严密筑丹阳湖田，即金宝圩胚胎之始，然旧圩仅中心埂以上。南唐保大十一年，圩民束四展筑圩堤，自今高垛基至束家渡以北，名金银圩。而以工成之速，又名化成圩。宋绍兴间，州守增葺今惠民科等团田，名惠民圩。自宋迄明，代有增筑，最后合化成、惠民为一大圩，统名金宝，全圩堤埂计长百十余里。(《龙溪西镇袁氏宗谱》·谱余卷上)

袁一清先生关于金宝圩形成历史的研究，总体上与洪武《宣城志》《舆地纪胜》引《圩田系年录》等历史文献是吻合的，尤其是他依据吴史记载，对金宝圩的起源提出了独特的见解，有非常重要的参考价值。至于圩田分布的情况，袁一清先生的见解与《宋会要辑稿》的相关记载则存在差异。但是，综合现存各种文献与圩中共识以及袁一清先生的研究，并结合金宝圩现状，还是可以厘清扁埂的形成。

三国孙吴筑圩以来，金钱湖上已经形成了化成圩、惠民圩以及诸多小圩田。至唐末，金钱湖已被围筑成大小圩田凡十五所，包裹于化成、惠民两圩之中，南为化成，北为惠民，两圩中间以扁埂分界。至

扁埂今貌（丁红军摄）

宋末，化成、惠民等大小圩田贯连为大圩，扁埂于是成了大圩内埂，贯穿大圩东西，其南部化成圩范围，里人称作"上坝"；北部惠民圩范围，里人称作"下坝"。

扁埂见证了金宝圩的形成，也见证了圩中百姓为金宝圩形成所付出的艰辛与付出。

洪武《宣城志》载："南唐保大十一年，圩民束四请以私田为官圩，李璟嘉之，诏补束四官，赐金帛有差，号金银圩。"

但是，事实情况不一定如此，《通考》田赋门推测："五季暴政所兴，江东西酿酒有曲引钱，食盐则输盐米钱，军需有鞋钱。南唐横赋，盐蘩米其一也。当日所称圩民请以私田供官，恐亦有司饰词，特以官费不訾，希指擅腴，故嫁名里下耳。"所谓束四请求将私田供官，不过是官府为解决开支困难而对老百姓的巧取豪夺。束四的遭遇并非个案，化成圩、惠民圩被围成大圩时，共有十五个小圩被围进了金宝圩。可以想象，金宝圩形成时，有许许多多圩中百姓如束四一样，祖祖辈辈辛苦开垦的私田被充作了官圩的圩田，从此往后，世世代代要向官府交纳田赋，圩中百姓的负担随之加重。

事物总是一分为二的。扁埂成为金宝圩内东西大道以后，圩中百姓划船靠埂，即可方便地由陆路通达大圩东西，各种生活物资和生产资料，也因为有了这条东西大道，能够比较便捷地进入圩中各地，这在一定程度上给百姓出行和农业生产带来了便利。

上下蓄泄，对决惨烈

古金钱湖地形为南高北低，金宝圩上坝水系海拔高于下坝水系海拔，丰水季节，扁埂南北水位高下竟有近一米落差。

因此，每当雨季来临，全圩防汛进入紧张状态。而圩中下坝，面对这种高水位落差，如临大敌。于是，下坝民众组织大批圩工保护扁埂，以防上坝蓄水灌入下坝，给下坝带来灭顶之灾。

扁埂之险，对于金宝圩下坝而言，生死攸关。因此，扁埂在汛防中的重要性，圩人曾勒石以示。

> 古金宝圩，圩周百二十余里，田二十余万。寒族及余姓群编户获农其中，宣之税居半。圩之外，上受南北湖之巨汇，下受金溪五湖之冲溃，则外堤实重。圩中阜其南而倾其北，界堤以围上下，毋受邻壑，则中堤又实重。外堤为金宝圩，立有督，中堤即扁埂，亦立有督，诚重之也。（明·王肯堂《金宝圩中堤旌义慎防记》）

正因为扁埂关乎上、下坝水患之忧，历史上，上下坝之间围绕扁埂存废，曾发生过多次对决与冲突，甚至闹出人命。

据王肯堂《金宝圩中堤旌义慎防记》记载，明万历间，有徐姓圩民为缓解上坝水患，竟挖开扁埂向下坝放水，受害的下坝民众将徐氏告到官府，徐氏自然获罪，并受到制裁。

但是，事发二十多年后，又有包氏、丁氏二人，于大水期间在扁埂上挖开数十处穴口，向下坝放水，致下坝田房被淹。当时，雁翅唐氏唐一柱率众抢险，保护扁埂，另有一个叫李孝一的圩民上前阻止上坝的毁埂行为，包氏、丁氏二人竟公然群殴李孝一，致李孝一溺水而亡。县衙闻讯，即将包氏、丁氏二人捉拿归案，并对李孝一的见义勇为给予了表彰，"以为死事者劝，而作奸者知惧"。

事发后，金宝圩下坝巨姓雁翅唐氏深为不安，担心毁埂事件再度发生，因而想到要勒石警示，以绝后患。于是，找到致仕侨寓留都南京雨花台的族人唐一相商量。唐一相为明万历庚戌（1610）进士，在朝为官多年，素有官声、文名。尽管凭唐一相个人的声望，为乡人撰写禁碑碑文完全适合，但考虑到自己身为下坝唐氏族人，难免为人诟病徇私，因此，经过慎重考虑，他决定遣使问记于好友王肯堂。

王肯堂（1549—1613），金坛（今江苏金坛）人，字宇泰，别号损庵，明万历十七年（1589）进士，选庶吉士，官至福建参政，授翰林院检讨，以博学多闻而名扬馆阁。王肯堂与唐一相交往甚深，同时，王肯堂的父亲与雁翅唐氏唐汝迪同为进士，同朝为官，也是好友。因此，对于唐一相代表雁翅唐氏的请托，王肯堂难以推辞，欣然命笔《金宝圩中堤旌义慎防记》，里人勒石警示于扁埂。

王肯堂为扁埂撰写的《金宝圩中堤旌义慎防记》碑文收录在光绪《宣城县志》艺文志中，数百年前扁埂古道上惨烈的风雨往事，给后人留下不尽的感叹、唏嘘。

建庵便民，佳话流传

在光绪《宣城县志》中，记载扁埂上有一处古庙："双林庵土名双庙，在金宝圩适中处。万历间，陷马潭刘廷对建庵于孔道，以憩行人。兵毁，里人重修。"扁埂上的双庙，其来历源自圩中一段善行佳话。

扁埂为圩中大道，但道路两边都是沟渠，与村庄并不相接。行走于扁埂上，一旦遇有风霜雨雪天气，途中行人则困于路上，前不着村后不着店，苦不堪言。

扁埂适中处以南，为金宝圩埒上里，这里世居着宋末迁来的陷马刘氏。刘氏十六世孙刘廷对（1551—1610）是一位国学生，家境也比较宽裕，他感于扁埂上行人的旅途之苦，心中萌发了在扁埂适中处建

双林庵遗址与双庙街市（丁红军摄）

一个为行人提供歇脚之所的想法。经过一番谋划，刘廷对认为还是建庵为上，既可为行人提供方便，又可为乡里栖神求福，一举两得。于是，万历间，刘廷对斥资在扁埂适中的位置上建了一座双林庵，里人称作"双庙"。

双庙建成以后，往来于扁埂上的行人来到扁埂中段，有了一个歇脚的地方，遇有恶劣天气，也可以在此遮风避雨。刘廷对的善举给大家带来了方便，得到了四乡八邻的交口称赞，其懿行载入了邑志，也记于《陷马刘氏宗谱》中。

双庙的建成给圩心里带来了香火，同时也吸引了人流的集中。随着时间的推移，以双庙为中心的沿埂两侧，渐渐地有了人居，进而形成了一个不小的聚落。不知是谁最先看到了这里的商机，聚落上渐渐出现了店铺，有了贸易经营。

由于扁埂与外界交通的便利，各种商品货物经由扁埂从各地进入双庙市上。从此，附近的村民不必出远门到集镇上交易、购物，他们

扁埂上新建的节制闸（丁红军摄）

划着小船，就近来到双庙出售自己的物产，购买所需的物资，双庙街市很快便发展起来。

到了清末，双庙市上已经有了日杂商店、布店、山货店、理发店、酒馆、肉铺、铁匠铺等各类店铺，成了金宝圩中响当当的闹市。民国时，这里还一度是金东乡政府所在地。解放以后，双庙又一直是双庙乡、双庙村的驻地，因而双庙街市始终不冷，时至今日，依然生机勃勃。

千年扁埂，古圩孔道。当时代的车轮驰进乡村振兴的快车道，扁埂古道已改造成高标准的乡村大道，圩中百姓通行更为便利。同时，扁埂上建设了两处调节上下坝水位的节制闸，彻底化解了上下坝水患之争。可以预见，这条扁埂古道，必将在建设美丽乡村的历史进程中发挥出越来越重要的作用。

（作者单位：宣州区水阳镇人民政府）

郎溪篇

摊开郎溪的铺

言 莫

郎溪古称建平，迄今已步入千年古县行列。建平古代隶属广德州，处在南京（金陵）、杭州（临安）、宁国府（宣州）之要冲，其驿道发达，饱经沧桑，至今仍清晰可寻。古驿道上留下的一道道的深深浅浅的车辙，那是岁月的刻痕。

《广德州志》载："州与建平皆四达之衢也，旧尝置驿，虽久裁废，而文檄交驰，各有程限。"可见，在建平置县前的唐代便有驿站设置。

宋元时，驿传采用"邮铺""急递铺"以传递文书。驿站的"铺"，旧写作"舖"，"舍"的表意更加明确。郎溪置县在北宋，因而带"铺"的地名很多，所以我们总喜欢用"三省通衢"来介绍今天家乡的交通优势，那是有历史"铺"垫的。

白驹过隙，时过"铺"迁，铺道在时代发展中或改变或坚守。有些铺位置优越，由简陋铺舍发展为热闹的集镇，身份一变，就觉得拖在后面的"铺"字有些俗气，便一剪了之，现后缀没有了"铺"的"十字""涛城""钟桥"听起来是简单明快了许多，其实不然——剪断了乡愁，丢失了文化。如你想透彻了解，再看地图上、门户网站上、公文信函上标注为"十字铺镇""涛诚铺镇"，你会觉得不但接地气有底气，而又不失庄重大气。反观那些处于边角村落的"铺"仍□

口相传，不离不弃，如广宁铺、诸塘铺、方家铺等——这些铺，你如说成"广宁""诸塘""方家"，我敢说，你连回家都摸不着路——所以"方家铺"宁愿丢掉中间的"家"，也要留住后面的"铺"，有铺便能找到家。

明代嘉靖《南畿志》载："建平递铺十二：由县前总铺而东达铺四，曰浮塘、涛城、长乐、白茅；西达铺二，曰广宁、诸塘；南达铺一，曰十字；北达铺四，曰邵家、谢家、阳春、顾置。"下面就按顺序将十二铺一一摊开，晾晾那些陈年旧事，晒晒今天的新鲜事儿（见《建平铺道图》）。

总铺 嘉靖《建平县志》记："总铺，在县治前。"总铺，相当于客运总站；县治前，即"衙门口"，公书檄文传递送达、县老爷也在

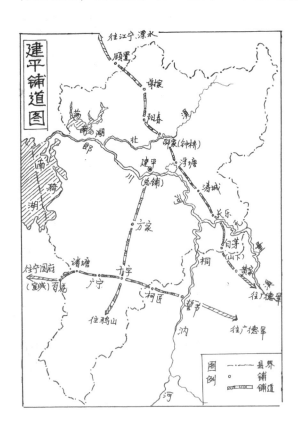

此上马上骄。如"十字铺在县南四十里"，就是说十字铺在总铺的正南方向，距离"衙门口"四十里。"总"字很重要，它一是方位坐标，二是起始零距离。

浮塘铺 "浮塘铺在县东十里。"浮塘铺是个节点驿铺，往南通涛城铺去广德、杭州方向，往北接阳春铺通溧水、南京。"浮塘铺"因"浮塘湖"而来，因湖名而得铺名，

这一路走来，真属不易，但近年来似乎活得很累很窝囊——总有人用"五塘湖"甚至用"梧桐湖"在干扰视听，今天"浮塘湖"正在被"东湖"所替代。这也难怪，"浮塘湖（铺）"确实土气，听起来没什么感觉，尽管有民间冷暖、有乡愁文化，但最有故事的浮塘铺很难改变走向消亡的命运。

涛城铺 "涛城铺在县东二十里。"涛城以境东有涛峰得名，古有形胜"涛峰秋望"。以古驿铺而成镇，是南京通往广德、湖州、杭州官道上的重要递铺。今为涛城镇政府驻地，郎溪东部门户，与上海白茅岭农场唇齿依护。

长乐铺 "长乐铺在县东三十里。"相传古名上乐，一乐姓书生曰："吾不乐仕，长乐山林之间。"后改"长乐"。有没有这位乐姓书生不重要，有美丽的故事，有美好的愿景就好。

白茅铺 "白茅铺在县东四十里。"又名山下铺，今有"山下铺水库""山下铺分场"。白茅铺以白茅岭得名，白茅岭是建平与广德的界山，这岭好风景，郎广两地争相抒怀，互置景观：建平曰"茅岭凝青"，广德曰"茅岭新晴"。解放初，上海市将这块飞地取名白茅岭农场。小小的白茅铺，现在迎来了高光时刻，作为"一地六县"合作区的"一地"，成为通往省际毗邻地区深度合作、等高对接，实现高质量一体化发展的阳光铺道。

上述四铺为"东达铺四"，把四铺用线相连，基本是西北至东南走向，再把线从山下铺往东南延长，便接上广德之黄家铺、陆家铺、石凌铺、刘村铺一直铺至广德州城。

广宁铺 "广宁铺在县西南五十里。"但现在都愿写作"广林铺"，说是这里自古广布林木，故而得名——这是典型的望文生义。宣州—临安铺道初建时，要在这荒无人烟的地方设一铺站，于是取广德军与宁国府各一字命名为"广宁铺"。今天可以将铺道最早的时间断代到南宋，因乾道二年（1166）升宣州为宁国府。"广宁铺"有着特别历史印记和人文记忆，因之不能记作"广林铺"。这里向东去"广"衙门70里，向西至"宁"府衙70里，广宁铺就是这条道上的中心点，不偏不倚——你说"广宁铺"不设这里设哪里！要说文化含量，广宁铺数第一。

诸塘铺 "诸塘铺在县西南六十里。"明《建平县志》写作"诸塘铺"，清《建平县志·邮舍》亦写作"诸塘铺"，但村名却误为"朱塘铺"，"诸"错成"朱"，此为始作俑者，至20世纪80年代初《郎溪县地名录》竟写成"朱堂铺"，三个字耽误了两个，这也太离"铺"了。这一错不打紧，"朱堂铺"从此正式登"堂"入"铺"。原来还想呼吁一下：找回老地名，还我"诸塘铺"，现在看这架势，只能心平气和地放弃——你要开个导航，"诸塘铺"还没写完，"朱堂铺"就跳了出来。

十字铺 "十字铺在县南四十里。"宣杭官道与建平至鸦山古道在该地相交，呈十字，因此得名。十字铺与西边广宁、诸塘二铺相连后

进入宣州界，与东边广德之柯匠铺、誓节铺等相连，构成江南著名的宣杭官道。"莫愁前路无知己，天下谁人不识君。"要问哪铺名气大，十字铺说第二，第一只好空缺。十字铺这个地名也凭其在通驿上的显赫位置历经数朝数代而历久弥新。

再说说北四铺。

邵家铺 "邵家铺在县北十里。"此铺地名已不存，允许大胆推测——邵家铺即是现在的钟桥。宋绍熙二年（1191），由于钟桥始建，将原来的旧驿道向东移到钟桥，钟桥名气渐大，似钟声远扬。到了清代，钟桥铺盖住了邵家铺，连桥下跨过的这条名曰北溪的河流也改称之谓钟桥河。正是：钟桥声自远，一铺路人知。

阳春铺 "阳春铺在县北二十里。"该铺是北向四铺中留下的唯一地名，现大多记为"杨春铺"，查志书典籍求证，应为"阳春铺"。"阳春"义项较多，删减为以下两条，一为乐曲名："阳春白雪"；二为阴历二月为"阳春"，十月又称"小阳春"。倾向于后者，以示建铺辰光。阳春铺现处于经济开发区的腹地，S214省道旁，车水马龙、南来北往中，还有谁念及这儿还有一个铺，而且铺名韵味悠长。

谢家铺 "谢家铺在县北三十里。"谢家铺地名丢失不久，踮起脚还能看得到——《郎溪县地名录》上有文载有图记，原属定埠乡。对照方位比画距离，今新发镇的谢家湾即是谢家铺。至于"铺"何以成"湾"，那一定是官道卷起铺盖离你远去。

顾置铺 "顾置铺在县北四十里。"查清雍正《建平县志》有"顾置铺村"，属五都后（县北四十里）。现在的顾置村还在，叫"顾址村"，已经离郎溪地界有五里地了，属南京市高淳区东坝街道。难道《建平县志》有误?《景定建康志·驿铺》记："右二十五铺系南路，直抵广德军界顾置铺。"指明了顾置铺确属建平。这一带苏皖政区版图变化，涉及许多的地理因素和人文因素，这是铺道驿站之外的另外一个有趣的话题。

把北达四铺与东达四铺串起来，便是南京（金陵）至广德、杭州（临安）的官道在郎溪（建平）境内的八个递铺，十里一铺，——驿路八十里，铺道千百年。

南一、西南二、东四、北四加上总铺，计十二铺，与《南畿志》相吻合。《建平县志》还有一"方家铺"——"方家铺县南二十里"。难道是《南畿志》里漏计了一铺？方家铺，现属十字镇。从总铺（县府）到十字铺四十里地，在中间二十里处设方家铺，但这四十里地属县道，而宁杭、宣杭可是官道，相当于今天的国道，显然县道上的方家铺是低了一个等级，所以未被《南畿志》记录在案。

当然郎溪历史上远不止十三个铺。原在郎川河南岸也有很规范的递铺，有桥南铺、钱旦铺、傅村铺、忠义铺和高庙铺。明嘉靖《建平县志》载："自桥南至高庙五铺，系本县通广德旧路，洪武八年知县王克友因山径崎岖革废，改路东行，别立浮塘等铺。"原来在洪武八年（1375）后，新设的郎川河北岸的浮塘等四铺替代了原来的桥南等

五铺。旧铺渐荒废，但如静心寻觅，其踪迹仍隐约可见：城南有清溪渡，渡河到南岸南门村即桥南铺。沿郎川河往东，钱旦铺即是今日钱村，接着有傅村便是傅村铺无疑了。忠义铺，亦铺亦渡，"秋阳嗔我紧追程，急泊临流

一短亭"（《午热憩忠义渡》）——南宋绍熙年间杨万里巡察建平经过这里，并写下诗句为千年古驿津渡立此存照。

郎溪丘陵山地与平原相间，河流密布，水道驿路也是古建平重要的驿传形式，郎川河自东而西穿过郎溪，汇南漪湖后入水阳江，直通大江，还有皖苏交界的胥河，扼于要津。商帮军旅，宦旅民游跋涉风尘之路，又登上漂泊之舟。

　　野桥田径滑，官路柳条新。流水伴丽日，野花留晚春。
　　点空知去翼，冲绿有归人。自笑谙歧路，无劳更问津。

这是北宋苏门四学士张耒途宿建平时作的五言律诗《建平途次》。"官路柳条新"，他走的是哪条官道？"无劳更问津"，他过的是哪个渡口？

千秋铺道，留与今人评述。

（作者系郎溪中学退休教师）

拨云见古道

高世荣

郎溪县自古以来钟灵毓秀，景色妍美。据明嘉靖《建平县志》记载，古代建平八景是：涛峰远望、石涧春和、茅岭凝青、鸦山古迹、伍牙飞翠、峡岭回峦、凤山胜景、石佛撑云。今天，用我的眼，为你探寻"鸦山古迹"吧。

2022 年 5 月 29 日星期日，郎溪县作家协会李瞻、梅府军、陈蓓蓓、王祖清、高世荣五位副主席，驱车深入姚村镇腹地，下车徒步实地探寻鸦山古道。

鸦山古道又称鸦山岭古道，是历史上经商的必经之道，也是战事通道。东线长 15 公里，西线长 13 公里，两道均用块石、山石砌筑，路面宽 1—1.5 米不等，基本上沿山溪沟壑行进。这些线路是历史上商业繁荣的最好见证。鸦山岭古道现为国家级文物保护单位。

我们一行人首先探寻鸦山古道的西线。西线的古道路段，主要指姚家塔到螃蟹岭之间，前文说全线长 13 公里，就是指这里。从姚村出发，到姚家塔，车行四五里路，来到妙泉村永丰殿村民组所在地。其间，道路弯曲，地势平坦，古道被村村通公路代替。

古道在永丰殿村对面，遗留一处古迹叫"花戏楼"。这个村的村民，大多是湖南湖北的两湘地区移民。据村民介绍，花戏楼建于明代洪武年间，清代康熙年间重修。花戏楼南对面，建有"永丰殿"。殿，

古代泛指高大的房屋，这里专指供奉神佛的大厅。崇山峻岭中，建这样一座大殿，可想而知有多么艰难。草丛中，遗弃有一块碑石，上方刻有"五猖圣会碑记"字样。花戏楼主要表演皖南花鼓戏、跳五猖等戏种。经商往来人员，行于此地，需要歇个脚。熙熙攘攘，热闹非凡，自然形成街市。永丰殿村，由此而得名。

坐车，沿覆盖古道的村村通公路继续向西前行，四五里路光景，我们到了永丰村刘家冲村民组。走近刘家冲，就走进了人间仙境。这里家家开门见山，户户门前流淌着山泉水。"一水护村将楼绕，两山排闼送青来"，这里是世外竹园，人间天堂。

一进村，那棵古枫树就映入眼帘。它挺拔高大，两个人都合围不过来。它汲取山中日月精气，又被泉水无声地滋润，长得枝繁叶茂，浓荫匝地。它是千年的历史见证。在它面前驻足仰望，感觉自己是多么的渺小，你不过是它匆匆的过客，是它年轮中一道浅浅的印。扬起头看它，它分明就是神，镇山之树神。

郎溪诗人高寻有《古老的枫树》诗赞曰："连绵起伏的山，/环抱着仙境般的刘家冲。/走进来，/我看到那古老的枫树。/它那粗大的树干写着五百年沧桑，/挺拔的身姿预示着山村蒸蒸日上。/它的胸怀在蓝天，/深情藏沃土。/它是镇山的神，/保佑着一方平安。/我情不自禁地想抱抱它，/可就算再加上几个我也抱不起来啊！/看着看着，/我的视线模糊了，/眼前成了旅游度假村，/许多客人在这里合影留念，/那古老的故事和美丽的自然景观，/被人广为流传……"

山村是一支幽远的笛，刘家冲是镶嵌在鸦山古道上的活化石。刘家冲的特色可以用"四绝"概括：老龙沟顶茶，玉泠泉中水，傍村七姊妹，后洼石耳美。前人之述备矣，本文不再赘述。

我们此行的目的，是探寻鸦山古道。刘家村是螃蟹岭脚下的村庄。我们泊车村旁，开始登螃蟹岭。此岭是宣州区与郎溪县的界山。山那边，是宣州区水东镇所在地，与著名的宣城旅游景点龙泉洞相连。山这边，是郎溪县的刘家村。鸦山古道，通过螃蟹岭，把两地紧密联系起来。

螃蟹岭海拔估计有400余米高。古道保存完好，典型的原生态，林木葱茏，翠竹掩道，环境幽静，风景优美。一路青石碎石铺就。我们踩着一块块被岁月踏磨得光亮可鉴的青石，拾级而上，似乎可以听到当年商人们的驴铃儿叮当声响，从久远的历史隧道中传来。

细雨绵绵，山岚飘荡。我们拨云见古道，沿着山路十八弯，防滑怕摔，花了足有半小时之多，小心翼翼地登上了螃蟹岭。岭上有一座建于道光年间的天泉庵，被县政府列为重点文物保护单位。庵内菩萨精美完好，香火不断，只是难觅传说中的尼姑的仙踪。

返回刘家冲，看到一勾山岚，满眼翠竹，烟雨蒙蒙的村庄，触景生情，口占一首七律《古道见刘家冲》，聊寄感怀："竹涛滚滚似财源，溪水潺潺道甚欢。枫树参天承好日，新房匝地揽福年。儿童捧卷思山外，村女红妆走寨前。龙尾翻腾淋细雨，为留游客再流连。"

我们再访鸦山古道的东线。东线是姚家塔到鸦山岭的郎溪县境内的一段古道，前文说全长 15 公里，就是指这里。我们乘车从刘家冲往东南方向，由岔道斜插到东线的中途青苔岭。再由青苔岭，一路西行，抵达鸦山老街，来到鸦山脚下。

据记载：鸦山，又称丫山或雅山，位于郎溪县南姚村镇永丰村境内。此山也是郎溪县与宣州区的界山，主峰海拔 446 米，周围约 15 平方公里。山峰高耸，林茂竹翠，野花盛开，鸟鸣山幽，空气清新，秀色可餐。有语赞曰："春山澹冶而如笑，夏山苍翠而如滴，秋山明净而如妆，冬山惨淡而如睡。"

登巅可眺望宣城、广德。主峰东侧有一山口，古名唐猊岭。鸦山岭位于螃蟹岭的东部，是古代郎溪通往宣城、宁国、泾县以及徽州的主要通道。那时，商贾行旅往来，络绎不绝。如今，山岭两侧登山石级仍然完好，人称"鸦山古道"。

所谓"国家级文物保护单位"，指的是鸦山岭界山两侧登山石基这一段路。山岭之外的通往鸦山沿线古道，已经被村村通道路改造为现在的水泥路。

我们一行人登鸦山岭，走了一半，登山曲折之路况，与西线螃蟹岭情形无异。已经是中午12点，午饭时候到了，就没有爬上山顶，而是下山原路返回直奔姚村街去了。

"白云回望合，青霭入看无。"东线停车眼见的景点有"改革开放"前永丰造纸厂的遗址，青苔岭的飞来石景观，青苔岭到夏桥的小支线古道遗址，报国寺的黄金台遗址，民间故事传说中的绣球石物证，鸦山小河中某段宣石砚台遗址，鸦山老街老屋等等。这些景点，前贤访记数不胜数，我就不牙牙学舌了。

探访结束，想起了大诗人李白的名诗《寻雍尊师隐居》："群峭碧摩天，逍遥不记年。拨云见古道，倚石听流泉。花暖青牛卧，松高白鹤眠。语来江色暮，独自下寒烟。"中有名句"拨云见古道"，非常契合今天的场景，遂援引为本文题目。

（作者系郎溪县发改委退休职工）

鸦山古道西线行

李　瞻

郎溪县姚村镇的古道，素来有名。

上起唐宋，盛于明清，历经千年洗礼，延续至当代。虽有部分损毁，仍最大限度地保持了古风原貌，成为一处未经修饰的原生态景观。古道多数路段用块石、石板砌筑，少数路段开山凿石而成，穿村引户，跨溪过桥，夹带道路两旁的草木花香，盘上山岭而隐于云端。因为有多条古道，故称谓不一，如鸦山古道、白阳岗古道、刘家冲古道等，其中以鸦山古道最为人知。

2013 年 3 月，由国务院公布，姚村的古道统称"鸦山古道"，分东、西两条路线予以保护，属全国重点文物保护单位。两条路线起点均在姚家塔，终点在宣州区水东镇，若是在地图上描画出来，轮廓像一个细长的枣核，想到水东镇的特产就是枣，鸦山古道与水东镇结缘，或许早有注定。

为了更好地探访古道，我们约了两名姚村的向导，他们在地方文化领域颇有建树。一为王祖清，根生土长的农民作家；一为梅府军，宣城梅氏的后裔，最有名的先祖当属"宋诗鼻祖"梅尧臣。

未曾料到的是，约定的日子竟然下起了雨。但我们的心早已飞向姚村，如约会合。我们一行五人，乘车从姚家塔出发，先探访西线，西线路段总长约 13 公里，重要的支点为永丰殿村、刘家冲村、袍笏

岭以及岭上的天泉庵。

我们出发的时候，雨仿佛会心地停了，沿途山青村洁，溪流潺潺，草木葳蕤，一派田园牧歌式的景象，令我很自然地想到陶渊明的"少无适俗韵，性本爱丘山"，孟浩然的"绿树村边合，青山郭外斜"。

永丰殿到了，下车，路右边是村庄，路左边是一条小溪，溪上有桥，过桥后有棵粗壮的枫树相迎，枫树后面是绿树簇拥的一大片场基，场基上是简易的篮球场。我心下疑惑，既然叫永丰殿，应该能见到庙宇啊？王作家为我解了惑，原来篮球场就是永丰殿殿址，枫树旁紧邻溪流处曾建有一座花戏楼，永丰殿与花戏楼大门对望，惺惺相惜了许多年，是古道上一处重要的歇脚点，更是文化聚集地。

我仿佛看见那个时代的人们，在永丰殿烧香拜佛，再到花戏楼听皖南花鼓，既慰藉心灵，又愉悦感官，旅途上的疲意尽消。眼前的现实，却是双双塌毁，淹没于历史的尘埃之中。多少年后，还有谁会记得永丰殿与花戏楼？王作家拨开草丛，引我们看一截断碑与一个石制香炉残件。可贵的是，断碑上依稀有字迹，用湿毛巾轻擦，露出文字，周边环绕着缠枝花卉纹，显得异常精美。"五猖圣会碑记"六个大字排头，下面的小字是记录当年盛会的内容，落款为康熙丙申年，即1716年，距今超过300年，妥妥的文物，更是永丰殿与花戏楼存在的实物证明。

我一直错以为，跳五猖就是局限于郎溪定埠一小块地方，其实不然，古楚地范围内多地盛行，如溧阳、马鞍山，还有鲁迅《社戏》中描述的绍兴，都有迹可查。姚村这块断碑的发现，从一个侧面佐证了跳五猖的昔日流行程度，好似于当今的网红节目。我们一致认为，应该对断碑残件加以保护，以便日后更好地挖掘它们的史料价值。

我的思绪还在永丰殿游荡，车子却已经赶往刘家冲了。刘家冲村建于明代嘉靖年间，依山傍水，古迹众多，古树、古墓、古桥、古井、古祠堂、古民居、古戏楼、关帝庙等。最值得说的是古树，300年树龄的有30多棵，主要为枫树、银杏，在县内首屈一指。古代商旅人士把这里当成驿站，各地文化在这里交集生辉，甚至波及饮食，如刘家冲的"土菜三绝"：石笋、石木耳、石鱼。石笋、石木耳属山珍，石鱼则是溪水中二三寸长的小鱼，类似于泾县的琴鱼，肉质嫩滑，食之难忘。

村尾到天泉庵一段的古道，堪称西线古道的精华，当地人称刘家冲古道。

约1.6米宽的古道，在竹林中蜿蜒伸展，路面不时见到凸起小块的青石、岩石，以及苍黄的竹叶、笋衣，仿佛要把步行的我们领进一个童话世界。雨后的竹林湿漉漉的，显得格外清新，溪流、碎石、小桥、鸟鸣、虫啼，裹在晶晶莹莹的绿里，步步生景，处处迷人。我最

钟情的一处，是一块半人高的巨石，独立在竹丛中，靠古道一侧，如利斧斫砍，平如镜面，我想可以刻字"听涛"，听万竿绿竹腾波起浪，再以溪中山泉煮茶品茗，纵是神仙也得羡慕啊！

来不及将眼中的秀色消化，又一处秀色袭来。一棵树干呈"S"形的枫树，姿态婀娜，旁有一圆形的清澈小水潭，状如梳妆镜，组合成一幅神女梳妆的画面。神女为谁而容？我的答案，当然是我们一行人。

再往前行，古道一分为二，一条通往老龙沟，听说沿途景色颇像张家界的金鞭溪；一条盘山而上，山前立有一块市级文物保护碑——天泉庵。这座山叫袍笏岭，想来是位官员命名的，隐含紫袍蟒带的抱负，当地人叫白了为螃蟹岭，瞬间远离朝堂，接地气了许多。

我们攀岭而上，眼前绿竹合围，脚下群石奔涌。这些石块大小不一，形态各异，时而平坦，时而错落，时而杂乱。被雨水淋透后，像青蛙、像蜥蜴、像孵蛋的母鸡，似脸盆、似棋盘、似散落的玉饰。我们艰难行进着，相互照应，尤其是注意防滑倒。这么崎岖的古道，如何走骡马及车辆呢？当年的古道肯定不是现在这样的，归纳原因，我想主要是年久失修，加上水流的持续冲刷，以及钻入路中的植物根系抬升等诸多因素共同导致的。

行到山腰，古道的宽度又缩小一圈，约一米。路面不像山脚下那么凌乱了，趋于平展，但是弯道渐多。拐弯处的山路由于视角的转换，多能发现不一样的景观。我就发现了有趣的两处，一处山石如盘腿而坐的佛像，正念着经文，称之"大佛传经"；一处山石如探头探脑的乌龟，龟首有一天然凹陷，似深邃的眼，称之"灵龟探道"。

我们明显感觉到山体的抬升，古道变得越发狭窄了，最窄处仅能容一人通过。再行不远，我们就看见山顶竹林中隐约透出光亮来，越往近前，光亮越盛，并且浮动着一层岚气。

待看到一棵苍劲的楝树及一角屋檐时，山顶已向我们敞开怀抱了。迈过楝树，豁然开朗，古道重又变得宽阔。左边有一间小庙，门头石刻"天泉菴"，端严浑厚，气度不凡。菴是古代写法，即庵，我曾以为是特指尼姑修行的地方，其实也可以代指寺庙，或者文人居住的草庐。传说唐"安史之乱"期间，民不聊生，且瘟疫四起，天帝有感，令雷神击开山石，引出消灾祛病的甘泉，造福一方。后来民众在泉眼旁建庵，以表敬意。宋元清期间屡遭兵祸损毁，反复重修，得以延续至今。

跨进庵门，一眼就能看见全貌，前殿后殿，加上两侧侧殿，围成"口"字形，中间是天井。天井地面见一口石井，八角形，外附青苔，显得古意盎然。井口处内收为圆形，可见两处陈旧的裂痕。向井内望去，幽深不见底，似乎有水波折射出微光。恰在此时，天空飘起细雨，向天井上方望去，如烟似岚，江南烟雨的感觉瞬间袭来，我仿

佛见满眼青山，抖擞蓑衣，驾一叶扁舟，向碧水中流驶去。

绕殿而行，见殿内不仅供奉佛家菩萨，也供奉道家神仙，梅诗人补充说侧殿还供奉过蔡伦像。佛家、道家、民间文化在这里和谐共存，体现了文化的兼容性、多样性，以及入乡随俗的适应性，真是小庙里有大乾坤啊。

小庙背依山体，可见开凿的印迹。特别是几丈宽的平整崖壁，让我想到泰山的摩崖石刻，若是效仿，必定给古道添加历史文化因素，刻什么好呢？王作家提议"多少楼台烟雨中"。我认为要带郎溪元素为好，清代名人王家相的《鸦山古迹》诗，其中一句"烟霞深处一苔矶"，刻在此地非常契合。

小庙一旁即是分界线，一只脚还在郎溪，另一只脚却跨到宣州了。容不得我展开遐思，同伴们催着我下山了。

（作者单位：郎溪县中医院）

鸦山古道东线行

李　瞻

下袍笏岭，以俯视角度，观漫山遍野的绿竹，恍然有悟。浓密的竹叶似"袍"，挺拔的竹干似"笏"，可能是其得名的由来。一路上小雨淅沥，敲打竹林，鸟鸣恰到好处地附和着，如听天籁之音。古道两旁的植物，丰富多样，别具情趣。最难忘的是一种叫黄精的草本植物，细长的杆，倾斜着，顶端叶片下结着一串串果实，像极了小孩用竹竿挑着的鞭炮。黄精的根块有健脾、和胃、润心肺的功效，可以入药，也可以煨汤食用，我县餐饮界的品牌"建平十六鲜"，其中一道菜即是黄精煲本鸡。

走完西线，我们驱车赶赴东线。东线古道长约 15 公里，重要的支点是水榨村、鸦山古街、岭脚村和鸦山岭。

古道悠长，此刻雨过天晴，倍感神清气爽，看山山有情，看水水含笑。溪流、村庄、小店、树林、树上的青果、飞鸟、小桥，使我很容易联想到辛弃疾的"旧时茅店社林边，路转溪头忽见"，想到苏轼的"花褪红残青杏小，燕子飞时，绿水人家绕"……

王祖清在车上告诉我们，水榨村古道附近奇石众多，是鸦山古道文化里不可不看的亮点。距离最近的是"绣球石"，相传，施姓、向姓两个美男子，与下凡仙女不期而遇，同时间相互看上了，仙女不能嫁二夫，想以抛绣球来裁定。王母娘娘在天上算到了，命令雷公制止，第一雷击碎绣球，形成绣球石；第二雷是双响雷，劈施姓男子化为青狮（施）岭，劈向姓男子化为白象（向）岭，斩绝了仙女的思春念头，将其押回天宫。

我回味着传说，车停了，王作家引我们来到一条溪谷。溪谷里绿植叠叠、水流淙淙，两块巨石，赫然入目。一块立着，一块卧着，都近似半球形，合起来就是个石绣球了，这个绣球，人是万万抛不起来的。

过绣球石前行不远，在车中可以望见郁郁葱葱的青苔岭，岭上悬浮着一块巨石，白云竞相牵绕。当地人称"青峰石"，与黄山著名的"飞来石"好似一母同胞，视觉上比飞来石要粗壮一些，随着角度变换，又像一条巨蟒从山林间探出头来。青苔岭上还有二座寺庙，金安寺与报国寺，都是有故事的，值得探访，因赶着去鸦山，只好放弃了。

车子行到一处古桥旁，见一磐石耸立溪头，高 2 米多，石上平坦如台，当地人称"姜子牙钓鱼台"。姜子牙是在渭水河边钓鱼的，不

可能来姚村，所以这个钓台只是攀附了姜子牙的名气。浙江桐庐的钓鱼台也很出名，相传是汉武帝时著名隐士严子陵钓鱼处，郁达夫有篇散文《钓台的春昼》，写的就是那里。

这块磐石当地人又叫"黄金台"，取历史上燕昭王为尊师郭隗筑所的典故。磐石正前方刻有"黄金台"三字，依稀可辨，一旁有两个大石碾，外圆内方，像极了两个大铜钱，意思要高薪招贤，妥妥的"招贤台"。我觉得黄金台的名字比姜子牙钓鱼台要好，与人才助力乡村振兴的口号不谋而合，具有积极的现实意义。

黄金台前 50 米距离处，有一"荡剑石"，弃于古道旁。相传，这块石头从鸦山滚落，循溪流冲到古道上，挡住去向，岳飞岳元帅曾行兵于此，指挥军士合力移开石头，岳元帅以宝剑推石，在石上荡出一条笔直的剑痕，至今犹见，故得名"荡剑石"。我看着石头上的长长剑痕，仿佛看见了金戈铁马、浴血奋战的岳家军，还有那风雨飘摇的南宋王朝。

再往前行，就是有名的宣州石砚古坑口遗址。笔墨纸砚号称文房四宝，世人皆知有宣纸，宣砚却少有人知。姚村宣砚古坑口的发现，为研究宣石砚找到了实地证明。穿过古道边一条林荫隐秘的小道，我们来到一处溪谷，王作家告诉我们，黑黑发亮的石头即是砚石。顺着王作家手指的方向，我们发现几块巨大的黑色石块插在水涧当中，有着明显的刀刻斧凿痕迹。让人联想到这里曾是一个采石现场，丁零当啷的声响，此起彼伏，一块块藏在深山无人识的宣砚，由此走向山外，被重塑生命，成为无数文人墨客的案头雅物。

我在水涧中捡起一块黑石头，轻轻抚摸，有着玉一般的温润，转动时，闪出云母般的光泽，可惜偏小了点，不适合做砚台，或许是当年采砚采下来的边角料吧。它在水涧中静卧了数百年，经过水流的洗

礼，变得通透，神采奕奕，像一个修得真趣的隐士。我把它重又放回到了水涧中，让它继续在这里行吟，逍遥忘我。

必须得提一下，来宣砚古坑口遗址前，王作家带我们找寻到了一条岔道，是一条未命名的古道，直通夏桥，顺溪西下，经寡妇桥（现已淹没在红旗湖中），达毕桥码头，再转水路至苏锡常。可惜这条岔道处于毁损状态，只留下近百米的遗迹可寻。就这近百米的遗迹，全用黑色的宣砚石铺成，像孩童的黑瞳仁似的，分明在说着顾城的名句，"黑夜给了我黑色的眼睛，我却用它寻找光明"。这条岔道的光明在哪里呢？我想只有乡村振兴，经济搭台，文化才有戏可唱啊。

到了鸦山古街，我从车中望去，基本上是现代的房屋构造，只有零散的月洞门、壁龛、木格窗以及门前的古树、青石，保留了一些明清的遗貌。我们没有下车细看，穿街而过了。梅诗人补充说，鸦山古街在很长时光里是姚村绝对的中心，也是姚村历史文化的重要载体，没有鸦山古街，就没有今日姚村。

鸦山古街到岭脚村，不到一袋烟的车程。古道在这里变成简洁又开阔的土路，或许是经过数百年的人行马踏，显得姿态硬朗，给人一种古朴的质感，这是西线古道不具有的，所以有"东线古道品相佳"一说。

我们把车停在一棵榉子树旁，沿着土路，徒步走进岭脚村。但见古木参差，绿植如毯，溪流似带；村中屋舍俨然，鸡犬相闻，有良田、美池、桑竹之属。陶渊明笔下的桃花源，瞬间穿越到了我们的眼前。只是岭脚村的人们和我们装束相近，见我们也没有大惊，反而很热情地打着招呼，让人心头生暖。

有一户人家的院子，矮墙遮不住姹紫嫣红，各种花卉、盆景布置得井井有条，像一幅静物油画，赏心悦目。一望便知，主人是个十分

有情怀的人，懂得生活，懂得情趣。

到了岭脚村，距离鸦山岭就只有半步之遥了。经过一块"鸦山"的指示路牌后，我们把岭脚村抛在了身后，鸦山岭的真容，慢慢展现在眼前。土路依旧是土路，路上嵌着的石块渐多，如果把土路比作一条江，那么石块就有如过江之鲫，踏浪而行的我们，言谈甚欢，好不逍遥。

地势渐渐抬高，绿竹又合围了过来，不知不觉间，我们已经踏在鸦山岭上了。王作家提醒我们，爬上鸦山岭顶峰，再折返回来，最少要一个小时，而且古道都是如眼前所见一样，沿途没有什么古迹。此时已是午后，我们腹中辘辘，只好放弃登岭，返回姚村街道吃午饭。

路上我在想着，鸦山山顶无古迹，实在太遗憾了。哪怕是造一个仿古的小亭子也好，取梅诗人先祖梅询广为人知的诗句"茶煮鸦山雪满瓯"的意境，定名"雪瓯亭"。如此，与袍笏岭的天泉庵相呼应，一亭一庵，东西遥看，岂不快哉？

午饭时，我们一边吃着丰盛的菜肴，一边聊着今天古道上的点点滴滴。王作家与梅诗人陪我们探访古道，还争相做东，堪称古道热肠，令我们钦佩。我看他们，犹似看见行走着的两条古道，在姚村的版图上，交汇成一个圆圆的句号状，为我们的鸦山古道之行，画上了圆满。

（作者单位：郎溪县中医院）

古 道 寻 幽

陈蓓蓓

鸦山古道,一个历史的大遗存。

这蛰伏于莽莽苍苍黄山余脉的古道,这掩身于崇山峻岭之间,逐渐被人们重视的千年古道,俨然像一本装订书,正一页一页地向我翻开,我越走近它,心情就越澎湃。

5月的一个周末,天空时阴时晴,我和几位文友来到姚村鸦山,探索古道。无数次去姚村,原生态的美景数不胜数,而鸦山古道,我却是第一次来。我们的车从郎溪出发至姚村往南,一路绿水青山;偶尔车窗上滴几滴雨水,瞬间阳光又从树梢间透过来。

鸦山古道在何处,从哪儿起,又到哪儿止?对我来说都是一个谜。还好,我们事先联系了对当地文化颇有研究的两位文友。古道起始于姚家塔,分东线和西线,到达地都是宣城名镇水东。东线要经过九村、水榨、鸦山老街和鸦山岭,共15公里;而西线要经过永丰殿、刘家冲和螃蟹岭,共13公里。俩文友给我们画了一张枣子形地图,让我们对古道一目了然。

首先,我们从西线入古道口。置身古道,眺望苍茫大地,我们聆听时间和空间在这古道上关于历史和未来的对话。

我们的车开到有个叫永丰殿的古村落,村子不大,村旁有条水沟,河水清澈见底,沟道里到处是乱石,偶尔有小鱼在石缝里穿梭。

文友高兴地说，这河里还有石斑鱼呢。古道右边是星星点点的农舍，家家户户门口都种着花花草草。

走在古道上，两旁翠竹掩映，生机盎然。我们还见到了有430年树龄的枫香树以及340年树龄的香榧树。我想，树就像一部无声的史诗，静立在这深山中，任人解读，引人遐思。

古道的山脊上，清涧似的流动起了一阵好听的音籁。山风习习，这风仿佛把我们带到多年前，繁华的永丰殿和花戏楼。来往的徽商和乡客，沿着这条蜿蜒曲折的古道来来回回，把大山里的药材、茶叶、毛竹等物产，肩挑背驮到苏浙沪等地交易；又把油盐、布匹、家什等扛回村子或古徽州等地。姚村境内13公里的石板路，承载着多少乡民的喜乐悲欢，连接着多少人家的生计希望。

正当我浮想联翩时，文友在小河边的杂草丛中扒拉开一块石碑，因有杂草覆盖着，再见天日，碑文上的文字清晰可见。我打开手机，拍摄下这珍贵的一幕，石碑上刻有六个大字"五猖圣会碑记"，落款是康熙丙申年，即1716年，距今300多年，是见证永丰殿和花戏楼存在的最好证明。拍摄完，我赶紧叫村民用草把石碑盖上，生怕热晒雨露毁坏了石碑，终有一天，我想政府会收回保管的。

尽管此时时晴时阴，但太阳一出，还是比较火热，一丝丝夏日的山风吹过来，才能带来一丝凉爽。这时有个山民走过来——实际上刚下车时，我已注意到他家门口那几只大方石凳，石凳上雕刻着精美的花纹，好像是莲花什么的——他见我们在看石碑，激动地说，以前这里特别繁华，现在的篮球场就是以前的永丰殿，而花戏楼沿着水渠而建，如今已不见踪影，旧址也是荒芜一片。而错落在民间的这些石墩、莲花座、石碑等，又让人联想起过去的繁华。

我立于桥上，河的两岸，古树叶在风中翩翩起舞，冷冷地唱着，密茂的静中漾起一阕曼妙的旋律，显得与众不同，有几分孤寂，又有几分落寞。我突发奇想：能否恢复永丰殿和花戏楼，让这儿成为一处胜景？如果沿河建一个小型公园，或者建一个郎溪八景之一"鸦山古迹"陈列馆，陈列郎溪历史名人和成就，让人们永远记住历史，记住历史的足迹从这条古道上，行进到整个郎川大地，既是新的旅游景点，又让皖南文化得以传承，和山那边的古镇水东遥相呼应，就更好了。

再往里走，可见村尾到天泉庵一段古道，这里就是著名的"刘家冲古道"。

我们几个既兴奋又来劲，直奔螃蟹岭，山口有一个石碑，上面清晰地写着"天泉庵"，落款是宣城市文物保护单位，公布于2017年6月。

螃蟹岭，山不高，满山的翠竹和古树，透着几丝神秘。我仰起头，远远望去，枝条交错的竹梢在风中摇曳，在这浓荫密盖的古道间，在这明亮的天空下，是那么夺人眼球。古道是青石板垒砌，少数凿岩开石，光滑而古老。有的青石板已被竹根生长翘起来，不扶着竹竿上山，还真有点打滑。一凸一凹的青石板路，蜿蜒在这荒野古道上，虽然有些青石板已被来往的先人踏平磨光，似乎不见道路，但两边的古树和翠竹始终保持着立正姿势，深情地牵引着行走的方向。

　　山顶就是"天泉庵"古庙。此庙名为"天泉"，源于庙中的古井。"天泉庵"建于明末清初，建筑结构为挑山式穿斗架梁，古庙是典型的徽派建筑，大门上方镶嵌着"天泉庵"三个大字。进门有一个天井。"四水归堂"的天井，我想不知深藏着多少人的梦想。院里有口古井，八角形，井水清冽甘甜，清亮柔和，无论干旱或酷暑，总是水流不断，这是上天的眷顾啊。我仿佛看到商人们走到这里，口渴难忍，掬起泉水一顿好饮，直喝得肚圆鼓鼓，丝丝凉意沁人心田，顿时神清气爽。相传，古井为雷击而成，已经有几百年的历史，井水流至今天，它真实地见证了螃蟹岭上的日升月落，草荣木枯。

天泉庵，螃蟹岭古道上的驿站，如一位历经沧桑的老翁，守候在这晨晖晚霞的天地之间，而庙里的"天泉"，它滋润了多少过往行人，又如一汪永不枯竭的智慧之泉，稀释和解除了多少徽商的鞍马劳顿。

西线古道结束了，跨步就是宣城地界，这时突然下起了小雨，我们几个顺山路返回。

东线，因为下雨，我们只能坐在车上寻探，九村、水榨、鸦山老街和鸦山岭，透过窗外的丝丝雨水，空中似有一缕缕香烟缭绕，朦胧得恍若佛界，令人目醉神迷。这次虽然因雨，我们没有亲往鸦山岭探访，我想，来日雨过天晴，我还会造访的。

鸦山古道，它属于过去，也属于未来。

（作者原单位：郎溪县农商银行）

古道边的"小黑板"

王祖清

鸦山风景好，不看不知道。探访郎溪县姚村镇鸦山古道，除了秀水青山和古迹遗存营造的乡愁氛围迷醉您，还有鸦山老街街头的一块小黑板让您惊艳。40 年来，这块街头小店墙壁上的小黑板，刊登了一首首打油诗，用通俗易懂的语言，宣传党的惠民政策，报道村里的好人好事，弘扬社会正能量。茶余饭后，村民常常驻足黑板报前，阅读评议。

现在，这块小黑板已然成了鸦山古道上的一道特立独行的文化风景！

乡贤结缘打油诗

"经营"这块小黑板的人叫林思凡，1941 年出生，是姚村镇原鸦山小学的离休老师。在近期推出的"姚村镇善行义举乡贤榜"上，林思凡作为乡贤排名第一。

这位乡贤的特长就是写打油诗，然后"发表"在他家小店墙壁的黑板报上。他从 40 岁开始打理门前的小黑板，义务办"报"40 年。黑板报每月更新一次。当问到每月黑板报的内容从哪里来时，林思凡抱出一摞小本子。笔者随意翻开一本，见上面写满了打油诗。他自己估算了一下，有 1000 余首，约 8 万字。黑板报的内容就是他创作的

打油诗。"我喜欢写打油诗，写打油诗的素材都来源于生活，写好了就上黑板报，自娱自乐。"这位年届八旬的办"报"老人，依然精神矍铄，言语中透着对生活的热爱。

"诗教"为了淳民风

林思凡的打油诗，一部分内容以通俗易懂的群众语言解读和宣传法律法规和惠农政策，另一部分内容就地取材，把身边的好人好事加工成通俗易懂的打油诗，教化村民，纯正民风。

鸦山在姚村镇的深山岔岇里，早些年，村民过着半农半樵的生活，闲来无事总喜欢聚在一起赌博，因赌博引起打架斗殴、夫妻闹矛盾的事时有发生。林思凡看在眼里，急在心里，他不仅自己不赌博，还要通过"诗教"来劝导喜欢赌博的人金盆洗手。

灵感来了，就开始写打油诗："劝你莫要学赌博，赌博没有好结果。凡是赌博赢的少，到头总是输的多。输了借钱想赶本，越赶越是超负荷……"这首朗朗上口的《戒赌歌》在黑板报上"发表"后，起到了一定的教化作用。原先好赌的汪老五，金盆洗手，办起竹木加工作坊，靠自己勤劳的双手挣钱致富。如今的"汪老板"感慨道："赌博自古不是好交易，现在的父老乡亲都忙着挣钱，村子里再没的闲人赌博了。"

"富者有其原，穷者有其因。行走三分利，坐吃山也崩……"劝人勤勉的打油诗。

"清明祭祖要记牢：森林防火最重要。风大劝你勿烧纸，避免失火把山烧……"提醒森林防火的打油诗。

林思凡"发表"在小黑板上的打油诗，更多的是表扬村里的好人好事和礼赞文明新风。如："岭脚有个张才发，自学成才会理发。他学理发不为己，尊老助残帮人家……""陈家儿媳好贤惠，名字叫作李金桂。婆婆生病不能动，端茶送水不言累……"

40 年来，林思凡笔耕不辍坚持写打油诗，以其简洁、通俗、朗朗上口的群众语言点赞好人好事，弘扬文明新风，让民风更淳朴，让乡愁更浓郁。

写诗办"报"受关注

林思凡 40 年坚持写打油诗，"发表"在他的黑板报上，教化村民，传承乡贤精神。他的事迹先后被《宣城日报》《安徽日报》《乡镇论坛》及"中国文明网"等媒体平台报道。他因为擅长写打油诗，还被姚村镇的桃源诗社吸收为会员，诗社的《桃源诗刊》几乎每期都刊发他的诗作。

2016 年 4 月，到郎溪县调研基层宣传思想文化工作的宣城市委相关领导还专程来到姚村镇，走访林思凡，了解他利用打油诗和小黑

板搞宣传的情况，对林思凡多年来坚持写"打油诗"的方式宣传正能量，让"小黑板"在偏远山村发挥文明创建的"大作用"给予了肯定，认为很不容易，精神可嘉。调研的领导表示："打油诗和小黑板，看起来朴素，很土，但土的东西却很伟大——有着独特的闪光点，林思凡的乡贤义举值得宣传和推广。"2016年，古道热肠宣传员——林思凡，被郎溪县委宣传部聘为"百姓宣讲员"，并入评年度"宣城好人"。

乡贤文化是中华传统文化在乡村的一种表现形式，具有见贤思齐、崇德向善、诚信友善等特点。乡贤文化是可利用的重要文化资源，作为山旮旯里的乡贤林思凡，他用自己独特的诗教方式和善行义举，为当地群众树立了好人坐标。这样的好人多多益善，他们对于促进生态、文明、富裕、美丽姚村建设，默默奉献着一份力量。

（作者单位：郎溪县姚村镇人民政府）

鸦山古道与毕桥码头

唐清平

鸦山古道由姚村姚家塔起始，至永丰殿分成东、西两条古道，两条古道均在宣州区水东镇交会。鸦山古道开凿于清代顺治年间，嘉庆、光绪、民国年间均有维修。东向一条古道长15公里，西向一条古道长13公里。两条古道均用块石、石板砌筑，少数路段是利用山石开凿而成，路面宽1至1.5米不等，基本上是沿山溪沟间行进，途经山峰则盘旋上下，遇溪流沟壑就横架石桥。古道部分路段至今保存完好，路面、路径以及路旁的构筑等均保留着原始状态。

古道两旁，古树参天，竹林成海，山上植被郁郁葱葱，山间溪

流潺潺，水质澄清；依山傍水而建的村庄掩映在绿色丛林之中，幽静古朴。

鸦山古道上有自然村落十余个，其中以刘家冲、水榨两个古村落最为典型。水榨村位居东向古道，建村于明代万历年间，村中拥有古树、古桥、古民居、古客栈、土地庙、古井、古寺遗址、苏维埃政府旧址等，文化遗存丰富，内涵厚重，是鸦山古道上重要的人文景观。刘家冲村位居西向古道，建村于明代嘉靖年间，距今已有500年历史。村中拥有300年以上的古树30余棵，还有古墓、古桥、古井、古祠堂、古戏楼、古民居、土地庙、关帝庙、表芯纸厂、茶行以及砖雕、古籍等；刘家冲村历史上还是这条古道上的驿站，商旅人士由水东至此必歇脚解乏，因此带动了刘家冲村的经济发展，造就出优秀的历史文化。

据清代《建平县志》记载，这条古道是郎溪、徽州历史上互通贸易的必经之道，也是古代战事的重要通道。经此道，北可达芜湖、南京，东可通上海、苏州、无锡、常州等地；南可达浙江等地，古道曾为地域经济文化的发展发挥过重大作用。当年，人们穿行往来于这条古道上，或肩挑背负，或驴载马驮，将山货运出大山，也将在外面购买的物品运回山里。

古道属于陆路交通，运力有限，速度缓慢，大批量的货物运输，当时还要靠水运。如何将姚村山区丰富的山货运出去，人们又把目光投向水路。

鸦山古道以北约20公里处便是南漪湖。南漪湖位于郎溪县和宣州区交界处，沿湖九嘴十三湾，港汊似蛛网，水面宽广，河道纵横，航行便利。南漪湖与长江有河道相连，船舶经南漪湖可到达长江，再经过长江的干支流则可到达全国很多地方。所以姚村山区的大量木材、竹子、烧炭、药材等山货，往往沿着古道运下山来，先通过陆路交通集中到南漪湖畔的毕桥集镇，再通过集镇上的码头运往全国各地。

毕桥镇濒临南漪湖，历史悠久。靠山吃山，靠水吃水，很久以来，沿湖居民大多以捕鱼为生。四面八方的渔民聚集于此并建房定居下来，于是形成毕桥集镇的雏形。后来毕桥集集镇上出现鱼市场，集镇规模逐渐扩展，街市日益繁华。

绕毕桥集镇而过的一条河流叫碧溪河，碧溪河向北，顺流而下，经过管家湾、草屋基，便到达南漪湖。很久以来，依靠碧溪河和南漪湖这个便捷的水道，毕桥的航运不断发达起来。

开始，部分渔民利用自己有渔船的便利，兼职进行航运业务；逐渐地，有的渔民放弃了捕鱼职业，成为全职的航运者；后来，又有其他人也加入到航运队伍中来。

到了 19 世纪 30 年代，毕桥已经拥有 30 多条船，300 多吨位的两支船队。其中江北移民有 20 多只船，200 多吨位，清一色的条驳船；湖北移民有 10 多只船，100 多吨位，有乌江船、网船等。

毕桥的航运事业发展后，码头也随之出现，四面八方的船舶到达毕桥。于是，本县姚村山区及广德县部分地区的山货，聚集碧溪河畔，通过码头上船，水运到芜湖、南京等地。民国时期，毕桥更是郎溪县境内西南乡货物进出主要通道，吸引了大批外地船民纷纷来毕桥安家落户。

毕桥小镇上当年建有两个码头，码头最早建于什么时间，现在已经无法确定。两个码头都建在碧溪河岸边。位于碧溪大桥旁的码头在碧溪河南岸，属于湖北帮船民控制；位于天主教堂旁的码头在碧溪河北岸，属于江北帮船民控制。据说湖北帮属于青帮，江北帮属于红帮。船民刚来时，由于单航常遭到湖匪抢劫，加之本地人有些欺生，单干揽业务有些不便，于是就自动组织起来。由皖北人组成的叫江北帮，由湖北人组成的叫湖北帮，旧时有湖北帮、扬州帮 13 支专业渔民队伍。

毕桥码头用巨大的条形石板建成，呈台阶状，一直延伸到碧溪河水下，便于不同水位时期船舶停靠装卸。码头旁是宽大的场地和宽敞的仓库，

用来存放货物。距离码头不远处，建有供码头工人等居住的宿舍。

当年，碧溪河上商船如梭，白帆点点，绵延数里。毕桥码头边停靠着南来北往的船舶。码头上上货卸货，上人下人，人头攒动，异常繁忙。从姚村、广德等地过来的山货堆积在码头上，码头工人将货物装载上船，一船又一船的货物从这里出发，沿碧溪河进入南漪湖，再沿长江干支流驶向芜湖、南京、上海、苏浙、无锡、常州等地。也有很多船舶驶进码头，满载从外地购入的食盐、瓷器、陶器、布匹、药品等物品。这些货物在码头卸载后，再运往周边各地。

水运和商业的发达，也给毕桥小镇带来繁荣。那时毕桥街道两旁商铺林立，行人车辆川流不息，十几家旅店里住满了南来北往的旅客。小镇上随处可见各地的商人和旅客，包括操着独特口语的姚村人。

鸦山古道和毕桥码头，成为一条连接山和水的纽带，将封闭的姚村与繁华的沿江城市勾连起来，促进了郎溪地区经济的发展和文化的交流。

（作者单位：郎溪县毕桥镇中心小学）

弹子石的故事

梅府军

鸦山古道是南京通往古徽州的必经之路。

1118年初夏，一支由宋江部下组织的义军过了长江，浩浩荡荡地经鸦山古道准备直入浙江进剿方腊。在这支队伍中，有一位侠肝义胆的勇士，他就是有名的神弹子张清。他可不是一介莽夫，而是一位有勇有谋的得力战将。无奈，征剿的命令自上峰传来，他也只得随队伍出征，自此这支队伍中多了一位郁郁寡欢、苦闷无绪的一代大侠。

他敬重宋江的为人，追随他征战多年，立下了赫赫战功，但对宋江接受招安一事却一直百思不得其解。这不是他所向往的那种生活，更不是所谓的"替天行道""除暴安良"。而浙江的方腊也是他从内心佩服的一位当世大英雄，在起义的过程中他与梁山宋江一南一北，遥相呼应，给统治者带来很大的不安。可是这一次他却要参加征剿方腊的战斗，巨大的悲苦像一座大山沉重地压在他的心头。这种情绪也弥漫在整支队伍之中，他们走走停停，一月有余才行至鸦山附

没羽箭
张清

近的古道上。

此处有半山的山石突兀出来，奇秀峥嵘。时值初夏，一路奔波，人饥马渴，张将军拴好了自己的战马，让它在古道边的山溪里饮水，自己则茫然无绪地走向一片石崖。满心的悲苦无处诉说，他只能仰天长叹，长吁短叹之际一直沿着山坡径直往上走去。

他来到一处树荫处，准备停下在此停歇一番。当他转过树荫，见树荫后隐有长、宽、高俱丈余的一处大石，心里正感奇怪，准备爬上大石，一来看看在山下岭脚歇息的衣甲不整的义军兄弟，二则正好让清风吹拂一下自己繁乱的愁绪。正当他快靠近巨石时，巨石却轰的一声从中间裂成两半，形成下端窄处有尺余，上端宽处有二三尺的裂隙。

他暗自纳闷：大石向我裂开，是有什么暗示、预示？脑海中立刻浮现出方腊的脸、方腊的眼神……那是一张气吞如虎、气壮山河的脸，那更是一种从容镇定、穿透时空的眼神，他可是一位真正的大英雄啊，他的所作所为无不深受百姓拥护。自己这次却偏偏要去征剿他，于天理不容啊。他知道一旦双方厮杀，定是生灵涂炭，血染成河，而拼杀的双方却是宋、方两家的兄弟，当朝的权臣廷贵们，还正在等着喝他们的"庆功酒"呢。他越想越气，随手一掌打断了巨石边的那棵大树，还觉

不解恨，想想自己空有一身武功，却要被别人利用去杀人。他一声长啸，一把抓出身上的弹子，奋力向大石裂开的两壁掷去，手起弹落，石壁的两内侧清晰地留下了被神弹子深深击打的坑印。

此时张清也已顿悟，大石向我开启，不就是让我开窍吗？人生当此大开大合之境地、之抉择，不恰恰是顺应上天的旨意，此时的"开"不就是上天让我开悟吗？想罢，仰天大笑，纵身向大石裂缝处扑去，说来也怪，当他健步扑向石缝的那一刻，顿觉自己的整个身子轻飘飘的，身心如一，轻松自由……哈哈哈哈，一阵笑声留下，张将军飘然不知踪迹。自此，人们把鸦山古道边的这一处留有弹子孔的石壁叫弹子石。

弹子石位于姚村乡姚家塔城南冲村的上沿半山腰处，弹孔约有三四十个。也有人提出质疑，认为这是冰雪融化所形成，但遍山的石头，有大有小，却没有一处像此处这样，不得不令人称奇！

（作者单位：郎溪县姚村镇文广站）

伍员山古道的前世今生

夏忠羽

伍员山，当地方言又名伍牙山，系天目山余脉，郎溪第一大山，被称为"吴头楚尾第一山"。它坐落在郎溪县凌笪镇境内，是安徽与江苏的分界山。

融融春日，在一个明媚的下午，和朋友相约攀登伍员山，探寻子胥文化遗迹，领略美妙自然风光。

一路颠簸，车子停在了山下的板栗林中。我们整理好行装，徒步向前。脚下松软的枯草里，那些性急的小草已经探出了头，嫩嫩的，如同初生的婴儿。路边的丛林里不时露出蕨菜的身影，竹林里的竹笋穿过厚厚的泥土露出茁壮的身子，有的竟调皮地站在路中间，好奇地打量着南来北往的行人。

　　一段看起来还算平坦的山路，走的时候却不是那么轻松，一会儿功夫就两腿发酸，回头一看，原来这也是一个不小的坡。一路连呼缺乏锻炼，前面山高路险，我们还能坚持吗？

　　来到山根下，路两边的树木浓密起来，枝头瓣瓣新叶，鹅黄浅绿，一派生机。举步维艰地穿过齐腰深的野草，山腰，一条蜿蜒、古老的石阶路显现在眼前，从这里曲曲折折往上延伸，岁月在那里积淀，成了黝黑的颜色，向我们展示着它们的久远。这就是伍牙山古栈道了。

　　小时候，就从老人们口中得知这座山与春秋战国名将伍子胥的神奇故事，这些美丽的传说至今依然被当地群众津津乐道，这条古栈道，也与伍子胥有着紧密的联系。

　　相传，当年伍子胥助吴伐楚，曾三次经过伍员山。

　　伍子胥第一次经过伍员山，是在仓皇逃难时至此，因山雾庇护，方才化险为夷，因此伍员山又名"护形山"；第二次经过伍员山时，伍子胥已经是重兵在握的大将，他号令三军翻过大山，直抵楚国报仇雪恨；第三次到伍牙山，是在伐楚凯旋之际，伍子胥在此建牙、屯兵，操练兵马，留下"跑马道""兵器库"等许多遗址。后人为了纪念伍子胥，在伍员山顶修建了子胥庙，为了便于香客上山祭祀，人们在山上开凿山石，历经数年，方才铺就了这条古道，虽然历经二千年的风雨洗礼，许多石阶毁于山洪，但至今古栈道依然基本保存完好。

2017 年，宣城市人民政府在古道旁竖立了"伍牙山古道"市级文物保护牌。

置身山中，金戈铁马，犹在耳畔，转眼已是千年。

踏上不规整的石阶，一份古朴厚重的感觉迎面而来，像一本古老的书籍，每一页，都在诉说一个古老的故事。先人们肩挑背驮，将这一块块山石叠砌为一条通关大道，这其中有几多艰辛可想而知。石阶顺着山势在延展。走到半山腰，石阶消失，呈现在脚下的是斜挂在半山腰的一条山道，窄的只有一脚宽，我们小心翼翼地踩着小道继续向前攀登。山上，杜鹃在热烈地开放，脚下的山谷里，原始丛林密密匝匝，一棵棵粗大的树木张开遒劲的枝干，遮住了半个山谷，各种树木在山谷中依势而生，争抢着自己的地盘和顶上的阳光，那些神态各异的造型，美得自然，美得清新，不得不佩服大自然的鬼斧神工。

一路上走走停停，呼吸着满是草木香味的空气，听着幽谷里传来的阵阵清脆的鸟鸣，看着这满山的新绿，心境豁然。走过了一段艰险的路程，前面又是一段石阶，一层层，伸向山顶，抬眼望去，像是一道天梯从天际铺展而来，踏在这古老的石阶上，仿佛从现代穿越到远古。

快到山顶了！此时，朋友感慨，生活就像登山，只要信念不断，再大的困难咬咬牙也就过去了。

我们加快了步伐，登上山顶一看，原来只是到了山脉的脊梁上，到主峰还有一段路程。山脊的路还算平缓，我们一边观赏路边各种奇异的山花、野草，一边继续向上攀登。又过了一个山头，主峰上迎风猎猎的红旗已遥遥在望。主峰下面，一条宽约 3 米的道路围着山峰向东延伸。这就是著名的"跑马道"了。当年伍子胥沿山峰修了一条平坦的山道，用于操练兵马，因此得名"跑马道"。

进入主峰，两棵高大的松树立在路两边，苍劲的松枝向路中央伸展，远看就像一道山门，我们被这奇特的自然景观深深折服。穿过"山门"，行走几十米，便见一片开阔地，上面绿草茵茵，几面鲜艳的红旗在树顶上迎风飘扬，这就是山顶了。

环顾四周，一截矮矮的断墙引起了我们的注意，这就是著名的子胥庙遗址。伍子胥庙始建于汉高祖九年，距今已有 2200 多年，后毁于战火。草丛里，散落着一块块青砖、瓦片、陶盆碎片，拾起一片碎瓦，如同拾起一段厚重的历史。千百年来，这些残垣断壁，无时不在诉说着当年那段金戈铁马的历史，感叹着壮士一去不复返的悲壮。

在子胥庙遗址旁边，两座造型各异的现代观景台格外引人注目。观景台上，游人如织，人们有的倚在仿木的栏杆上拍照留念，有的坐在透明的摇篮里，在友人的帮助下，悠闲地荡着秋千，还有的爬上另外一座高高的观景台，居高临下，体验一览众山小的快意。在友人的鼓励下，我也战战兢兢地攀上观景台的第三层，极目远眺，只见山下水如明镜，农田纵横，绿树掩映着村庄，传递着岁月静好的信息。山风阵阵，绿浪涌动，泉水潺潺，一路欢歌，置身于如此的绿水青山之中，心境豁然开朗。

下山时，我们没有按照原路返回，而是走的另一条石阶路。这条石阶步道在古栈道的西北山坡，崭新的石阶一层层穿过茂林修竹，从陡峭的山顶直达下吴村罗市自然村东的茶园，因为走的完全是排列整齐的石阶路，相比从古栈道上山而言，显然要轻松许多，我们就有更多的时间来欣赏沿途的美景了。

身在山中，满眼皆是绿色，啾啾鸟语不绝于耳，路两边的竹林中，修长的竹笋三三两两，向阳而生。放眼山的西北面，一座粉墙黛瓦的村庄在绿水青山映衬下如同一幅田园水墨画，古朴典雅。这个村庄就是下吴村的罗市自然村。罗市，与伍子胥也有着不解情缘。因为

她位于伍员山北麓，地处吴、楚、越三国交界，上可直通伍牙山巅，下可直达周城的水道，这里不仅是古时的军事要地，更是天然粮仓。

公元前514年，伍子胥在伍牙山实施"设守备、实仓廪、治兵库"计划。当时，伍子胥调动数万吴军屯驻在伍牙山中操练布阵，从吴国迁移近万人口到伍牙山下的罗市安家立业，设关卡，立城郭，开垦农田。数十年后，罗市已经发展成一个繁华的集市，村中有九井十八巷，村庄南北各设一寨门，南门直通伍牙山顶，北门通周城，村内街道青石铺地，商铺林立，许多吴军将领的家眷均落户罗市，罗市成了当时吴国最繁华的边贸市场。另外，因为罗市村民历代有编织竹箩的传统，因此村名为"箩市"，后演变为现在的罗市……

来到山下，我们沿着宽阔的柏油马路进入村庄，一个崭新的美丽乡村呈现在眼前。村庄内干净整洁，沿途的绿化带里姹紫嫣红，一座座现代化的民居隐在绿树浓荫中，吸引着八方来客。途中随处可见的墙绘，散发着浓郁的伍子胥文化气息，让这个古老的村庄更显文化的厚重。

坐在村庄内的休闲亭内小憩，在和村民闲聊中，我们方才得知，当地政府投入数千万元，对罗市进行了全面的升级改造，建成了"宣城市记录小康工程展馆""伍子胥文化记忆馆"，一大批公共基础设施得到完善，让这个曾经繁华的古村落，焕发了新的生机。

徜徉在村内，每一处景点、每一个传说故事，都值得细细品味。

罗市，从那一层层古老的石阶中，从那装满神奇故事的大山中，从那直通山巅的新步道中，化蛹成蝶，迎着"长三角一体化发展"的春风，翩翩起舞，展露新颜。

（作者单位：郎溪县凌笪镇人民政府）

千古山河今犹在

童兴旺

　　两千五百多年前，伍子胥三过伍牙山，在这里留下了一段传奇的千年古道；

　　两千五百多年前，伍子胥西征伐楚，在这里开凿了世界上第一条人工运河。

　　千古山河今犹在，寻踪子胥韵悠悠。

秋日的最后一抹斜阳挂上伍牙山顶的树梢，倒映在古胥河的水面，晚霞似血，沉凝在历史的天空。

伍牙山，位于郎溪县境内；古胥河，位于郎溪县边境。这一山一河，因伍子胥的关系，而平添了几分神秘的色彩。

春秋时期，郎溪地处"吴头楚尾"。就在这"吴头楚尾"，演绎了伍子胥传奇的一生。据《史记》载，伍员，字子胥，楚国人。其父效忠楚庄王，遭奸臣诋毁，父兄被杀，伍子胥逃亡他乡，经宋、郑、晋辗转到达吴国，途中经过伍牙山。伍子胥在吴国得到重用，与孙武一起，西征楚国，又经伍牙山。伐楚成功后，伍子胥得胜班师，再经伍牙山。这就是历史上有名的伍子胥三过伍牙山。

今天，我们从郎溪北行20余公里即到达伍牙山麓，沿着乱石小路拾级而上，便是历经千年沧桑的伍牙山古道。这里山岭起伏，古木

参天，溪流淙淙，鸟语声声，好一处尘嚣中难得一觅的幽静闲适。崎岖的山路蜿蜒起落，绿树翠竹中掩映着几户农家。走进山岭，头顶是绿色的苍穹，阳光从树叶间洒落下来，如花碎点点。山间都是粗虬的古树，人在画中行，心随自然飞。脚下是堆积多年的落叶，厚厚的、软软的，给大山铺上了一层地毯。

一股山泉从石缝中汩汩流出，在山脚形成一处深潭，上面笼罩着一层氤氲雾气。相传伍子胥逃亡至此，前有高山，后有追兵，忽然一阵风过，云遮雾罩才得以逃脱。想必那云那雾，也出自此泉此水吧。

到了半山，山坡陡峻，偶见几处顽石，叩之有声。伍子胥西征楚国二过伍牙山时，一老妇见其"牙旗"惊呼，伍子胥以为不吉，向山石上怒摔"牙旗"，幸得山神护旗才得以保住战旗，"伍牙山"也因而得名。如今，战旗不再，山石依旧，只有它无声地见证着历史与未来。继续前行，见一平坦之处，乱石遍地，据说此地曾建有伍员庙，后毁于战火。又传伍子胥得胜班师，曾在此地整军练兵，著书藏兵，

秘密开辟了"练兵场",修建了"藏兵洞",创作了《伍子兵法》。后人为找寻伍子胥"藏兵洞"宝藏和与《孙子兵法》齐名的《伍子兵法》,曾发动数千人上山寻宝,终因山高林深而无所获。

在伍牙山东北10余公里,郎溪县梅渚镇与江苏定埠交界,"南定埠"与"北定埠"隔河相望,这河便是古胥河。胥河东起苏州,过太湖,经宜兴、溧阳、高淳、郎溪,通过固城、石臼、丹阳几个湖泊,至芜湖接通长江,全长450多公里,是世界上最早的人工运河。当年,吴国为伐楚,派伍子胥主持开挖胥河,以利漕运。后胥河开通,为吴国西破强楚、称霸中原立下大功。

悠悠的胥河水经年不息,从公元前506年一直流淌到今天。石垒的河岸饱经风雨,河上的一座石桥更显沧桑,从这里,我们似乎还能够看到古代人民为修建胥河而付出的血汗代价,创造的智慧结晶。河面上偶有几叶小舟,粼粼的河水倒映出两岸一幅现代新农村的图画。

造化弄人,伍子胥最后为奸臣所谗,被吴王赐"属镂"宝剑自列。胥河古道成就了伍子胥的一生功名，但伍子胥终究未能走出历史的窠臼。只有胥河水默默地流淌着，历经千年，孕育了两岸丰富的胥河文化。大小马灯、大小锣鼓、降福会等民间民俗文化广为流传，"跳五猖"被确定为首批省级非物质文化遗产，梅渚镇被授予全省民间艺术之乡，胥河古道也成为积淀古朴风情、展示农村风貌的一条旅游观光带。

当最后一抹如血残阳湮没在伍牙山的树丛中，沉落入胥河古道的水波里，一切都已经消逝了。我们期待的，将是另一个崭新的黎明。

子胥已矣，山河犹在，寻踪千古，余韵悠悠。正是：

半生漂泊半征战，一腔热血一山川。

是非成败皆云烟，只留山河映苍天。

（作者单位：郎溪县人大）

广德篇

悠悠古道，血色记忆

陈良明

　　广德是安徽省通往浙江的东大门，与浙江安吉、长兴两地山水相连，道路相通。古往今来，在这些道路中，成为交通动脉而最具影响、跨越时空最为悠长的，莫过于广德—长兴古道，也就是后来的318国道广德段。这段老318国道，正是由广长古道扩建、翻新演变而来。它虽然历经多次整修和扩建，但古道的路径走向未曾变化，许多遗迹也依然可循。

　　广德自古"锁三吴，襟两浙"，地扼皖、浙、苏，历来是兵家必争之地，从而也就凸显了道路的重要性。据《宋史》记载，早在南宋庆元三年（1197），当时慈懿太后捐银三万两修成广长古道，全长约60里，路面由37242块麻石条连接而成，可谓风光一时。这石板道算得上坚固耐用，前后经过了好几百年人行马踏，雨淋日晒。可惜，最终也在岁月的长河中被不断侵蚀而消失不见。

　　明洪武年间，为加强地方管理，朝廷重新修建了广长驿道，广德境内设有三铺，即长岗铺（今十里沟）、王婆铺（今祠山岗）、分界铺（今界牌）。那时的广长驿道功能单一，仅是驿马通行、传递文书的驿邮专道，直到清末民初，浙江湖州、南浔一带农桑快速发展，除了当地的工商业者之外，浙北地区还出现了西洋人投资的产业，包括学校、教会、医院、商行，由此也带动了长兴及广德一带经济文化的发展，这其中便有了广长古道多次的整修和扩建，由单一的官道变成了可以轿马通行的交通要道。

民国中期，汽车也开始在广长古道出现。淞沪抗战，战火纷飞，广长古道越发成了一条战略要道，作战物资运输，参战人员流动，浙沪皖三地乃至南京政府都很依赖这条通道，也就从这时起，广长古道成了广长战略要道。

1937 年 11 月 29 日，在连续多日的飞机轰炸后，日军大部队从长兴直扑广德。原国民党当地驻军已不见踪迹，前来迎敌的是川军一四五师和独立十三旅。当时的川军装备非常差，很多人连枪都没有，人员也是老少不齐，寒冷天气里还有许多人穿着单衣草鞋。

据老人们回忆，那天西风怒号，人迹难见，川军匆匆赶到界牌，连防御工事都来不及建立，鬼子便如洪水一般从界牌、大松林那里一路往西压来。前面是铁皮车（坦克车）轰隆隆的响声震耳，后面是成群的虎狼一般的日本兵往前涌。川军们依仗着地势狙击敌人，望着滚滚的车流无计可施，只能靠着腰间的手榴弹冲向鬼子的铁皮车，以命相搏。人冲上去，一声炸响，人没了，可收效甚微，手榴弹的威力在铁皮车身上作用不大，最多也只是延缓了日本兵前进的步伐。可即使

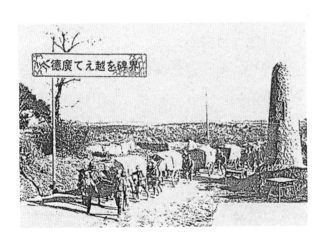

是这样，川军仍是前仆后继，一批人没了，又冲上去下一批，又没了又冲上……道路上渐渐有了不少被炸坏的铁皮车停在那里，更多的是川军残缺的肢体……

入夜后部队奉命后撤，那时的川军行军带有锣鼓，他们没有丢下锣鼓奔逃，而是分散着，沿着广长古道的两边村庄后撤，一边往西走一边敲着锣鼓，拼尽全力高喊：

"老百姓哪——鬼子来啦——杀人放火啦——快点走哇——"呼啸的风声从广长古道的两边，把呼喊声和锣鼓声带得好远好远……

经此一劫，广长古道损毁严重，常年不能通行。血洗的路面及两侧渐渐长满了凄凄的蒿草。直到民国35年后，路基才得以修复，但路面仍大坑小凼，车行艰难。

广长古道再次恢复通车是在1950年，当时广德县人民政府发动民工25.2万人次，对境内广长公路进行了全面的整修，1951年竣工。1966年又投入巨资将所有桥涵建为永久式，1972年铺设渣油路面，1985年扩建为18米宽的水泥路。至此，广长古道完成了它的蜕变。

人生如梦，岁月如歌。广长古道变化成新的国道，而我也从一个爱听故事的孩童步入了中年。每每我骑车或行走在这条国道之上，眼前总是浮现出古道的喋血岁月——荒草之间，枪声一片，喊声一片，血流一片……远远地传来悠长的呼喊"老百姓哪——鬼子来啦——杀人放火啦——快点走哇——"呼喊声时近时远，每当此时，我总是一边在心里默默地祭奠那些奔跑的、倒地的、不知名的川军将士，一边情不自禁地泪水潸然而下，任凭它洒落在昔日的古道上……

（作者系广德市东亭乡文史爱好者）

松岭古道话沧桑

王小冰

在皖苏交界的广德市有个伏卡村民组，松岭就在这个村子的尽头，一个叫"康米"的水库后面。松岭也是溧阳的一个村名，村子因山而名。在安徽这边，村子却叫"康米"。山顶有巨石阵，高德地图显示为"松岭头"。

从现有史料来看，松岭的历史可以追溯到唐代。"陆希声，字鸿磐，自号君阳遁叟（一称君阳道人），唐代苏州府人氏。博学善属文，希声任歙州刺史，昭宗闻其名，召为给事中，拜户部侍郎、同中书门下平章事（宰相）。"他在隐居于阳羡义兴湖汉的颐山期间作有《阳羡杂咏十九首》，其中《阳羡杂咏·松岭》中这样描写在松岭的隐居生活："岭上青松手自栽，已能苍翠映莓苔。岁寒本是君家事，好送清风月下来。"阳羡，宜兴的古称，与广德隔松岭比邻，为陆希声隐居地。

松岭山麓有广德历史上最古老的寺庙——保安寺，据光绪《广德州志》记载，"崇福寺，在州北五十里保安山，旧名保安寺。唐天宝七年（748）建，为广德最古。"钱文选编纂的民国《广德县志稿》载，"乾隆四十六年（1781），有浙江富阳人李秀良傭于伏卡堡，积有资产助寺，遂终老焉。"

据伏卡村一位1936年出生的郭姓老人讲，抗日战争时期保安寺被新四军用作临时医院，救治伤员，在当时称为"江南医院"。解放后房屋分给了当地贫农居住，今无存。

松岭是分割广德和溧阳的天然屏障，同时又成为两地商品流通以及民间往来的障碍。古人每每翻山越岭，十分辛苦；翻山古道还常常在梅雨时节被山洪冲毁，成为大山两边山民的一大心病。尤其是太平天国战乱时期，江南民众饱受戕伐，人烟稀少，松岭古道几近荒芜。直到民国 18 年（1929），山北乡一个重要人物——钱文选为体恤家乡父老，慷慨出资，重修松岭山道。

钱文选（1874—1957），字士青，晚号诵芬堂主人，广德人。光绪二十四年（1898）入安徽省立求是学堂，二十九年（1903）被选送京师大学堂师范馆学习。民国时曾任驻美旧金山领事、两浙盐运使等职。著述甚富，有《诵芬堂文稿》《广德县志稿》《美国制盐新法》《英制纲要》《环球日记》等传世。他还出资在伏卡村祠山庙开设"士青小学"，免费供本地农村孩子读书。

当初出资修路只是为了造福乡里，一个善举在方便大山两边居民往来的同时，也给后人留下了一处珍贵的古迹，这恐怕是钱士青先生始料未及的。

初夏的一个星期六，我们一行十几人踏上位于伏卡村的松岭古道。满山的翠竹遮天蔽日，徜徉在这样的山间古道，的确是一件惬意的事，和古人为生计而匆忙的脚步相较，我们简直就是在

享受古人的恩赐。索性脱下登山鞋，赤脚轻踏在被无数双脚踩磨得发亮的石板上，一股股清凉透过脚底，沁入全身。有微风拂过，碧绿的竹叶发出轻巧的沙沙声。置身在这童话般的天籁之中，还有什么人间繁杂不可以抛却呢？

古道是无声的，但历史不会无言。林中的鸟鸣、丛中的花香在清凉的山风中纷扬，驻足凝神，我们似乎还能看到，一批批山民肩扛手抱，扬锤插钎，挥汗如雨，铺筑眼前的古道；我们似乎还能听到，一代代山里人轻松行走在古道上的欢声笑语，喁喁感念。

在山顶，我们意外发现一口废弃的古井，这一定是为了方便往来商旅过客饮用水而特意挖掘的。历经沧桑，完成了使命，它现在歇息了，淤泥已经使水井变成了一个水凼，就如同一位垂暮的老者在历经风雨后默然地守候在故乡，它曾经的举足轻重和它的掘井人一起泯灭在历史的尘嚣中，只有残存的水还在顽强地昭示着远古的情愫，跋涉

的旅者惊喜地俯下身去，双手捧起清冽的甘泉，那是怎样的诗情画意啊。如今的水依然清冽，只是很浅很浅，在水中我们更加意外地发现几条"娃娃鱼"。这又是一份惊喜，在大自然遭到极度破坏的今天，这个古道边的水凼里还能有这么原生态的东西，真的应该感谢上苍，终究还是垂怜了这一片故土。这是不是也在召唤我

们，赶紧放下贪婪，保护我们有限的生存空间呢？

古道是有尽头的。我们漫步在丛林中的古道，用时也不过一个多小时。历史毕竟已然远远地留在了身后，我们不能重复。

古道又是没有尽头的。我们漫步在丛林中的古道，勾起了对历史的无限遐思。古道将一段又一段历史无限地延伸开去，铺就了中华民族几千年的锦绣前程。感恩历史，感恩先贤。

时隔三年，机缘巧合，一批朋友邀我做向导，让我有机会重游古道。

这次的水泥路一直延伸到山脚下，康米水库依旧安静地仰卧在一片翠绿的毛竹丛中，虽然已是严冬，放眼望去，绵长的松岭依然是生机盎然，半山竹绿半山红，一陇烟雨满目空。水库的水被竹子的绿渲染得好似一块硕大的翡翠，被天神遗落在这群山环绕的福地，给康米储存了颐养天年的宝藏。水库大坝上竖着一块招牌，走近看，原来是对松岭古道由来的介绍，后面用了一些华丽的辞藻来描述古道的辉煌与迷人，忽然觉得眼熟，原来是摘抄我的《松林古道话沧桑》里面的一段文字，不觉莞尔。能被地方选用也算是对松岭古道的一份贡献吧，还计较什么呢？钱先生是我太爷爷的至交好友，能在他修建的古道中留下一些文字，也算是对这位先贤的一份推崇吧。

康米水库正在新修，泄洪口上要建一座桥，这样游客直接从大坝上就可以上山，进入古道。沿途有一些老者，正在沿着

古道修筑排水沟。他们热情地招呼着我们，告诉我们山顶新开发的景点。

据老人们介绍，为了开发旅游，村里在山上风景优美的地段修筑游步道，以此吸引更多游客来此寻古探幽。除了保护好古道，又着力开发"云石台"风景线，把深藏大山的奇石怪松推荐给世人。

按照老人们的指点，在山顶，我们没有继续沿古道下溧阳，而是右转，去了"云石台"。

这里依然是一批老者在修路，一条曲曲折折的游步道正在他们脚下向前延伸，我们得以欣赏松岭头最美丽的风光。

一些巨大的石壁在太阳的光照下发出斑斓的光泽，有的像一只活蹦乱跳的狮子，昂着头，张开大嘴似乎在承接天宫的雨露；有的像一堵高大绵长的石长城正森严壁垒地护卫在城堡的外围。那高处的崖壁却似一个威仪的将军正在点兵台上指挥千军万马，你看那山坡上密密麻麻的翠竹，不正是呼之欲出的百万将士吗。不要说那些丑象、骏马，不要在意那些战鼓、云板。那就是一片石林，那就是你心中的一个世界，心有多宽广，风景就有多美好。

站在康米水库大坝上回望松岭，一陇远山环伺水库，山和水之间还有一处隆起的小山，山上全是竹子，把水映成了墨绿。真希望松岭山头的风景区开发早点完成，那样，那些远游的乡亲们可以早点返回故乡，发家致富，那样，那些长寿而且健康的老人们就真的可以颐养天年了。

愿岁月静好，人寿年丰！

（作者单位：广德竹海文化传媒）

南山古道，三色江南

黄德顺

　　在安徽广德和江苏溧阳交界处，有一片生态环境优美、人文资源丰富、红色传承浓郁的山地，这就是天目山余脉北段方圆近百平方公里的南山。山中有一条近 10 公里长，跨越皖苏两省的南山古道。

　　南山古道北侧的起点位于江苏溧阳的 5A 级旅游景区南山竹海内。在竹林小路中南行，有的是土路，有的是石块砌筑的三四尺宽的

南山古道

山脊道路

远眺锅底山

石路。到鸡鸣村后，竹林中间或有些乔木，或者灌木，苏皖省界的最高峰——锅底山已在眼前，从不同方向看上去，山顶都像一口倒扣的大锅，锅底山因此得名；此处为苏南最高点，因坐落在省界上，因此又称苏皖第一界山。站在锅底山顶极目远眺，向北大觉寺的高塔清晰地耸立在云湖边，天目湖如银镜一般，静卧在绿山怀抱中；向南能见度好的时候，40公里外的广德市区也能看出大概的轮廓；东、西目光所及的范围只有山，连绵不绝的绿。锅底山还是观日出的理想之地，经常有夜宿南山竹海景区的游客就是为了来此看日出的。

还可以从金牛岭、横岗、太华（江苏宜兴）等地登上锅底山。十三湾是经过砖桥社区登山的道路。该区域全是毛竹，因山体坡度太大，山中小道只能"之"字形向上延伸，拐过十三个弯，因此得名；山下的自然村就叫十三湾，这里曾是解放战争时期太滆军区电讯处的驻地。十三湾是古时砖桥通向宜兴张渚、溧阳戴埠的商旅交通要道之一，尽头便是两省交界的著名山岭——同官岭。相传朱棣发动"靖难之役"，建文帝朱允炆被迫南逃，道经此地，怕人多目标大，就留下部分朝臣隐居此地，以图东山再起，建文帝圣驾还都，再度同朝为官。时间久了，人们将此地称为"同官村"，直到现在仍延续"同官"的村名。

锅底山四周的山林中随处可见古茶树，尤以西南侧的最多、最大，一簇簇的，有的七八枝，有的十几枝，有刀把粗细。陆羽《茶经》中曾记载，浙西贡茶为上品，就包括这一区域。相传贡茶由少女在清明节前，用口采下芽尖，用大铁锅文火烘烤而成；因山势陡峭，云雾缭绕，所以此处贡茶称为广德云雾茶。民国4年（1915）二月，广德籍驻美国旧金山领事钱文选将其作为中国绿茶的代表推荐参加万国博览会，并获巴拿马金奖。这种野生的茶树在南山古道的西东岭、五峰岩等地随处可见。

古茶树

从锅底山沿山岭向南行约一公里，有一处石块砌筑的遗迹，墙体还有四五尺高，是古时采茶避雨、休息和煮食的地方，如今只剩残垣断壁，墙基四周还相对完整，只是中间已长出了水桶般粗细的大树。

不经意间你会发现，在你面前高大的树木，竟然是天目山区独有的国家一级保护树种金钱松，当然还有野生的红豆杉，那造型婆娑多姿、浑然天成，是任何园艺师比不了的。灌木丛下芬芳之处可能就是兰花所在；椭圆的叶片、绿中透白而亭亭玉立的是极其珍贵的药中极品野生黄精；七叶一枝花山岭上很少，多是生长在山坡上，石斛只有八公山、石头岕的水沟边岩石上才有。石头岕最出名的是杜鹃花，生长在山脊的岩石上，清明时节，远远望去，一片红色的海洋，近看更是叹为观止，高大粗壮是别的地方很难见到的，盘根错节之态更是一绝！

乱棚窝北侧是石头岕，南侧是安基山。1943年11月王必成率新四军十六旅挺进苏浙皖边区建立郎广抗日根据地，战地医院就设在这里。1944年3月29日取得杭村大捷（歼灭日伪70余人，缴获武器若干，其中九二步兵炮一门，现珍藏于北京首都警卫三师军史陈列馆中），新四军伤员就在乱棚窝驻地救治，赵成英老人（李氏）智救卫生员谢震的故事就发生在这里。谢震曾赋诗一首：

缅怀广德砖桥李母

醉月飞觞庆遐龄，斑衣戏彩乐天伦。

铜官流水三千米，不及慈亲待我情。

西东岭是南山古道的最高点，也是野生动物资源最丰富的区域，曾出现过国家一级保护动物穿山甲和二级保护动物麋鹿，近些年又出现了二级保护动物白鹇。最多的还是野猪，路边野生黄精的块茎和竹笋就是野猪的美食。

从锅底山到五峰岩的山脊是南山古道的主干，而五峰岩则是风景最好的节点——"五老摩空"是广德古十景之一。五老山又名五花岩，位于新杭镇千口和横岗两村交界处。其五座山峰并排耸峙，状似五朵莲花；又如五老盘膝而坐，头顶似可摩空。古时，中峰之巅有白佛寺，寺旁有龙井。今寺毁井存。

五老摩空

清·潘鼐

万仞凌霄汉，巍峨未可攀。雪花装鹤发，霞彩渥童颜。

岁月容长懒，乾坤许共闲。问年都不答，昂首五云间。

龙井在五峰岩南侧的岩石下，无论干旱多么严重，井中始终有水，而且水质清澈，是锅底山至五峰岩六七公里山脊上唯一的水源。每逢大旱，广德北乡各地便来龙井祭拜龙王，祈求上苍赐予甘霖，普惠众生，龙井旁有一大块宽阔的平地，据说是庙宇地基的遗迹。

龙井向东是横岗方向下山的道路；向西经过滴水岩是千口方向的道路，在滴水岩以上部分还较完整地保留着山石道路，在竹林中穿过陡峭的山坡。滴水岩是当地人的叫法，水多的时候是瀑布，有七八丈高，巍然壮观；大部分时候是细流，真正"滴"的时候非常少。滴水岩下全是毛竹，一直到山脚。

上山和下山都在竹林中，而且山体陡峭。从锅底山沿山脊到五峰岩虽然翻过了五峰九岭，但总体坡度不大，既可以享受竹林的阴凉，又可以站在岩石上极目四望，远近美景尽收眼底。

南山古道是绿色的，生态环境优美；南山古道是古色的，人文资源丰富；南山古道是红色的，赓续家国情怀！

徒步南山古道，领略三色江南。

（作者单位：广德市新杭镇砖桥社区）

广德的吴越古道

余发仁

春秋早期，广德属吴。为了与东南的越国交往，广德有通往越国的两条道路。其中往西南方向的广宁大道，就是历史上有名的吴越古道。自古以来，这条古道就是官道、兵道、商道。

出广德县城南大门，到十里头。经南大木桥，到石香炉、司马冲、快活岭。山岭的南北两边各是一条长2公里的上山坡道，行人上到山岭，以后就是轻松的下坡路，"快活岭"名副其实。再往前就是汪家桥，不知什么时候，什么原因，汪家桥改名成了凤桥。现在凤桥医院前河道上仍有一座石拱桥，就是当年通往村庄中心的唯一桥梁。

再向南是两水街，两道山水汇于此。前行1.5公里，到土桥，沿河西岸，是村庄，有多处古建筑。由此上坡1.5公里，到青峰岭。两边上岭山道当年均有石阶，解放后几次扩修公路，原

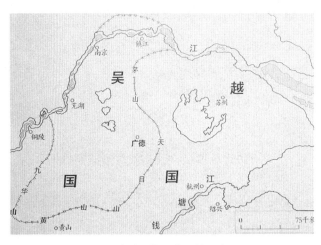

西周至春秋早期吴越疆域示意图

貌早已不存。

山下路旁有道路指示牌："范村"，据传范仲淹的后裔至今还生活在这里，"范仲淹纪念馆"正在筹建中。

如此向前3公里，就到广德南乡重镇——柏垫了。

柏垫镇历史悠久，最早可追溯到新石器时代。河东砖瓦窑取土时，曾发现古人类生活遗址，生活区堆积土木灰一尺多厚，黑中透红的土壁就是当年的"火塘"。遗址发现石刀、石铲，与梨山"下阳遗址"出土文物属同一时代。

从四合乡发源的汭水河，从镇东由南而西北流去。一座石桥，架在汭河上。主河道在东，建有一座单拱石桥，连接石拱桥的，是桥西面一道由石条组成的平桥，四大四小八孔。拱桥高

柏垫第三代桥

出平桥3米多，因此拱顶两边建有多层石阶。正中竖向石条便于独轮车上下，经年累月，石条被碾出深深车辙。这座桥有并排竖立的四块建桥纪事碑和捐银乐助碑，均被毁于1958年。

广德有了汽车后，在这座石桥下另建公路桥。如今建造的广宁大道公路桥，已经是第四代了，规模大，长、宽均为历史之最。这里连通黄山、江西，成为广德重要交通干线，发挥着越来越重要的作用。

桥西即是一条青石铺路的草街，当年街面不宽，店铺林立，繁

石刀

石斧

华无比。但经过太平天国战争火烧一次，日军侵占柏垫两次（1938、1943），每次退去时放火焚烧，1964年更是遭遇一次意外火灾，整个柏垫房屋所剩无几。元气大伤的柏垫，一时难以恢复往日景象。直到

近40年，才重整旗鼓，有了今日古镇的辉煌。

经过柏垫，从望母墩至护国庵（明朝建）到大桥街，从沘河边撑腰石去双庙、余家坝，过阎王岭，到前程铺。徽商最为红火时，这里百业兴旺，市面繁荣，成为重要驿站。明英宗时名士姜洪（江西人），因归葬路途遥远，葬于此。村边曾有"伏魔东平殿"大庙一座，现存有大清道光二十年的《重建碑记》碑。

村南三里，是一座分水岭。再向前，是杨滩地界。

吴越古道在柏垫镇境内全长30多公里。

（作者系广德市双河中学退休教师）

遏嵩古道的古往今来

王小冰

我们从宏霞村村部旁边一条水泥路出发，水泥路渐渐变成陡坡，大约一公里，水泥路到头，成了真正的山路，走不远，突然有一条石块砌成的古道撞入眼帘。

大家精神为之一振，古道石块保存完整，沿途杂草灌木被当地人清理干净，古道时而穿过飘逸的竹林，时而越过夹杂着映山红的灌木丛，一条山溪一直伴随在左右，一座大石板铺成的跨溪桥让古道和溪流有了交集。

路旁的春笋正争先恐后地钻出蓬松的土壤，棕黑色的笋壳长满绒毛，憨态可掬，美女们争着与竹笋昂扬的姿态相媲美，留下一张张合影。映山红夹裹在灌木丛里，开出红艳的花朵，显得格外突出，有的探出头，伸到古道中间，似乎要和古道说说家常。

　　遏嵩古道最早修建于南宋，起点在四合宏霞的遏嵩村，离"灵山大峡谷"风景区仅有1000米。"遏嵩"有偏远高大的意思。古道穿越羊山，下羊子冲到达四合的水塘村，终点离著名风景点"响水滩瀑布"2000多米，现存古道约4000米，是古代广德到宁国的线路中的一段。

　　在和平年代，经济复苏，人民安居乐业，商贾兴盛，修路就会被提上日程。有政府出资修建的官道，有商贾乡贤出资修建的山道。广德境内就有好几条保存完整的古道。进入动力时代，各种车辆大大提高了行进速度，古道才日渐退出交通舞台。如今，各地保存较好的古道突然成了户外运动爱好者的新宠，走古道穿时空受到热捧。

　　古道沿途一般都是风景优美，走在路上让人愉悦，有效减轻旅途疲劳，把行走变成一种熏陶，一种享受。

　　遏嵩古道也是如此。

　　沿途的梯田证明古道在过去还承担了粮运的重任，伐薪烧炭、狩猎围场，贩夫走卒都是古道的常客，山顶处一定还有几户人家，一处客栈，就像武松走过的景阳冈，走乏了的客人还可以吃碗酒，喝口茶，解解乏。

武松没走过遐嵩古道，不过金鸡岭却一直流传着一段有关梅将军的传说……

我们把石板路走完就到了金鸡岭的最低处山脊，这儿有成片的农田，三五处农舍。稻田似乎一直还在耕种，上一年的稻草桩还整齐地排列在田里。这里还有漂亮的草籽花。

倒是一些房屋日渐坍塌，要么是举家迁到山下大村子，要么仅有一两个老人在留守。现代化的生活将这些偏远的山村逐渐淘汰，年轻人大多不愿约束在这闭塞孤僻的山村，纷纷远离。

在路边一个屋子发现一块石碑，上面刻着"将军殿碑"，记载着梅将军的故事。我们走访附近的两位老人，老两口一个八十八，一个八十五，得益于这儿青山绿水的滋养，身子骨都还硬朗。老人告诉我们，这儿过去有座庙，供奉的就是梅将军，称为"将军殿"。不远处还有将军墓，碑刻上称"蛮王墩"，就是梅将军的墓。据传，岳飞率部在桐汭抗金，命令手下大将梅将军领兵在砖桥乡金鸡岭设伏，准备给金兵突然袭击，哪料想梅将军人生地不熟，被向导带到了四合的金鸡岭，正

所谓南辕北辙。梅将军发现错了为时已晚，错失良机，给抗金带来重大损失。梅将军自知失职，归也不是，留也不是，左思右想，只好以死谢罪，在金鸡岭自刎。岳家军痛失大将，岳飞很是悲伤，下令厚葬梅将军。因为梅将军行事鲁莽草率，老百姓称他为"蛮王"，所以他的墓被当地人称为"蛮王墩"。岳飞在广德境内抗金六战六捷后，老百姓为了纪念岳家军的抗金伟绩，就把梅将军供奉在将军殿。

梅将军的故事令人扼腕嘘唏，岳家军在广德的抗金战斗遗迹值得挖掘宣传，希望当地政府能妥善保护并借此与古道旅游开发相结合，打造金鸡岭古道旅游，把灵山大峡谷、天堂山、响水滩瀑布这三处景点连成一线，促成旅游黄金链，必将大大提升四合乡的旅游产业，带动乡村经济的提升。

山顶的几处民居风景如画，仿佛置身世外桃源，房屋依山就势，错落有致，骨感强烈的石板踏步连贯上下，盘根错节的古树苍劲有力。如果再在山顶开发有机农业种植，利用闲置老屋发展民宿，丰富古道旅游开发内涵，遑嵩古道必将成为皖南的热门旅游线路。

（作者单位：广德竹海文化传媒）

四合乡下村的古道记忆

程敬东

  下村，是广德市四合乡水塘村的一个自然村民组，地处四合乡北部，与柏垫镇的姚村、茅田村隔山分水。原系董姓、胡姓聚族而居，咸同兵燹后，湖北移民迁居此地，现以洪姓居多。解放前，从广德到四合的主要通道，便是经现今的张复村—梨山村—茅田村，翻越桥岭而进入四合乡的水塘村、宏霞村，下村便成为"广德—四合"古道上的一个重要的商旅歇息点，村落商业繁华、文化繁荣，留下了许多文化遗存。

桥岭古道

  桥岭，是横亘在茅田山与龙王岗之间的一座山岭。岭北为柏垫，岭南为四合，人们习惯称这段越岭的山道为"桥岭古道"。

  岭岗上，古道西北侧，旧有大庙，供奉观音菩萨。庙对面建有凉亭，供往来商旅行人歇息，岭南坡地上有井，有僧人种的山田。庙里原有三块碑，一块是建庙的功德碑，另两块是记载国民党县政府武装与日军作战的纪事碑，当地百姓俗称"抗战碑"。村民回忆，1970年前后，岭北的马家大冲村民抬了功德碑当作村里的洗衣石，岭南下村和萝卜棚的村民也各抬走了一块"抗战碑"，抬到萝卜棚的那块碑高约1.5米、宽约70厘米，做了土纸厂干轧工序的底石，后来碎成几块。

村民指认山体石刻

从岭岗向南顺山冲下行，现有两条路，左侧的机耕路有 8 米宽、长约 0.9 公里，系 2017 年水塘村为发展乡村旅游而修建；右侧是一条用条石砌成的古道，在丛林中断断续续、或隐或现，宽处有 70 厘米，窄处亦有 50 厘米，民间传说原有 1999 级台阶，这便是村民啧啧称道的"千步石台"。初秋暑气虽未散去，但置身古道，四周青竹滴翠，不远处还有野生杨桃树已挂果，不知名的紫色花串也在风中摇曳，心中平添出几分清凉。如今，交通发达，自广德到四合另辟建了柏油路，乡间村道已通水泥路，山间古道日渐荒芜，也不见昔日的商贸痕迹。

下行至半山腰，"千步石台"道旁，有一块自然石，足有一人高，此石上刻记了抗战时此地曾发生的战事，古道两边的山坡上还有战壕旧迹，山民在挖山时偶尔能捡到子弹壳。令人惋惜的是，自然山石上仅留有碑的四至刻线，碑上的文字已无法辨识。

锁山古桥

经千步石台下至山脚，一湾秀水横挡去路，溪上架有两座桥：一古一新，新桥显然为保护古桥而建；古桥已被封，桥墩上立有当代的文化标牌和古碑——这便是锁山桥。

相传此桥最早由明朝嘉靖乙丑进士、官至南京工部侍郎的广德湖忠都人（今东亭乡沙坝村）李得阳捐资兴建，因见"桥岭千步石台如铁链锁山"，而名桥为"锁山桥"。

桥岭古道上的锁山桥

现存古桥为单墩二跨石板桥，桥身全长10.70米，宽2.24米；桥墩长2.95米，宽大厚重，墩形如箭，指向河道上游，起分水作用；桥墩将桥面分成三段、由15块条石铺就。

据《重建锁山桥碑序》记载：此桥重修前为董成灿主持劝募修建，乾隆二十三年（1758）遭山洪冲毁。因董氏家族祭祀公银不殷实，加上后裔人心不齐，族人难以效先祖重修被毁之桥。乾隆二十五年（1760）方辛与里人会商续建，因遇荒年，修桥之事被搁置下来；乾隆四十一年（1776），欣逢丰年，方辛旧议重提，但原先参加里人会议的人相互推诿，遂与郑广智商议，遍访志同道合之人，会聚在永丰庵，成立募修董事会，推选徐天如、郑广智、董正素、钟应仁等4人为董事，董正南等8人为"募耆"（主持乡邻募捐的长者），宏兴等4人为"募僧"（四方劝募的僧人），大家分头劝募，共募集银132两5钱，其中下村全村捐公费银30两。在大家的共同努力下，乾隆四十二年（1777）锁山桥得以重建。动议人方辛为桥写序，备述了重建的艰辛和同志者奉献公益事业的功德。

据此碑文推知，村民们所说的桥岭大庙可能就是永丰庵；而下村所捐的公费银之数，见证了古时村民的自治力量，也说明下村因商道而经济活络。

下村戏楼

过桥沿溪而下，是萝卜棚，因人民公社化时村民集中种植萝卜而留下此地名；沿溪上行不远，便是下村自然村民组了，古道穿村而过。老人们都说，古时比现在繁华，商铺从锁山桥一直连到现在的村庄，这里有供商人周转的当铺、有满足文化需求的戏台。现如今，村子已失去古道的繁华而显得格外宁静，村子中心新建的文化休闲广场宽大，六角亭、花圃、游步道点缀其中，广场边一块古碑镶嵌在石磴上，格外引人注目。

《戏楼碑序》记载了下村戏楼毁于火灾而重建的事由：1832 年春，因胡增德寄住戏楼不慎引发火灾，戏楼片瓦无存，引发全村人的惋惜与不平。胡增德的侄女在亲族的支持下，将先祖遗留下的一块地基捐献给村里以作补偿。村民动议，捐资助力重建戏楼，共募集大洋 41 元，1836 年孟冬，戏楼建成。

《戏楼碑序》所记之事中有三点值得注意：一是"盖闻下村历有公厅演戏敬神"，说明"公厅"戏楼由来已久，而且是下村的公共文化场所；二是"合村扼腕悲悯，几无法则"，这是村民在戏楼毁于火灾后的反应，惋惜之情可以理解，而众人迁怒寄住戏楼的胡增德几近失去理性，则反映戏楼所承载的公众娱乐活动，已成为村民日常生活不可缺少的共同需求；三是捐资助力的主体是盛行于乡村的 8 个社会组织：五圣会、东平会、石硚会、观音会、方山会、龙王会、祠山会、关王会，它们都出资襄助重建下村戏台，见证了下村在当时周边一带的经济和文化的影响力。

碑刻的落款很是蹊跷："大清道光丙申十二年应钟月"，道光丙申年是 1836 年，道光十二年是 1832 年，两个时间并列，让后人莫衷一是。好在此碑上，后人补刻了"道光戊戌年续修戏楼东畔胡增盛厨灶屋"，捐款人的姓名及款数因雕刻力度不够，已不能辨识。但"道光戊戌年"这个时间，对于鉴定立碑的时间则大有裨益。序文中记载，戏楼毁于道光十二年火灾，补刻时间是 1838 年，由此可推断立碑落款时间当为道光丙申年，即 1836 年了。

桥岭遇敌碑

最让人兴奋的是，下村文化广场上散落的两块残碑了，这就是此次田野调查一直在追寻的"抗战碑"！

这块残碑宽 70 厘米，高仅 30 厘米，是原碑中间的一段，上下文缺失，碑面石料局部驳落，仅存 70 个字可辨识："县城三度沦陷"交代了事件发生的时间背景，遏嵩岭、石香炉、梅冲、柏垫等地名介绍了事件所涉及的相关地点，"下二里许""山谷间两旁岗峦"描绘了具体的地理环境，"曙色"指出了具体的时间。依据上述片言只句，加上村民的传说，只能对这场战事形成一个大概印象。

值得庆幸是另一块残碑有碑题——"垂之□□"（推测缺字为"后世"），有题记——"桥岭遇敌记"，碑记正文共 10 列计字 200 余，可断定是全碑右半边上三分之二部分。

碑文提供了以下信息：其一桥岭的位置与交通的重要性，北距县城约 50 华里，通过桥岭山道可达县城通宣城至长兴的公路。其二面

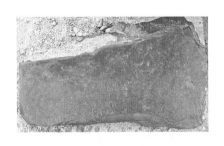

对敌寇的进攻，"率中央省直机关及地方军队八百余人迁抵石香炉"。其三我军从梅冲向柏墊反击，不料"诸军事急转之下"。其四转移至桥岭，"劳席地小憩，旋侦知岭下二里许之花石，寇骑密布，拟折登……"其五桥岭古道敌我双方的交战情况：敌"已先我据岭发枪示威，花石敌亦驰出接应"，我军与敌寇对峙，为避免被围，分三路拒敌，"余则居中策应""各山壑间之我军迎头痛击""甫交，则花石接应之敌"赶到对我军形成牵制，"于是相率攀登道旁各岩石上，相度有利地势据以为守""见曙色，乃攀缘至最"高处……其六通观碑文，从述事内容的关联性、叙事口气，特别是"余则居中策应"等信息，结合《桐汭风云》第425页《广德县政府处变工作报告》内容和报告人，可确定《桥岭遇敌记》碑文的作者是国民党广德县政府县长姜达绪。

比较前、后两块碑内容，石香炉、梅冲、柏墊、"下二里许"、"曙色"

周仕伟所拓"垂之"残碑

两块碑相同；前一块碑"山谷间两旁岗峦"与后一块碑"各山壑间之我军迎头痛击""于是相率攀登道旁各岩石上，相度有利地势据以为守"所描绘的地理环境高度吻合。抗日战争时期，日军曾先后四次攻陷广德县城，前一块碑说"县城三度沦陷"，说明这次战事发生在日军第四次侵占广德县城之前。这两块碑应都是为纪念这场发生在桥岭的抗日战事，无怪乎百姓称之为"抗战碑"。较之于前一块碑，这块200余字的残碑内容更丰富，虽然它没能将完整的战事垂之后世，但却印证了当地村民所传国民党部队在桥岭抗击日军的真实性，这是目前广德市境内发现的唯一较为完整地记录抗日战事的碑刻文物。

"千步石台"、乾隆锁山石桥、道光戏楼碑刻、抗战纪事碑刻……一个个文化符号，正唤醒人们对下村的历史记忆。昔日连接广德至四合的山道承载了山货流通、商旅往来，也见证了一段不屈斗争的抗日战事，为如今"壑际郊原秋色满，秀水湾溪村民闲"的下村，增添了几分历史的厚重。

（作者单位：广德市政协）

隐去的古道，消逝的渡口

阮从银

随着社会的发展，交通的发达，古道虽在，而连接古道的渡口，却渐渐地永远地逝去了。

沿着印象中的古道一直走下去，基本都会有河流阻隔，这时，如果没有架桥，水很深无法蹚过，你大多会发现有条渡船，它好像一直在那里静静等着你，任由岁月流逝，永远会渡你前行。

我只坐过一回木船摆渡。那是在 20 世纪 70 年代一个正月里，我当时八九岁吧，我跟叔叔要去亲戚家拜年。在步行了两个多小时后，无量溪河就阻断了我们的去路。河堤没有任何的人工痕迹，任由流水

随意塑造，贴地枯草覆盖，在凛冽的寒风中，让人感觉到满目苍凉。在比较平坦的河滩上，搭着一块长木板，木板那头，搭的是一条木渡船。

　　也许是看到孩子们好奇而又渴望的目光，一向节俭的叔叔突然慷慨起来，和船工商定，我们几个孩子合起来只收一个大人的渡资，当时好像是五分钱。当船工看到叔叔自己不上船准备脱鞋蹚河时，就笑着说，大过年的，孩子们钱不收了，你上船吧。

　　后来，我才知道，过去这样的无量溪河渡口还有几个，但有的因为修了桥，无须摆渡而废弃了，现在基本已无过去的痕迹了。

　　为了留下那些残存的记忆，尽力保留那逝去的渡口印象，我就想去那些老渡口遗址碰碰运气。开车师傅是当地人，他告诉我，现在唯一可能有遗存的就是西蒋渡，但现在正在修河堤，不知道被埋了没有。路上他说他小时候坐过几次渡船，那些渡船一开始是船夫撑来撑去，后来就是在河两边用绳子扯，再后来木船改成了铁皮船，两边有铁栏杆，很安全，再后来，就什么都没有了。他们小时候坐渡船是不

给钱的，他记得每当要过年时，摆渡人就挑着箩筐，挨户收点东西，米呀、稻呀、糍粑、年糕、麦子、面粉，只要是吃的都行。而像我们这样的外地人是要付渡资的，起先是两分钱，后来五分、一毛，最后涨到了五毛一个人。

当我怀着忐忑走向老渡口时，远远看到一块石碑默默立在河边的杂草中，渡口还有遗存！

避开泥泞小心前行，一艘铁的渡船就出现在眼前，它和普通渡船一样，尖头方尾，只是两侧多了铁制防护栏杆，但有一侧的铁防护栏早已不见了。船已经被拖上岸，放在河堤上的一个小屋边。因为被刷了绿皮漆，所以并没有什么锈迹，只是随意斑驳了一些黄泥皮。因为放得太久，船下的杂草穿过空隙在船体冒出了头。

小屋另一侧，有个砖砌的渡口牌坊，用白石灰粉刷的，上面有三个金黄色大字"西蒋渡"。因为很久没人管理，西蒋渡几个字已被繁密的树叶掩盖，无法拍全了。

河堤边的石碑上，刻着《西蒋渡管理制度》，是 2001 年 5 月赵村乡政府、广德县运管所共同树立的。距今已有 20 多年了，赵村乡早已撤并，广德县运管所现在应该称广德市运管所了，只有这块石碑还顽强地保留着那过去的痕迹。

一块风吹雨打快变黑了的碑，一条失去一侧护栏的船，三个快被茂密树叶掩住的标识字，和那永远奔流的河水，构成了那即将消逝的西蒋渡。也许，这些文字、图片，应该是西蒋渡最后的纪念了。

渡口边有个很矮的山包，当地人称其为青山包，上面住着几户人家，墙上贴着马赛克，这是 20 世纪末我们这儿农村的建筑风格。一位老人站在门口摇着扇子，远远地看着我们。我们走上前去，问她渡口的情况。她说她就是这里出生的，今年七十多了，听老辈们说这个

渡口老早就有，谁也不知道什么时候开始的。因为经常过渡，也没有什么特别的记忆，唯一印象就是当时青山包经常有驻军，住老百姓家里，那些解放军临走时总会把水缸挑满，把地扫干净。后来，渡口搭了浮桥，过了几天几夜的解放军，也不知道怎么会有那么多解放军，然后驻军也走了。

我翻开地图，锁定了西蒋渡位置。慢慢我发现，广德在军事上具有重要的战略地位。广德、郎溪是南京的南大门，如果由南向北进行军事行动，两地一旦被攻克，南京再也无险可守，沦陷也就为时不远了。明朝朱元璋就是占领广德后，直指南京建国称帝。抗日战争时期，日本鬼子同样是占据广德后再攻打南京。同样，如果由北向南攻击，广德也是兵家必争之地，所以岳飞在广德大战金兵，六战皆捷。

西蒋渡的作用也不可小觑。地图显示，如果从广德城绕路，那么行军路线就像一条弯弯曲曲的弓背，且容易被发现；但如果从西蒋渡进军，路线就像弓弦，隐秘且迅速。难怪听那老人说，以前过了几天几夜的大军。历史上，不知又有多少军队或奇袭，或撤退，匆匆通过西蒋渡。或许，当年岳飞也是秘密带兵通过西蒋渡，然后突然出现在广德城西，让金兵大吃一惊的。

机缘巧合，我发现唯一一次乘船过渡的就是西蒋渡，因为不远处就是当年我要去拜年的村庄。

突然想起那次渡河后，那种想立即回家的冲动，好像是渡河后就会同家突然断了联系的感觉。现在想起来，那是因为自己"身渡"而"心未渡"。如离家的游子，不论身在何处，心永远在故乡，可一旦回到故乡，心却又飘向外面精彩的世界。

夕阳被浓云掩住，西方天空暗淡，而晚霞远行万里染亮了东方。在这梦幻般的光景中，看着那河，那船，我似乎在第二次过渡，却永远到达不了对岸，因为那是我少年时的渡口！我却一直在渡，一直在渡……

（作者单位：广德市邱村镇人民政府）

青山古道的"青"与"红"

刘顺庆

杨滩位于广德的最南端,虽偏远且是山区,但历史底蕴与人文景观不容小觑。在众多的古建筑、古建筑残存与古建筑遗址(如琳塘古村落)中,古道分布广是该镇的一大特色。著名的古道有九曲岭古道、小曲岭古道、梧溪古道、青山古道等。这些古道有的主要应用于对外交通,连接外县市,如九曲岭古道连接着月湾与宣州区水东;有

和清桥

的主要承担向外输送物资，保障生产生活的作用，如梧溪古道等。

在这些古道中，青山古道可谓别树一帜。青山古道往下延伸至响铃、栗树湾一线，往上拓展到吴村、杨家冲一带。古道依山而走，跨河而过，蜿蜒曲折。

青山古道成型不晚于清朝道光年间。从古道遗存和现存古桥的材型来看，多是就地取材。这些石材大小不一，有的平滑，有的粗糙，全都是青石。青石板、青石桥与青山随处可见的青石浑然一色，天生古朴。

说青山古道别树一帜是在于它的桥多。从青山到吴村短短的几里路上，至今还留存着五座完好的石桥。其中的"寡妇桥"还有一个悲凉的故事。

相传清乾隆年间青山有一姓唐的，以贩茶为业，家境殷实，乐善好施，人称善人。每年四五月份时，他将当地产的茶叶贩运至芜湖、南京等地。某年又到贩茶季节，唐某请了几个帮手准备出发。唐妻抱着三岁的儿子太平，依依不舍将丈夫送到河边。三代单传而得子的丈夫舍不得离家，过河时一步一回头，不慎一步踏空险些跌入河中，惊得妻子在河边一声尖叫。过河后唐老板发誓，这次贩茶回家后一定要在此处修一座桥。

一年过去了，唐老板音信全无。唐妻每日都担心丈夫的安危。一日，一位身形憔悴、衣衫褴褛的男子来到唐家，告诉唐妻，他是她丈夫的脚夫。在他们快到南京的途中遇上了强盗，这些强盗不但抢了他们的货物，还残忍地杀害了所有的人，他因重伤昏死过去，才捡了一条命。蒙好心人收留，养了大半年才能行走。这一路乞讨才回到家乡。

唐妻听到丈夫已遇害，当场昏死过去。由于悲伤过度，唐妻每日昏昏沉沉。有一天，她梦见丈夫披头散发、浑身是血地站在她面前，嘱咐妻子两件事：一是照顾培养好儿子，让他长大成才；二是在某地埋有银钱，用部分银钱在某地修一座桥，了结自己未了的心愿。说完丈夫便不见了。

唐妻如丈夫梦中所言，在某地果然取出了很多银钱。她遵丈夫所托，请人开石修桥。历时两年桥建好了，建桥师傅问唐妻桥取什么名字，唐妻想：建桥一是方便村民，二是为儿子太平集福，为丈夫积德。想到丈夫，唐妻憎恨这个乱世害了他的性命，渴望世道太平。于是，就在儿名"太平"前加"永葆"二字作为桥名。现在，桥的正拱处石条上"永葆太平"的碑文依然清清楚楚。由于此桥是丧夫的唐妻出资修建的，当地村民又称此桥为"寡妇桥"。

"寡妇桥"是独资建造，建于清道光十五年的"狮子桥"是集资而成。捐资者的姓名与数额在"狮子桥碑"上，历经风雨侵蚀，稍作

狮子桥

擦拭，清晰可见。

提升经济与古迹保护本该是协调发展的，遗憾的是青山古道在保留与保护过程中，没有遵循这一原则，现状不容乐观。古道大多遭毁弃：有的被挖毁，有的被抹上了水泥。零零星星的几段，又因杂草疯长而隐去了本就难得一见的面目。令人欣喜的是，古道的"咽喉"部分——五座桥，栉风沐雨后仍巍然屹立，让我们能穿越时空，回想古道昔日的繁盛。

青色是青山古道的本色，然而从近现代革命史来看，它又是红色的。

1946年初，寒风凛冽，白雪皑皑，青山古道上来了几个人，忽上忽下在古道上走了一天。时而指指点点，时而聚在一起交谈，时而拿出地图在图上比画。他们是什么人？要在此地干什么？

原来他们是南方游击队首长熊兆仁和中国共产党广德地下县委书记许道珍等。日军投降后，蒋介石要抢夺胜利果实，悍然发动内战，对南方的革命武装进行疯狂围剿。为了保存革命武装力量，南方领导人熊兆仁、许道珍等首长研究决定，向广南发展，建立广南革命根据地。最终他们选定青山上面的吴村作为新四军苏浙皖边区司令部和广南县人民政府驻地。

在此后三年多的时间里，此地便成为广德及周边地区对敌斗争的大本营和指挥部。在此期间，响铃山垭、一条岭山垭（古道二端）常年设有明岗暗哨，以保护指挥机关。直至1949年4月下旬解放军渡过长江，游击队首长、队员加入南下的大军后，吴村才完成红色使命。

青山古道的红色也是革命烈士的鲜血染成的。1948年，年仅22岁的郎广游击队班长邹大庆在青山附近的冬瓜冲被敌人抓住，凶残的

邹大庆烈士墓

敌人用锯子锯下了他的头颅。烈士的鲜血染红了古道，烈士的遗体埋葬在青山下的古道旁。

青山古道为古道沿线的青山先民承载了致富的重任，也为中国革命的解放事业作了巨大贡献。

青山巍巍，古道悠悠。青山不老，古道长存。

（作者系广德市杨滩初级中学退休教师）

白茅岭古道的故事与传说

谭昌宁

白茅岭位于广德与郎溪的交界处，因山上长满了一米多高的白茅草而得名。当时，广德至建平（今郎溪）的古官道从山下经过。到清代时，先后有白茅铺、白茅馆、白茅讯等官办驿站、机构，既有道观佛寺、亭台楼阁，又有衣食铺面、牙店药房、茶馆客栈，人流如织，商旅不绝，是郎广古道上重要的一站。清朝胡文铨有诗曰："亭馆纷将迎，演堞饬戍驿。"可见当时的繁华程度。

"径茅分郡邑，东望见桃州。"（潘鼐诗）白茅岭是郎广两县交界处一带丘陵山地的主峰。其他的还有白云山、狮子岭、点将台等山峰。界岭上曾经有一座关隘，关门上有匾额，上书"广平岭"三个大字。关隘旁边有一座高大雄壮的烽火台。

"茅岭新晴"是广德古十景之一。清朝时期，白茅岭主峰上有一棵银杏树，树旁边建有一座四角飞檐的"豁眸亭"，文人墨客途经此地，必然在此登临怀古，题诗作赋，留下许多文坛佳话和传奇故事。

这些传奇故事中，关于岳武穆抗金的比较多，许多鲜为人知的和岳飞相关的传奇在乡野民间口口相传。

一

"危岭息征鞍，苍茫眼界宽。"（清·沈洪《登白茅山》）

"茅岭抗高骞，西北壮边场。"（清·胡文铨《白茅岭》）

这两首诗描述的就是南宋岳飞抗金时的场景。

南宋建炎三年（1129）冬，岳飞率军来到广德白茅岭一带。当时这里还是人烟稀少的荒芜之地，白茅岭虽是要冲，但丘陵地区地势平缓，并非险要决胜之地。这令决心在此地给予金兵一次沉重打击的岳将军十分苦恼。

一日，传令兵报：军营外有自称是杨家将后人求见。进得军营的是几位耄耋老者，还有一位英姿飒爽的年轻姑娘杨八姐。一经交谈，岳将军才知道，他们的先辈因不满奸臣当道、朝廷打压，迁居隐匿到江南，原只为在乱世之中保全杨、佘两家一脉的传承，不想又遇外患。听说岳将军带兵至此，杀敌报国的血脉传承再次被激发，他们愿将两村之数百青壮悉数交于岳飞，全力相助将军抗敌，同御外辱。因为他们久居此地，熟悉地形，知道距离此地不远处的阳山头一带河川纵横，地形复杂，可以伏兵。加之北方兵马不习水性，便建议岳将军在桐汭河畔预设战场。

岳飞闻知大喜过望，实地察看地形之后，便定下了诱敌分兵之计。杨八姐主动请缨，承担诱敌深入的任务，并说出了自己的想法。岳飞闻听，甚为欣赏。当即同意了杨八姐的意见，反复叮嘱她要快打快撤，切勿纠缠。

此时，金兵连下江南膏腴之地，正是兵强马壮、气焰嚣张之时。铁骑所到之处，宋兵望风而逃，百姓尸横遍野、生灵涂炭。其先头骑兵部队已从溧阳杀到郎溪境内，直逼广德白茅岭。

此时金兵来到荒山野岭之中，杨八姐一声呐喊："杀！"挺起长枪，率先杀入敌阵。其他杨门女将也一齐呐喊杀出，直杀得金兵人仰马翻、一阵大乱。旋即，杨八姐等人抢夺敌人的战马，一路绝尘而去。

待惊魂未定的金兵收拢部队之后才发现，袭击他们的竟然只有区区十余人，而且都是白衣胜雪、姿容秀美的江南女子。首领金兀术不禁大怒，同时顿生歹计，立即命令部队兵分两路，大部一路沿原定路线，越白茅岭向广德进犯，另一路一千兵马，尾随杨八姐她们，朝杨杆、誓节方向急速追赶，妄图活捉这群白衣女侠。

此时，岳将军正站在距离白茅岭约20里远的阳山头调兵遣将。他将战场预设在阳山头的山脚下，只待敌兵进入口袋。

阳山头的山脚下就是桐汭河，河西就是铜盆山（因为形似佛家木鱼，也叫木鱼山），两山对望，山势陡峭。现在这山前的村子还叫"关村"，因地形险要，实际上就是古代"关口"的意思。

当金兵部队追击到阳山头的山脚下时，因为道路狭窄，山路崎岖，大队骑兵难以展开，金兵拥挤在一起。

突然山上鼓声雷动，喊杀声四起，山上的百姓用大石头往山下砸，战士们用弓箭、标枪投射敌兵，金兵顿时乱作一团。

随后，岳飞将军令旗挥动，大将牛皋等五百儿郎从山上冲杀下来，势不可当，像一把尖刀杀入敌阵。杨八姐率佘、杨两家精锐子弟，又从背后的一条山冲里掩杀过来，断敌退路。

岳将军也亲自率领两百宋兵从关村迎面杀出。一条长枪上下飞舞、左刺右挑，杀得金兵魂飞胆破，死伤一片。金兵首领一看，漫山遍野都是宋兵，前后左右到处喊杀，知道中计，便慌不择路，指挥残兵慌慌忙忙向桐汭河滩撤退，意图涉水逃离。

桐汭河的河床里遍布大大小小长有青苔的鹅卵石，有的地方还有薄冰，就更加湿滑。金兵人马根本站不稳，一个个东倒西歪，踉踉跄跄，许多金兵直接从马上跌落河中，被追击的宋兵活捉。

这时，河西岸铜盆山下埋伏的一百岳家军将士举起刀枪，带领当地百姓，扛着锄头、钉耙，举着镰刀、菜刀，敲着铜盆，奔跑着，呐喊着，杀向敌兵。这一仗，只杀得敌兵哭爹喊娘，抱头鼠窜，死伤惨重。金兵血流成河，染红了河边的鹅卵石。现在桐汭河杨杆一带的河滩里，还能看见许多红色的石头。相传就是那个时代留下的印记，寓意以敌人的鲜血来洗刷耻辱。

此役歼敌先锋千余人，金兵首领金兀术大惊失色，便统领大军在广德止步，发誓要报复岳家军。后来就有了岳家军誓节渡大战和广德六战六捷的故事。

二

当地人传说，当时岳飞的指挥部设在阳山头西边，紧挨着关村的一座小山峰。在这座山峰的峰顶，有一处长方形的土坑，长约六尺，宽约两尺，深约三尺，坑里长满了杂草。传说是岳飞将军喂马的马槽，以前还有拴马桩。后来这座山峰改名将军岭。

同时，为了纪念杨家将协助岳将军抗金，村民就将阳山头改名为杨山岭，一直到现在。而阳山头的名字现在只是杨山岭脚下的一个小村庄。

杨八姐带领佘、杨两家子弟杀出来的那个山冲，一直到今天还叫女儿冲。

将军岭与东边的另一处山峰之间，间隔约百米。但这里却不是常见的山谷，而是像被人工修筑过，填平成一条公路模样，平坦而宽阔，跑一辆大卡车也绰绰有余。当地人口口相传，这里是杨八姐的跑马岗。

作者前些年上山，曾经亲眼见到马槽、跑马岗、营垒这些遗迹。现在山上已经开发成了茶园，山下修了公路，这些遗迹可能已经湮灭了。

一河之隔的誓节镇红应村接下来成为岳家军训练新兵的演操场，现在地名叫艳彩塘。红应村的龙灯已经有上百年的传承，在当地小有名气，村里正在准备申报非遗项目。红应龙灯有一套别具一格的玩法，取名"大破天门阵"，来源就是杨门女将的故事。传说就是由当年的杨门女将在此地帮助岳将军操练军队、排练战阵演化而来。据当地老艺人说，玩此灯时，规模极大，仅道具大板凳就需要108条，现在已经没有人会玩了。

据说那次设伏歼击金兵后不久，杨八姐又率杨门后裔、佘家余脉兵士，在誓节渡配合岳飞将军，大胜金兵。之后他们便隐匿山中，再也没有听到消息了。

<h2 style="text-align:center">三</h2>

在白茅岭西南方向，有一处小山冲。这里依山傍水，山势不高，水流不急，适宜耕种、居住。山冲之中，沃野良田，阡陌纵横，稻浪金黄。山坡之上，茶果飘香，茂林修竹，郁郁葱葱。

这里相隔不远有两个村子，一个杨家门，另一个村子叫佘家头

（当地也叫佘家斗）。据老人说，这个杨家门就是杨家将的后代，佘家头住的自然就是佘老太君的部属和娘家子弟一脉。

今天，杨家门和佘家头两个村子还在，炊烟袅袅，鸡鸣犬吠，美丽而宁静。但村里已经很少有人听说过这些故事，连杨姓、佘姓的村民也不多。

只是在这两个村子有个不成文的村规，不许唱有关杨家将的戏文，或者放杨家将的电影。因为杨家将的结局实在是太惨烈，不堪回首。

作者2005年前后曾受上级指派，安排"送戏下乡"活动。到了杨家门，村民组长特地叮嘱这件事，引起了作者好奇，仔细探访之后才听到了这个传说。

为考证这段故事，作者翻检地方史料，却未见任何明确记载。虽有一些传说，也仅只言片语或野史村话。当地确有许多地名佐证，虽然有些穿凿附会，但体现了当地人崇尚民族英雄，威武不能屈、誓死弘节的可贵品质。

（作者单位：广德县杨杆乡广播电视站）

远逝的车马铃声

倪光明

　　我的家乡广德市东亭乡，如果你仔细品味其中的许多地名，骡马店，马场，黄驿冲，九里岗，等等，会惊奇地发现，它与远逝的客栈与驿站有着千丝万缕的联系。在通往浙江长兴去的地方，四里棚子、五里渡之类的地名，明显带有古道的韵味。又如东亭和柳亭，你也可以想到李白《菩萨蛮》中的"玉阶空伫立，宿鸟归飞急。何处是归程，长亭更短亭"，这词就佐证着古时亭的作用，基本上就是驿站与客栈的替代，也可以说是当时政治、经济、文化的一条纽带。

　　我们这里一直流传着这样的说法："运不完的广德，装不满的泗安。"广德虽地属安徽，而对于杭嘉湖平原来说，又处在它的腹地，"锁三吴，襟两浙"，属于战时必争之地，各个王朝兴盛时期，又是商贾云集之地。广德物产丰盈，是战略物资与生活必需品的集散地，稻米、丝绸、桑麻、木炭、劈柴、茶叶等物资，都必须通过东亭运输到长兴、泗安，经苕溪河，转入京杭大运河，周转到全国各地。

　　或许有人会问，古人为什么选择从东亭进入泗安呢？首先，这里人口相对稠密，治安环境良好，少有匪患。经东亭到九里岗、施家境，再到黄驿冲、骡马店，正好处在这条古道的中间，相对来讲地势比较平缓，到了前塘冲，就一直是下坡的道路直达泗安。

　　古人的运输，是以马、骡、驴为重要交通工具的，对于古道来说，如宣城的鸦山古道、广德邱村的松岭古道等，都是以肩夫挑行，而车马骡队要先进许多。古人在马骡的脖子上系上铜铃，那一辆辆披着红绸的车组成的车队，一路悠扬的有节奏的铃铛声，就将车队定格在某个时段的历史节点上。而这段铃声，应该在19世纪下半叶，由清军与太平军在广德的拉锯战中消失殆尽。

我们小的时候，骡马店的残垣还在，20世纪70年代造田时，人们还挖出过铜钱与马蹄铁。可惜的是，今人是无法感受到古人的生活起居与信仰膜拜的，那悠扬的铃声里，你能想象到店主美丽的女儿与俊朗的商贾小哥，演绎着凄婉的生死离别的爱情故事。当我们思考人性的尊严，回眸着古道边疯长的野草、逝去的韶华，其实古人与今人的情思是殊途同归的。

当你读完清人查慎行的《雨中过九里岗》中的诗句，这位浙江海宁进士抒发过九里岗的感慨，慨叹走过古道、驿站的泥泞与艰辛。"渐上九里岗，险与出剑阁"，与你今天在宽敞的柏油马路上驾车行驶相比，令人感触着时代的迥异。

从这个时间维度，再上溯100年，也就是距今400年的时间，九里岗这条悠长古道边有位谪居于蛟湖的李征仪大师，实在不敢惜墨不交代一下。15世纪中叶，广德东亭是个风云际会的地方，50年间先后出了近10位进士，而李征仪在他祖父李天植的熏陶下，很快就步入了仕途，那么李天植是个怎样的人呢？邹守益的得意门生，"良知"学的新锐代表，当时被誉为"天下第一贤良"。你想想有这样良好家庭教育的背景与氛围，李征仪该是一个有着什么样道德观念的人。当时李征仪拟升大理寺时，大明王朝正处于风雨飘摇中，上任伊始，他不惧权贵，力陈时弊，上书弹劾大奸臣魏忠贤……他与史可法惺惺相惜，为答谢李征仪的知遇之恩，史可法以师称之。李征仪逝后，史

可法为其撰写了墓志铭，高度评价了他光明磊落对国家忠贞不渝的品行。

史可法曾三次策马拜谒李征仪于蛟湖草堂，那急骤的骒马铃声，伴随着九里岗古道边的萋萋芳草，最终淹没在岁月的长河里。如今，九里岗古道依旧芳草依依，那骒马铃铛声却不再响起，而有着对历史沉思的人们啊，仍依稀听得见。

（作者单位：广德市东亭乡沙坝村生态苗木公司）

宁国篇

拨云寻古道，倚石听流泉

——漫谈宁国古道

黄国华

古道，是指古老的陆行道路，它伴随着人类社会的需要不断开辟和延伸，几千年来已形成四通八达的交通网络。进入现代社会之后，随着交通技术的迅速提高，古道逐渐被新的机动车道路所取代。早期的汽车公路以及铁路，基本上都是在古道的基础上截弯取直而建。近几十年交通建设快速推进，大凡可以利用的古道几乎都被改造利用。原始状态的古道，如今只在某些偏僻山区和大漠荒野尚有少量遗存。例如著名的茶马古道、剑门蜀道、丝路古道、徽杭古道等，也只是保留着一些原始段落。在当下，古道作为独特的历史文化遗产，已经成为稀有的旅游资源而受到前所未有的重视。

一、清末前宁国古道的分布概况

1. 驿道（官道）

驿道，是由官府主修和管理的远程骨干道路，其地位相当于今天的国道。

驿道一般五里设一亭，十里设一铺，八十里设一驿站。亭是供行人途中休息、避雨的开敞式建筑。驿站（驿铺）是专供军政使者和官吏往来途中食宿、换马的处所。宁国现存一些带有"亭""铺"的古地名，都是出自古驿道。

明世宗时代的南京户部尚书王缜沿驿道经过宁国县时，曾作诗《自广德至宁国又百里至蜀洪铺有作》。诗曰：

星轺尽日短长亭，石路崎岖此暂停。
山匝万重高拟蜀，水盘千折急于泾。
香风细落桐花白，宿雨新收麦甲青。
南去询咨何所补，皇华深愧读葩经。

诗中"星轺"，是指朝廷使者所乘的马车。由此可见，经广德、宁国至徽州的古驿道，是可以通行马车的大道。不过，说是大道，

因其不在平原地区，其宽度通常只有2—3米。

宁国境内的驿道大约开辟于唐宋时期，属于苏皖、浙皖、皖赣驿道系统的互通线路，其交通地位十分显赫。南宋灭亡后，跨越宁国千秋岭的浙皖驿道不再被重视而逐渐淡出驿道管理体系。至明代中期，宁国尚有三条过境驿道，总铺设在县城西门。直到晚清太平天国战争之前，这三条驿道一直由官府统一管理，各驿铺一直配有铺兵、马匹和差夫，各驿铺的位置和名称也未改变。

（1）徽宁驿道：经杨维铺（又称十里铺，今名五里铺）、竹下铺（今名竹

峰铺）、永宁铺（今名瓦窑铺）、蟠龙铺（今名桥头铺）、云门铺、柘林铺、周易铺、麈岭铺、蜀洪铺、柏山铺、金沙铺、白马铺、丛山关入绩溪县境，接杨溪铺。境内全程约 130 里。（金沙铺、白马铺、丛山关今属绩溪县）

（2）宁广驿道：经河沥溪、阮村铺、周村铺、长虹铺入广德县境，接杨滩铺。境内全程约 30 里。

（3）宣宁驿道：经西津渡、双溪铺、延福铺（今株木店附近）、杜迁铺（今港口镇）入宣城县境，接杨林铺。境内全程约 30 里。

芜屯公路（芜湖—屯溪）1936 年建成通车。宁广公路（宁国—广德）1958 年建成通车。宁港公路（宁国—港口）1960 年通灰山，1969 年改走七里凉亭至港口镇。这三条公路基本是在古驿道基础上拓建的。

2. 其他主要道路

出县城东门：经河沥溪、妙山村、平兴、沙埠、梅林、东山渡、石口、中溪、三元、冷渡桥、石岭、仙霞、云梯、千秋关，入於潜县境（今杭州市临安区於潜镇）。

途中支线：

（1）过平兴渡，经龙门村、朱村至虹龙、上门。

（2）经沙埠、花园、四都湾、袁村桥，入广德县境。

（3）经梅林、塔山、戈驻、桥头、七都汪、阳山、董岭关，入安吉县境。

（4）经苍岭、玉皇亭、宁墩、杨狮、朱家桥、梅村、马头岭，入昌化县境（今杭州市临安区昌化镇）。又经宁墩、黄岗、万家、银峰、千顷关入昌化县境。又经万家、大龙、老山脚、道场坪、黄花关入昌化县境。

（5）经石牌、中村、荷花、唐舍关入安吉县境。

（6）经三佛殿、水口至杨山。

（7）经仙霞、孔夫关入安吉县境。

宁国城至千秋关这条古道，千百年来一直是一条重要的骨干道路。它将宁国东部、东南部众多乡村小道串联起来，形成四通八达的路网。1961年建成通车的河千公路（河沥溪—千秋关），基本上沿用了原古道的路线。

出县城东门：经河沥溪、石村、汪溪、小岭关、长潭（旧名浔潭）、港口，入宣城县境。

途中支线：

（1）经殷白村、大汪村入宣城县水东等地。

（2）经高山口、张村、姚高入广德县月湾等地。

出县城东门：经河沥溪、桠路村、高桥、包梅、古林，至姚高。又经杨堡塘、槽坊、杨家店，接宁广驿道。又经槽坊、营盘村、邓高村、黄泥坑，接宁广驿道。

出县城西门：经西津渡，接宣宁驿道。

途中支线：

（1）经大村、青龙、龙阁、济坑、东岸、方塘、上坦入旌德县境。或经双龙、刘村坝（旧时有渡口）、葛村、龙阁，至东岸、方塘、板桥等地。

（2）经双溪铺、罗溪村，至五河渡。

（3）经七里凉亭至山门洞、柏枧山、太平村以及宣城县黄渡等地。

出县城南门：沿徽宁驿道至麈岭铺，经胡乐司（今胡乐镇老街）、滑渡入旌德县境。

途中支线：

（1）经竹峰铺至霞西。又经霞西、石柱、庄村、甲路接徽宁驿道。又经霞西、长岭、虹龙至上门。

（2）经蟠龙铺（今桥头铺）至东岸（旧时有渡船和简易木桥）。又经东岸至方塘、板桥。又经板桥、桃岭入泾县境。又经方塘、潘茶入宣城县境。

（3）经甲路、庄村入昌化县境。

（4）经鸿门、浪荡坞入昌化县境。

出县城南门：经杨维铺（五里铺）、千亩、万福、丁村岭（今名灯草岭）、朱村、虹龙，至上门。

出县城南门：经南门岗、波沥溪渡、鸡山村、平兴渡西岸、龙门村、朱村、虹龙，至上门。这条线路包括下述支线，曾经也是驻地虹龙的古怀安县城往来宁国、广德、徽州和浙江的主要线路。

途中支线：

（1）经刘村、高村、窑山脚、花树桥、赛力，至竹峰铺，接徽宁驿道。

（2）经龙门村、平兴渡（或经万家岗）、沙埠、花园、四都湾、袁村桥入广德县境。又经梅林、戈驻、桥头入安吉县境。

（3）经虹龙至玉皇亭（又名玉华亭），接河沥溪至千秋关线。又经玉皇亭、苍岭，接宁墩至马头岭线。

有必要说明的是，旧志未见道路进出宁国县城北门的记载。唐代建宁国城时，只有东、南、西三门。元至正年间增修城池，始置北门。一年多后朱元璋亲征宁国，入城后察看地形，认为不宜开北门，遂命堵塞北门。明正德年间，知县王实正复置北门，但若干年后，继任知县范镐又命堵塞北门（保留城楼）。由于历史上长期没有北门，自然不会有道路进出北门之说。也由于长期没有北门，宁国古城内没有北街，只有东、西、南三街。至于为什么封闭北门，范镐有解释，他认为宁国地势南高北低，城北无高大的靠山，开北门"泄气"，很不利，故而封闭北门。这是规避风水缺陷之举，可以理解。

二、关于宁国古道与古关的两个问题

1. 宁国东南部为什么多古关

宁国出境古道大多以关口为界。特别是东南边陲的天目山脉一带，在必经的皖浙通道上，历史上建有唐舍关、董岭关、孔夫关、千秋关、壕堑关、铜岭关、白沙关、黄花关、马头岭关等多处军事关隘。各关隘为石构建筑，由关墙、关门、烽火台等构成，遗址至今可以辨识，有些尚存部分建筑。一县之隅，古关如此之多，这在江南各地实属罕见。

唐末五代十国时期，以天目山脉为屏障，南面是定都杭州的吴越国，北面是定都南京的南唐国。为防吴越国进犯，南唐在宁国东南边陲设置多处关隘，并修建统领边关军政的城池"乌石城"（位于今仙霞镇杨山村内）。南唐前身为南吴，后改国号为南唐。"乌石城"始建于南吴，初名"吴集城"，南唐续建，改名"乌石城"。乌与吴同音，"乌石城"实为"吴石城"的谐音。不久，北宋统一全国，乌石城逐渐废弃。北宋亡后，南宋定都临安府（杭州），为抗金和护卫京城，南唐古关又被南宋朝廷重视起来，并增建一些新关。这便是宁国东南边境多古关的历史缘由。

2. 先有关还是先有路

宁国东南边陲毗邻浙地，两地交往的历史非常悠久，跨境道路早已存在。这些道路在穿越皖浙界岭时，最优的选择是从山峰间的垭口通过，这些垭口通常是不可替代的必由之路。唐末以来，出于防务的需要，兵家便在这些垭口上建筑军事关隘，以求"一夫当关，万夫莫开"的御敌优势。也就是说，先有路，然后才有关。

三、宁国古道旅游的开发价值

宁国市的古道旅游方兴未艾，那些掩藏于偏僻山区的古道遗迹，纷纷告别寂寞迎来各地游客的光顾。这应该归功于"村村通"工程的全面实现，使得各地热爱自驾、骑行、远足的驴友们能够抵达深山秘境。

目前，宁国市旅游产品的最大热点，当属"皖南川藏线"。皖南川藏线穿越青龙湾原生态旅游度假区，其精华路段约140公里，是一条风光绮丽的生态观光交通线。同时，它也是十分珍贵的古道旅游风景线。虽然区内的港口湾水库淹没了一些古道，但整个古道系统的完整性并未受到多大影响，目前绝大多数公路仍然是与古道路径相吻合的，只不过对路面做了符合安全性、舒适性要求的必要的拓宽和铺装。游客在崇山峻岭间蜿蜒穿行，仍不失沧桑古道的体验。并且，沿途各支线还保留有不少原汁原味的古道，例如青龙村内的文脊山天台

峰古道（跨宣州区）、板桥村内的高峰山铁瓦寺古道、板桥村内的新岭头古道（跨宣州区和泾县）、甲路村内的甲胡古道（甲路至胡乐）、上坦村内的上坦古道，以及散布于众多古村落间的短程古道等等。这些古道凭借皖南川藏线带来的便利，受到各方游客的青睐。

皖南川藏线之外，宁国境内还有一批古道线路正在形成新的热点，例如吴越古道、徽湖古道、宁昌古道、老岭古道、马头岭古道、高坑岭古道、天龙古道，等等。

宁国古道资源的突出特点，首先在于自然景观的丰富性。这些古道大多位于偏僻山区，拥有森林景观、地形景观、地质景观、生物景观、气候景观等多样化的风景元素。古道沿途，可欣赏层峦叠嶂、峻崖怪石、流泉飞瀑、薄雾浓云、奇花异草、古树名木，尽享大自然的雄伟美、壮阔美、奇特美、幽静美、灵动美、秀丽美。

同时，宁国古道具有丰富的人文景观。东南边陲的那些古道，多以古代军事关隘为界，一座座古关遗址承载了千年历史风云。上坦古道、甲胡古道所经的古村镇，是了解宣文化民俗风情的重要窗口。高峰山铁瓦寺古道、文脊山天台峰古道之类，原本是繁忙的香客朝圣之道，反映了佛教文化曾经兴盛的历史。凡此种种，无不彰显宁国古道资源引人入胜的历史文化底蕴。

总之，宁国境内的古道称得上是稀缺的旅游资源，相信通过科学的规划和开发，完全可以培育成为具有吸引力的特色旅游品种。

（作者系宁国中学退休教师）

一路有铺，一路有诗

——留存在徽宁古驿道的不朽诗篇

程燮平

　　驿道，是古代中国设置的陆地交通主通道，沿途设有驿站。同时也是重要的军事设施之一，主要用于转输军用粮草物资、传递军令军情。过去的徽宁驿道宁国段，从宁国县出西门，经过今竹峰、蟠龙、云门、麈岭、蜀洪、绩溪金沙出丛山关（丛山关以北旧时属宁国）进入徽州地带。时至千余年后的今天，如果你来到宁国，打从这儿路过，一定会惊奇地发现，这一路上竟然有这么多带"铺"的地名，如蜀洪铺、麈岭铺、云门铺、蟠龙铺、竹峰铺……这都是因古代修建驿道、设立驿站制度而得名的。古代驿道上都设有驿站，又叫铺舍或驿铺，是专门传递政令文书以及供来往官吏途中住宿、补给、换马的处所，其功能类似于现在高速公路上的"服务区"。

　　据明嘉靖《宁国县志》载："（宁国）总铺在城西门左……西南接绩溪界，铺十二：阳维铺、竹下铺、永宁铺、蟠龙铺、云门铺、柘林铺、周易铺、麈岭铺、蜀洪铺、柏山铺、金沙铺、白马铺。"这十二铺，每两铺之间间隔都是 10 里，加上白马铺至丛山关约 10 里，这条古驿道在宁国境内的总里程约 130 里（65 公里）。

　　千年驿道，百里穿梭，这条绵长的古道，曾留下无数文人雅士的深深足印，也留下一段段耐人追寻的厚重历史和脍炙人口的千古诗篇。

南宋著名诗人范成大途经宁国，曾在竹下铺住宿，次日辞行，作《早发竹下》诗一首：

> 结束晨妆破小寒，跨鞍聊得散疲顽。
> 行冲薄薄轻轻雾，看放重重叠叠山。
> 碧穗炊烟当树直，绿纹溪水趁桥弯。
> 清禽百啭似迎客，正在有情无思间。

"竹下"即竹下铺，也就是今天的竹峰，后人以其诗中"重重叠叠山"，将当地易名为"竹峰"。

明正德十一年（1516）进士胡宗明，绩溪人，累官副都御史，曾夜宿竹下铺，作《宿竹下铺有怀》：

> 落日照山城，村居淡市情。倚楼空月色，近水有蛙声。
> 野鹤迎人惯，山肴入馔精。云飞消息远，兀坐对长檠。

可见，竹下铺在古代堪称是徽州乃至江西一带通往江浙这条驿道上的重要"中转站"，南来北往的过客经常在此休憩，他们对这里独特的自然风光、风土人情也是情有独钟，并留下一首首优美的诗篇。

竹下铺往南，经永宁铺便是蟠龙铺，也就是现在的桥头铺村所在地。明成化十四年（1478）进士姜绾（江西弋阳人，宁国府同知）曾在这里留下《人日宿蟠龙铺》：

> 雪消水漫小桥深，人日蟠龙思不禁。
> 柳欲窥春初放眼，梅因结子尚留心。
> 生嫌酒病常辞饮，无奈诗愁暂费吟。
> 试剔灯花追往事，独眠端不愧寒衾。

另有明代吴一泉诗《宿蟠龙铺》：

> 六月山行风不扬，畏途溽暑难禁当。
>
> 野云泼墨尽浓淡，林鸟解歌声短长。
>
> 出户天涯足可到，开樽月下谁共尝。
>
> 闲官自叹尚奔走，客梦归思情转伤。

从以上两首诗的大意可知，姜绾、吴一泉分别是在冬季和夏季途经蟠龙铺，并在此住宿。虽在不同季节，但行程都十分艰辛，两位诗人都是经过一路劳顿，正好可以在这里歇息、休整一下，借酒消愁，赋诗寄怀。鉴于蟠龙铺在沟通南北交通中的重要地位，又有一条分道向西通往东岸、上坦，可达旌德、泾县及宣城等地，途经此处的行人较多，明嘉靖二十八年（1549）宁国知县范镐重修此铺，并题其匾曰"且止"，意为提醒过往行人在此止步，停留休憩。

清初，清军、南明军队及农民军余部经常在皖南一带展开激战，著名抗清志士张煌言诗《师入宁国，时徽郡来降，留都尚未克复（己亥）》就是这一历史背景的真实写照：

> 千骑东方出上游，天声今喜到宣州。
>
> 威仪此日惊司隶，勋业何人愧彻侯。
>
> 旧阙烽烟须早靖，新都版籍已全收。
>
> 遗民莫道来苏好，讦恐疮痍未可瘳。

此诗作于 1659 年（己亥）。当时张煌言、郑成功等人正在南方继续坚持抗清斗争，抗清义军攻克宁国府时，徽州各地也纷纷归降，抗清义军浩浩荡荡，向留都（南京）挺进。徽宁驿道作为徽州乃至江西通往苏浙的重要通道，常有军队过境。

陈周政,四川人,明代进士,曾任宁国府知府。他也曾来过蟠龙铺,作有《蟠龙铺即事》:

一路旌旄过万山,雪晴十日尚难攀。

古枝怒甚虬龙攫,春溜凄其玉凤潺。

巫峡依稀思故国,桃源缥缈隔人间。

何时近景来居此,明月柴门可不关。

诗中反映了蟠龙铺一带山路崎岖,行进艰难。诗人通过对这一场景的描述,流露出对当时战争持续不断、民不聊生等社会现状的忧伤和对和平生活的向往。而蟠龙铺宛如桃源般坐落于宣歙万山之中,如果没有战争,幽居此地,路不拾遗,夜不闭户,该是多么幸福安详!

蟠龙铺向南十里,便是云门铺。明代姜绾曾在这里留下《过云门二绝》:

一

十里云门四面山,鸟啼深树石痕斑。

时平地僻公文少,两片柴扉白昼关。

二

春老云门雨歇初,梨花结子鸟将雏。

日长睡醒邮亭卒,闲把书筒剔蠹鱼。

邮亭,即驿站,这里指云门铺。从这两首诗里,也可以看出,云门铺虽然四面环山,但也有一条道路接通南北,"石痕斑"说明这条道路,不知有多少人走过。时在明朝中期,天下太平,社会安定,再加上这里地处偏僻山区,往来的公文较少,邮亭的工作人员相对清闲,两首诗的后两句均反映了这种情形。

云门铺继续往南，是柘林铺、周易铺，其路段大致位于今甲路镇榨里坞、桑树坑、茶叶坑、枫树岭至周湾一带，这里重峦叠嶂，山高林密，更加偏僻。但作为连通苏浙皖赣的重要通道，仍有不少官员、客商长途跋涉至此，并被这里的优美自然风光、淳厚的风土人情深深吸引，留下脍炙人口的佳吟，尤其是南宋大诗人杨万里的《桑茶坑道中八首》，至今仍在当地广为传诵。其第一首就生动描述了这里山高路窄、穿行艰难的境况：

> 两边山束一溪风，尽日行程在井中。
> 犹喜天围能里许，井中那得个宽通。

两面高山，夹着一条溪流，清风阵阵，感觉就像在井中行走一样，四面都被围得严严实实，好在还有一里多的自由空间，还算比较宽敞开阔吧！而第八首不仅再次描绘了这条山路的狭窄险峻，更是反映了路边的山景及当地人民的生活状况：

> 山根一径抱溪斜，片地才宽便数家。
> 漫插漫成堤上柳，半开半落路旁花。

穿越这段崎岖蜿蜒的山道，前面便是一个比较大的村庄——周村弯（今甲路镇周湾村）。杨万里夜宿一户农家，又写下《明发周村弯》诗一首：

> 不住宽卿住瓮门，那知世上有乾坤。
> 环将峻岭包深谷，围出余天与别村。
> 茅屋相挨无着处，花溪百折不教奔。
> 江淮地迥寒无价，宣歙山寒更莫论。

周湾村前行不远便是麠岭铺，附近一山即麠岭，又名主岭。麠岭得名于此岭有麠（清康熙旧志云，或以山多麠得名），麠是一种珍稀野生动物，属于鹿科，尾巴可以做佛掸。麠岭为今甲路、胡乐两镇之界岭，地势高险，景色秀丽，人文荟萃，富有底蕴。在古代，麠岭是徽宁古道必经之咽喉要地，隋末汪华曾率义军驻扎在此，当年留下的藏马洞、马蹄井及古道等旧迹仍在。《方舆纪要》载"岭高险，与笼丛相埒。隋末汪华尝驻兵于此。有藏马洞、卓戈泉"。

杨万里离开周湾，攀登麠岭时又作《过麠岭》诗一首：

> 昨日山行尚有村，今朝岭塞更无门。
> 仰攀苔磴上绝顶，却倒蓝舆下峻峦。
> 身觉去天才寸许，岸临无地不堪看。
> 前头尚有芙蓉在，此岭难登未是难。

从诗句"仰攀苔磴上绝顶"可知，当年攀登麠岭，走的是一条苔痕斑斑的青石板路。由于山高路险，攀登极为艰难，"今朝岭塞更无门"生动地描述了这一境况。但麠岭地处徽宁古道咽喉之地，为南来北往唯一通道，仍有包括杨万里等人在内的无数文人雅士途经于此，并将他们所见所闻所感载入诗篇。

汪元锡，婺源人，明正德六年（1511）进士，官至户部左、右侍郎。过麠岭时写下《过麠岭留题》：

> 几年不试登山履，麠岭峰头重怅然。
> 北望长安何处是，暮云无奈蔽尧天。

梅士元，明代宣城名士，过麠岭时亦作《麠岭》诗一首：

蹑岭破秋色，穿云得午阴。松关过骑缓，竹径避麋深。

老衲归农社，微风出梵音。家园行不远，只隔最高岑。

　　据周湾村现存清代半截石碑碑记（《重修麈岭东西大路碑记》）记载，徽宁古驿道麈岭段曾有过几次重修，碑记中也记载了当时重修的目的是"使天下事如此路而四海同"，并记有相关负责人"钦加道衔赏戴花翎保奏周君玉森慨然捐资建，经董广德程大海、程惠林、程永麟、程晋卿等，总理方琢山、程客卿等"及捐资人员名单。另有郑思贤（杭州祥符人，清光绪年间任宁国知县）《捐修西真庵以下大路引》中载："宁西云门铺至麈岭大路，前承善举，幸告成功"，此引还指出该路段在沟通南北交通中的重要地位"以麈岭大路系徽宁往来要道"，并对"麈岭大路"的管理、保护提出相关举措："向禁车行……尔等遇有车辆经过麈岭，务须邀集伙伴，互相扛抬，不得在岭路推行，致被损毁，倘敢抗违不遵，仍在岭路推车行走，一经发觉，或被指控，定予提案严办不贷，毋违，切切特示！"

　　历经岁月变迁，麈岭段古道至今仍基本保存完好，青石板路清晰可见，直通山那边的胡乐小岭塘。当你来到这里，一定会为之惊叹。拾级而上，映入眼帘的是两座巨大的石灰窑，这是 20 世纪 80 年代建造的。选址于此，也是便于伐薪、运石，就地取材。前行不远，一座石碑耸立路边，这是清光绪二十六年

（1900）周赟、杜维清复制的一座古碑，上书"唐封越国公汪华公征兵驱此古马迹泉"。沧桑古道，苔痕斑斑，一路向山顶蜿蜒。前人留下的足印依稀可辨，并有车辆行走留下的车轮印迹。行走中，还会发现路边一处远古时代的海螺古化石遗迹（约4亿年前），在过去的战乱时代，化石被人盗走，现在只剩下海螺"空壳"，依然惟妙惟肖。临近山顶，一堆怪石嶙峋突兀于野林之中，这就是传说中的"怪石林"。相传隋末汪华曾利用此地石林地势险要，多次击退官兵围剿。怪石林附近，有汪华义军的藏兵洞。行至山顶，就是汪华义军依山之险修筑的古关隘，约有3米高，中开一门，约2米宽，十分险要。关内是一片空旷的平地，当年汪华义军凿开的马迹泉及后来人们为铭颂汪华保境安民的功绩而建造的汪公庙遗迹遗址，赫然在目。

翻过麈岭，不远就是蜀洪铺。这里地处皖浙两省四县交界之境，是古代重要商贸集镇胡乐的东部门户，明代胡乐巡检司最初设址于此，据当地一些年长者所述，这里仍能探寻到当年骢马行的旧迹旧址。明弘治六年（1493）进士王缜（广东东莞人，官至南京户部尚书）曾一路奔波，抵蜀洪铺住宿，写下《宿蜀洪铺有感》（另题《自广德至宁国又百里至蜀洪铺有作》）：

> 星轺日尽短长亭，石路崎岖此暂停。
> 山插万重难似蜀，水盘千折浊于泾。
> 暖风香逐桐花白，宿雨新抽麦穗青。
> 南去兹巡何所补，皇华深愧古遗经。

诗人一路奔波，穿过一条崎岖蜿蜒的青石板路，抵达蜀洪铺。回想这段行程，犹如攀爬蜀道一般艰难。"山插万重难似蜀，水盘千折急于泾"则是对这里山川地貌的形象描述，山高似蜀，水急如洪，这大概是蜀洪得名的由来吧。离开蜀洪铺，诗人继续南行，又作《蜀洪至绩溪县》诗一首：

赢马缘溪湾复湾，乾坤别自一区寰。

林深村落多依水，地少人耕半是山。

磴道险于过栈道，丛关高似度函关。

观风欲问民间苦，旋采歌谣取次删。

由此可见，蜀洪铺也是徽宁古驿道的"重要一站"，明嘉靖二十八年（1549），宁国知县范镐曾重修此铺，题曰"暂息"，温馨提示过往行人在此稍事休憩，不能过度劳顿。

蜀洪铺往南，经过柏山铺便是金沙铺（今属绩溪县），明代刑部主事陈阳途经这里，写下《过金沙官道》：

藉藉尘喧过耳音，行藏随寓此生心。

松风解醒茅亭醉，一曲无弦膝上琴。

过了金沙铺，前面是白马铺，继续前行不远，就到丛山关。丛山关为当时宁国绩溪两县之界，即王缜"磴道险于过栈道，丛关高似度函关"诗句中的"丛关"，可见这段路径依旧十分艰险。徽州篁墩人程敏政，明成化二年（1466）进士，官至礼部右侍郎，曾一路长途跋涉，抵达丛山关下，久别的故乡近在眼前，欣喜之情油然而生，便随口吟就《过丛山关》：

江南江北路迢迢，马上朱颜渐觉凋。

今日故乡初入眼，丛山关下巧溪桥。

穿越丛山关便进入徽州地界（绩溪县旧属徽州），一路前行可直

达徽州乃至江西及更远的地方。

徽宁古驿道宁国段，南北绵延百余里，承载着一段极为厚重的历史记忆，留下了无数文人雅士的优美诗篇，更是凝聚了古代劳动人民辛勤的汗水和无穷的智慧！据明代仙克谨《尹洞庭修路记》载"宁多山水，乡路险狭，倾泻泥泞，下陷则马怯蹄而踟蹰，车胶寓而折轴……与邑士人共之，不数月而向之。坳凸者以坦，磅确者以平"（尹洞庭即尹民兴，湖北嘉鱼人，明崇祯年间任宁国知县）。可见，在科技并不发达的古代，在群山环抱的宁国南部山区开出这条通道，堪称是一大奇迹。这条通道自北向南，介于西津河东岸和中津河西岸之间，几乎与两河平行，这也避免了架桥、改走水路等诸多不便，为近代以来宁国境内各条铁路、公路的修建提供了宝贵的经验和借鉴，民国23年（1934）就已开通的芜屯公路，其宁国段大部分就是在徽宁古驿道的基础上拓建完成的。后来的皖赣铁路宁国段、溧黄高速宁国段也几乎是在原来的古驿道附近一侧（如麈岭段古道之侧，皖赣铁路、溧黄高速穿山而过），基本平行于这条古驿道而建成。这何尝不是一首又一首壮美的诗篇！

时过境迁，当年先辈们辛苦创业、艰难修建的这条徽宁古驿道绝大部分路段早已不复原貌，但这一路上所留下的无数文化遗产和精神财富，值得今天的我们倍加珍惜和不断传承！

（作者单位：宁国市城西学校）

凤栖沟的徽湖古道

赵祖军

在宁国市东面的梅林镇阳山村，有一处天然的美丽风景，她的名字叫凤栖沟。

凤栖沟位于皖浙交界的天目山腹地，距宁国市区35公里。

乘车进入阳山村要翻越一座山岭，叫将军岭。这里曾经是太平军与清军作战的一处古战场。清朝同治三年（1864）七月三十日，太平军干王洪仁玕、堵王黄文金、匡王赖文鸿等率领将士与清军刘铭传部在此激战。这一仗成为宁国境内太平军与清军八年拉锯战的最后一战，太平军将领匡王阵亡，堵王身负重伤。为纪念在此伤亡的太平军将领，人们将这座山岭称为"将军岭"。

越过将军岭，即来到美丽的阳山村。这里有古树、古桥，还有石片当瓦盖的民居和房前屋后移栽的野生罗汉竹竹园。明清时期，徽商发达，这里是徽商通往浙江湖州的商旅要道，人们称之为徽湖古道。如今，古道风貌犹

存，商队已离我们远去。

阳山村民风淳朴，百姓安居乐业。为弘扬佛教文化，开发生态旅游，当地正在重建"文革"期间被毁的五神古庙，并更名为凤栖寺。凤栖寺占地10亩，由九华山果富法师的弟子释常旺大师投资建设。该工程经主管部门批准，2010年4月举行奠基仪式，目前正在建设之中。

阳山村凤栖沟风景区主要有两条景点线路，一条是石景线路，一条是水景线路。石景线依托徽湖古道，游山观景较为方便。水景线只有攀岩登山的羊肠小道，行走十分艰难，然而却是寻幽探险览胜的好去处。

凤栖沟石景线路是花岗岩分布区，花岗岩性质比较均一，经风化作用后，具有球状剥落的特点，裂隙比较发育的花岗岩便形成石蛋。石蛋形成后很容易向下滚落，有的停留在山顶和山坡转折处的平缓地面，有的则堆积在山沟和山麓处。这些石蛋奇形怪状，给人以丰富的想象，并由此流传出一些神话和传说，更引人入胜。

石景线路全长约3公里。从安子树下进入景区，沿着徽湖古道石阶到董岭关。

在景区入口处的安子树树干中空，有一半尚存，成为树洞，洞中有火烧痕迹。古代传说婴儿夭折是"讨债鬼"寄身作怪，要放在此树洞里用火烧，

才能驱赶走"讨债鬼",以便后面出生的婴儿好养大。后来人们常把生病的小孩在树洞里放一放,病就好了。由此,这棵苦槠树被人们称为"安子树"。安子树虽然承受无数磨难,但至今依然常青。

从安子树下进入景区,沿徽湖古道两侧分布着许多造型奇特的巨石。一路行来,我们可以看到:

"石蛙问天":一只巨型石蛙从大地怀抱中探出头来,正仰望天空,似乎在思考着什么。

"依依不舍":有两块巨石相向而立,似乎是刚刚分离,难以割舍,在山坡上诉说着什么。

"石豹初醒":山谷竹林之中,一头巨型石豹似乎刚从睡梦中醒来,正翘首四处张望。

"仙人靠":路旁一巨石侧面凹凸有致,人靠在上面很合身,感觉很舒适。传说这块巨石在路旁千百年来靠的人多了,便注入了灵性,不但能解困止乏,而且能治腰酸背痛。

"仙人掌":山坡上一块巨石有明显的人手印。传说是乱石从山坡上滚落下来正要伤人性命,有仙人双手交叉相撑,牢牢顶住翻滚的巨石,仙人的手印也就留在巨石上。

"巨蟒出山":在古道一侧的山坡上,巨型石质山体时隐时现,显示出蟒蛇的模样，似乎是已经修行千年，正要出山。

"仙人屋"：在山谷有几块巨石搭建成一屋形石洞，从外面看是一巨大的穹状屋顶，走进石洞让人感觉屋里很宽敞。

"仙人浴盆"：在山谷有一巨石形似浴盆，而且盆中有水，浴盆一侧有一处显白色的石块，远看就像浴盆边沿上的浴巾。

"龟牛赛跑"：在古道两侧有相隔不远的两块巨石，一块巨石像龟，一块巨石像牛，它们似乎在比赛，看谁先到董岭关。当下的成绩是石牛在前，有点骄傲，正卧在路旁休息。

"中国地图石""世界地图石"：在古道一侧的山坡上有两块相邻的巨石，岩石表面差异性风化的图案形似中国地图和世界地图，让人惊奇大自然的鬼斧神工。

董岭关：据民国《宁国县志》记载，一位姓胡的人士为防御盗贼而建关于董岭，受到府县的褒奖。如今关洞已经塌陷为乱石堆，部分石砌的关墙尚在。

两省桥：过董岭关下行不远，有一处皖浙交界的小溪，溪上搭建着一块石条，石条长不过 2 米，宽不过 50 厘米。这石条就是新编《宁国县志》记载的民间传说"两省桥"。传说明朝年间，有一位县老爷欺瞒皇上，借修"两省桥"之名，侵吞皇上下拨的大量钱粮，后事情败露，遭到满门抄斩。

水景路线是东瓜山下的一条沟谷，长约 1500 米，由于这一地带岩层的断裂变动，在山谷沿线分布着 10 条长长的瀑布，一条瀑布几乎连着一条瀑布。远看瀑布像一条条白练飘落在深山秀谷之中。近观她的动感、她的声音、她的气势，犹如一只只凤凰在幽谷上起舞，在深山之中栖息，此谷由此得名凤栖沟。瀑布边是悬崖峭壁，有可供人们攀岩的羊肠小道，但要四肢并用，对一个人的胆量、意志和力量也是一种考验，真可谓无限风光在险峰。

　　凤栖沟是原生态风景，藏在深山人未识。我们有幸能欣赏到她奇特的石景和美丽的水景，她们美丽的容颜更需要我们的爱护，让她在生态文明时代绽放美丽，更加流光溢彩。

（作者系宁国市委党校退休教师）

徽湖古道故事多

高生元

　　宁国市梅林镇阳山村凤栖沟，位于宁国东部，距县城70里。明清时期，徽商发达，这里是徽商通往浙江湖州的商旅要道，人们称之为徽湖古道。如今，古道风貌犹存，是联结宁国和安吉的一条乡道。

　　这里四周环山，东有董岭，南有太守山，西有西山，北有太山，中间为盆地，地形呈"Y"形，气候温暖，阳光充足；这里奇峰雄立，奇石峋嶙，孤壁绝崖，溪水潺潺，瀑布跌宕，竹海松涛，野藤古树，小桥流水；这里古有六景，骚人墨客驻足游览，徽湖古道故事多。

董岭河声流向西

　　周朴（？—878），字见素，一作太朴，福州长乐人，《全唐诗》作吴兴（今湖州）人。曾在湖州、安吉做官，途经宁国县与安吉县董岭时，作诗《董岭水》，使董岭声名远扬：

湖州安吉县，门与白云齐。禹力不到处，河声流向西。

去衙山色远，近水月光低。中有高人在，沙中曳杖藜。

"禹力不到处，河声流向西"，"河声"二字最为传神。一般描写水流之声大都用"汩汩""潺潺"，等等。声音只能传播，不能流动。而在周朴的笔下，河的声音随着河水的流淌而流动，这种流水的动感瞬间呈现眼前。"流向西"是指流向与安吉（孝丰）交界的宁国县。董岭是分界山，西为宁国县，东为孝丰县。按理，水流方向是以山岭为分界线的，董岭东面之水应该流向孝丰才是。由于董岭东面下（孝丰界）有一条约宽60米南北向的地带，地形为南北两边为山坡，长约1500米。两面山坡之下是竹林，地形为东高西低，恰巧，董岭与对面山岭断开，地势最低，此地带之水汇聚后流向（董岭南麓）西边。按理，董岭关应设在此处，但此处下为悬崖峭壁，无路可行，故关口设在岭上。

近代孝丰人、著名篆刻家吴昌硕对周朴这首《董岭水》的诗特别钟情，经过深思熟虑后，决定将诗文"湖州安吉县，门与白云齐"治成印章。传统的治印讲究的是印面饱满，他在精心设计此方印章时，留下了大量空白，因而创造了印面的"空白美"，加上犀利的刀工，独特的手法，此印遂成为印章精品。

冯士衡（1583—1641），字于平，号宗远，山东临朐人，崇祯二年（1629）授浙江湖州孝丰知县，曾游董岭，作诗《董岭分源》：

兀然雄两地，一水发重关。顶贯珠连箔，云穿石刻班。
东临杨子急，北向雪流间。万派知何极，朝宗在此间。

江大爵，明代孝丰县教谕，亦作有《董岭分源》诗：

活泼无萦系，平分自化工。间关尝就下，迟速任遭逢。
西赴长江远，东驰震泽通。谁知千里外，分向一源中。

袁一相（字辅宸），直隶宛平人，顺治十七年任浙江左布政使时曾游董岭，作诗《董岭分源》，曰：

极目湖山几万重，还于合处识朝宗。
晶帘分挂双星海，珠箔斜飞两玉龙。
涵碧既饶沧海润，澄泓只此白云封。
江南江北遥相忆，百二经流何处逢。

高山之巅凤栖寺

唐中晚期，董岭上建有寺庙，先后有三位高人游历于此，故又称为高三庙。相传，三位高人是唐代周朴、来鹄和刘沧。一度隐居嵩山。

来鹄（？—883），即来鹏，唐朝诗人，豫章（今江西南昌市）人。大中、咸通间举进士，屡试落第。来鹄寓居宣州多年，纵游宣州及周边。相传，一度隐居董岭高山寺。作诗《云》："千形万象竟还空，映水藏山片复重。无限旱苗枯欲尽，悠悠闲处作奇峰。"

刘沧，生卒不详，字蕴灵，约唐懿宗咸通前后在世，汶阳（今山东宁阳）人。刘沧曾漫游江南，在宣州时作《题敬亭山庙》《麻姑山》《江城晚望》等诗。相传，曾游董岭高山寺，作《题古寺》："古寺萧条偶宿期，更深霜压竹枝低。长天月影高窗过，疏树寒鸦半夜啼。池水竭来龙已去，老松枯处鹤犹栖。伤心可惜从前事，寥落朱廊堕粉泥。"

唐宋时期，远近香客僧侣纷纷相聚于此，念佛诵经，香火兴旺。高三庙毁于清初，但地名流传至今（《安徽省宁国县地名录》）。因定光佛曾在此寺习诵佛法，当地百姓又称其为定光佛道场。

2009年，高三庙移址新建，更名为凤栖寺。凤栖寺的山门、天王殿、寮房已建成。新建的天王殿门额上"凤栖寺"三个大字端庄凝重、遒劲有力、气势不凡。门前一对1.5米高的石狮，威武雄壮地镇守着寺院；阶梯踏步、栏杆排列有序，广场平整宽大，寺院布局合理。天王殿高约三丈，广约六丈，房屋上下两重出檐，歇山顶，即四面斜坡的屋面上部转折成垂直的三角形墙面，有一条正脊、四条垂脊和垂脊下端处折向的戗脊四条，所以，又称九脊式顶。

大殿内金碧辉煌，菩萨罗列，宝幢高挂，钟鼓常鸣，香烟缭绕。特别是金光闪耀、色彩斑斓的四大天王坐像庄严肃穆，东方持国天王，双手弹拨琵琶，皓齿外露，笑口常开。他是乐神领袖，职责是护持东方。南方增长天王，手持宝剑，瞪眼竖眉。他护持南方，能使人的"善根"增长。西方广目天王，右手举银球，左手缠龙，那龙仰视着银球跃跃欲试。他是群龙的领袖，用"净天眼"观护西方。北方多闻天王，右手持伞（即宝幢），左手握银鼠，护持北方。整个大殿雄伟壮观。

岳飞防守董岭关

董岭关，又名铁岭关。清朝孝丰人施元任《古铁岭关记》曰："古铁岭关者，创始于季唐，宋元以来建制如旧，故曰古也。"关隘两旁的村落以董姓者居多，故称之曰董岭关。岭东为浙地湖州境，岭西为宛陵宁国梅林镇阳山村。

据宁国《董氏宗谱》载：董氏远在春秋战国时期即在安吉桐铿居住。至北宋初期乾德年间，饶州董谟之子俊公任安吉县令时，清廉正直，爱民如子。因境内大旱无雨，特组织乡民求雨，因操劳过度，加上求雨山路艰难，不幸中暑而逝。时子幼，无资归乡安葬，临终前对夫人王氏说，安吉境内桐铿乃董氏远祖居住之地，可访而居之。董俊去世后，百姓哀之，协助王氏寻访到桐铿之地，开荒建屋，自此董氏散枝开叶，成浙皖两地望族。

据记载，董岭关历来都是兵家必争之地。古关口两侧城墙连接着一座山脉，上下皆为峭壁陡坡，难攻易守，素有"一夫当关万夫莫开"之势。距关旁500米左右处，有一间山间平地，俗称跑马场，呈带状，占地约2000平方米，据当地阳山村村民孔玉坤介绍，相传岳飞曾率领岳家军在此驻扎、练兵，以防金兵南侵南宋京城临安，故称跑马场。

明成化二十三年（1487）设孝丰县，董岭关属孝丰、宁国两县交界之处。嘉靖年间，宁国七都波浪舒村村民舒伯瑞以奶奶胡氏之名出资建关于董岭，组织乡民防守，舒村百姓免受其害，受到郡邑褒奖。清朝，孝丰县两次重修关隘，相对于浙北而言，这里无疑就是雄关要塞。董岭关毁于清晚期，但关名一直流传至今。

《舒氏宗谱》中的阳山村古村图

文人雅士游董岭

董岭，位于阳山村（古称七都波浪）的东部，与浙江省安吉县交界，古道连接皖南与吴中地区。山高 800 余米，风景优美，尤其是古道奇石、董岭秀色、西山瀑布更是美不胜收。董岭一带风景区今名为凤栖沟。

北宋大文豪苏轼，相传在从湖州往黄州的途中，经过董岭，到达梅林戈驻村，戈驻村胡氏正在修建义冢，苏轼为义冢撰写墓志铭："窃闻义冢一兴，广收枯骨，何代蔑有？考自周代西伯侯泽及枯骨，遂开入百鸿基。沿及后世司马温公置义冢一所。一年□收，代代富贵荣身。范文正公义田千亩，冠婚丧祭，以及□□鬼魂一概归葬。四子俱成大名，不宁惟是。……宋代苏轼附乩题作。"（载清道光年胡氏重修义冢碑记，碑刻尚存）在宁国港口作联语："港口撑船，因船钱而

讲口；窑头买瓦，为瓦价以摇头。"（讲，当地方言读 gáng；港口陶瓷，历史久远，港口窑，古有"千窑万户"之说）

据《七都波浪舒氏宗谱》载，宣城人梅尧臣、施闰章都曾来董岭游览。

周瑛（1430—1518），字梁石，福建莆田黄石清浦村人。任广德知州时经过宁国县阳山，作有《宁国道中书所见》诗七首，其中"听泉如听琴，看山如看画。佳趣瞒眉睫，应接都不暇。""树罅天光漏，山坳云气深。遥遥闻犬吠，人家无处寻。""野旷路萦纡，山转林断续。长歌者谁子？隔溪闻伐木。"对阳山董岭一带景致赞不绝口。

武陵（今福建三明市武陵乡）人陈星斋，乾隆十五年（1750）与宣城梅开过访董岭，七都波浪当地雅士舒并茂携酒设榻于此，把晤三夕，星斋以为览遍西湖未及此地尽兴。

乾隆二十年（1755），宁国贡士程丙然、舒配元，同名儒程若林、胡群范等游览此地诸景，诸公拊掌而叹曰："此化工也。异哉斯景！"舒配元为董岭西山作六景记流传于世。

古代六景记犹存

梅林镇阳山村境内的凤栖沟石奇、林秀、水美。在游览中，从向导口中得知，本地村民保存有家谱。访问村民舒家荣，他向我提供了《宁阳舒氏宗谱》，谱中记载了清中期描写今名为凤栖沟的六景记，说明此地古代就已是有名的景点了。现录入并简注如下：

东皋夜月

山经东向约八九里许，形势崄峻，环林萦映，四时云雾吐漱。朝则新晴，夜则蒙雨。泼叶之声如露滴梧桐，悠然有韵，宅其麓者尝乐闻之。庚午春，武陵陈星斋丁艰归里，暨姐丈梅开过访，余父并茂公携斗设榻于此，把晤三夕。星斋以为览遍西湖未及此兴。

阴山晚翠

此余宅背屏也。始祖始徙居西山，见是山两环夹谷，冬余积雪，夏少炎风，因命名阴山。上多沙棠、栎、楮、华枫、女贞，上下促鳞短羽，飞跃不禁。日眺西岭，斜光闪映，是山之青黄碧绿，俯仰百变，无不相薄成彩。祖树德公、伯兆周公旧全建小亭。嗣后，焦沛苍师尝讲学其上，以"晚翠"记额。

龙溪石壁

叔祖天枝公（即舒良幹）雅好游览，而其性以石为最。龙溪皆水也，若乃披前倾后，嵌岩岌嵘者，左则鸡冠，右有石壁。石壁之峻不可以尺寸计，边丹中白，空旷无倚，天鹅宿其巅，飞龙腾其麓。公坐觞其下，得羽卵一枚，上有"天鹅蛋"三字。公仕至明威将军，归里，时以此蛋剖琢成杯，古歙客赍千金易之不得。

浴潭温泉

自西山道口径北，过文昌楼而西，峰回路转，旁出堡障，回广数十步，圆顶鸡跖，俗呼为馒头石。二十四世祖大用公建以小楼，左图右书，弹琴其中，以歌先王之风。每值上巳，集诸昆季修禊于此，其志趣不减兰亭。相传，梅圣俞、施尚白曾游览焉。

杨岭归鸠

鸠类非一，称名各殊。余以为其名载见于《诗》，而其类则莫备于斯岭。岭上有寺，纪楼三，纪亭七，层峦耸翠，上出重霄。浙水绕其东，桐川环其北。若乃茂林修竹、翩翻互经之胜，犹言所不能极。余全兄慎斋、镜业斯寺三寒暑，见群鸠朝则应晨钟而飞啄于太首之巅，晚则闻暮鼓而栖息于丛林之杪，雏睢鹅鹘，举传所云五鸠者无所不备。诚佳境焉，四方名士遂时有问津者。

《唐昌沈氏宗谱》中的阳山古村图

蒲滩跃鲤

乙亥春，余与程伯南、程若林、胡群范浏览诸景，至此水渚奄薄，蒲菱菁藜，夹崖皆唛唛有声。乃叩余以鲤之所在，余时不语，偕登扶风桥，俯视清流激湍中恍若一鳃往返，振鳞奋翼，泼泼有飞腾之状。诸公曰："其在斯乎？"及投之以饵，不应。继之以罢，不入。因复叩余，余乃语之曰："其色金，其长尺，其为象也闪而烁，而其形则石也。"诸公遂拊掌而叹曰："此化工也。"

异哉斯景！

舒配元（清康熙时贡士）撰。（详县志、舒家荣提供《舒氏族谱》）

贪官假造两省桥

唐代周朴《董岭水》中"禹力不到处，河声流向西"，"流向西"是流向哪条小溪呢？就是被称为"两省桥"的小溪。

两省桥，位于安徽省宁国市梅林镇阳山村凤栖沟风景区内，为三亩冲水库主要水源，与浙江省安吉县姚村交界，两省桥的传说流传在这一带。

明朝某年，宁国县有个不择手段搜刮民脂民膏的县老爷。他召集手下人商议进财之道，师爷向他献计："宁国县与浙江省交界处有一条小溪，宽不逾一弓（五尺），老爷何不借修两省桥为名，让皇上拨

下大批款项，何愁
不发财呢？"县老
爷听了十分高兴，
立即写好奏章报送
朝廷。半年后，皇
上拨下大批修桥用
的钱粮，县老爷仅
花几个小钱，招来
几名石匠，打制了
一长方形大石条，

阳山村的"两省桥"

上面刻上"两省桥"字样，搭在皖浙交界的小溪上。县老爷得到大批
钱财，过着骄奢淫逸的生活，自觉平安无事。谁知天有不测风云，有
一年，皇上派钦差大臣巡视江南，钦差大臣巡视到宁国县时，要亲自
察看"两省桥"。结果真相大白，县官犯了欺君之罪，被满门抄斩。
多少年来，这块石条斜斜地搭在小溪上，每当行人至此，都要诉说
"两省桥"的故事，以警后人。（录自《宁国县志》）

参将归卧将军岭

阳山村舒村自然村与七都汪村之间的岭头，称谓将军岭。原
来，舒村舒氏在康熙朝出了一位将军，名舒良幹，字玉明，号天枝，
谱名光莹，为舒氏二十七世孙，是舒其松三子，生于明崇祯壬申年
（1632）八月二十七日辰时。良幹"丰肌虎项，生有异表。家贫嗜学，
少有勇略"。清顺治丁酉年（1657）中武举，戊戌年（1658）中武进
士。原任徐州协标署守备管中军守备事，康熙六年（1667）十一月二
十六日，舒良幹因"武闱茂选，兵事夙娴。授以署守备，训练有方，

小心奉职，恪勤罔懈，庆典欣逢恩纶"，而被朝廷诰封明威将军。其父舒其松亦赠为"明威将军"，其母黄氏赠为恭人。（详县志、族谱）

康熙十一年（1672），舒良幹升授福建左营守备。康熙十六年（1677）十一月初七日，舒良幹因"才识兼优，具有勇略"，大将军和硕康亲王给以参府札付升任福建参将，并随征效用。贡士金龙翔称赞他："抡才授爵，职任参将。有勇有谋，除暴安良。威震闽地，海寇敛强。不骄不矜，行符汾阳。抚将抚士。欢呼无疆，千载传扬。"卒于康熙戊寅年（1698）二月三十日申时，享年67岁。葬于舒村自然村与七都汪村之间的岭头上，故称将军岭。

堵王大战七都汪

太平天国失败后，幼天王出天京城，由洪仁玕等护送至广德，继被黄文金等迎入浙江湖州（今吴兴），准备往江西会合李世贤、汪海洋等部入湖北，再合陈得才、赖文光等部据荆州（今江陵），襄阳（今襄樊），以图中原。

7月，淮军刘铭传率部尾追，干王洪仁玕、堵王黄文金等在湖州受挫，退走广德。7月29日，洪仁玕、黄文金、黄文英、谭体元、范汝增、洪仁政、赖文鸿、李容发、李明成等王护幼主洪天贵福及忠王之子，经广德四合，走小路，翻太山，入宁国县桂花树村祖师（殿）庙到桥头阳山舒村。

7月30日，刘铭传从广德追击到阳山，在舒村与汪村之间的将军岭，太平军断后的黄文金部与"铭军"大战一场，自上午一直激战到下午，黄文金中炮，身负重伤，之后退至汪村。清军周盛波、周盛传率"盛军"从宁国城赶到桥头阻击，太平军又与清军在桥头汪村大战一场，匡王赖文鸿拼命奋战，杀开血道，引开清军主力，好让幼天王从黄栗树突围至石口。赖文鸿率部冲至余村头时，不幸中弹身亡。桥头与梅林之间的将军岭，就是因纪念他而留名。邑人汪家森、胡为宝亦率团练与太平军激战，两人均战死。堵王黄文金虽身负重伤，仍率众奋勇拼杀，力战一天，终于突围至石口，退到宁国墩（今宁墩）。

宁国县桥头一仗，太平军伤亡十分惨重。自此，太平军结束了在宁国县也是在皖南地区的最后一次战役。黄文金因伤重而亡，来不及掩埋，其弟黄文英将他的尸体安放在宁国墩上面山边的深水沟里。南极方向的马头岭、孝岭有清军重兵把守，太平军连夜从万家走小路，翻塘岭，过黄花关，撤退到浙江昌化白牛桥。

化龙起兵太山巅

宁国东乡七都波浪（今名阳山）泰山，又名太山、太首山，巍峨挺拔、气势雄伟，为宁国东部主要山峰之一。地处宁国、广德两县交界地带，山高林密，居民稀少。唐代高僧黄檗往来宁国、广德时，途经此地，见风景优美，遂在此建立寺庙，人称祖师殿，又称祖师庙。晚清广德人张光藻有《太首山晚眺》诗："高岭接天上，夕照下林端。万壑树已暝，一峰光自寒。钟声出寺远，石磴到山宽。归路逢僧话，兹游兴未阑。"又作《金水庵忆太首山寺》，曰："此身曾住翠云巅，静坐参禅阅四年。山势能穷千里目，钟声直下九重天。石栏待月惊仙鼠，竹径迎风听晚蝉。古柏名花无恙否？为君欲订再来缘。"

清廷昏庸腐败，各地民不聊生，官逼民反，在太平天国、义和团革命运动的影响下，广德同仁乡、南七堡等地的反清秘密活动，风起云涌，席卷皖东南。光绪二十七年（1901）二月初二，皖浙边界哥老会首领田化龙率领哥老会员及农民千余人，在宁国东乡七都太山祖师庙聚集誓师起义。田化龙，字泽春，浙江孝丰人，原籍湖南长沙县。他身材魁梧，目光炯炯，臂力过人，肩扛200斤货物越山岭如履平地。当时有歌谣："石榴花开火样红，太山造反田化龙。二月初二把山下，七十二个大英雄，你看威风不威风！"歌谣传遍孝丰、广德、宁国边境一带。

二月初三，田化龙自号"九千岁""大元帅"，同"元帅"陈自龙、左思龙、朱红龙、万子龙带领72个义军头领和义军队伍浩浩荡荡，高唱着歌谣，向宁国县城进发。行军途中，惊慑省、府、州、县。安徽巡抚王之春闻警，立即电令皖南镇黄本富和浙江、广德等地兴师"围剿"，并令周边四邻乡练扼要堵击。翌日傍晚，义军屯兵河沥溪、巫山岭一带，直逼宁国县城。知县郑思贤强令全城百姓登城固守，夜间以灯笼火把巡回城头，义军误以城内有防，未敢强攻。初五、初六两日，各路清军麇集，对义军形成包围态势，义军奋力反击，终因寡不敌众，临阵殉难300多人，余皆突围离散。田化龙化装隐匿狮桥夏霖深山区，因奸细密报被捕。二月初八夜同万思益（万四一）、万国华、何文盛等义军首领一起被俘，后押解县城南门山岗被残杀。

田化龙造反，一场震惊皖南的大规模农民起义，前后历时半月，遭清政府镇压而失败。

（作者系宁国市河沥溪小学退休教师）

悠悠宁昌古道行

朱绍文

2022 年 6 月，夏日炎炎，我和市政协的两位同志一同游三横岭宁昌古道。所谓宁昌古道，顾名思义就是古代连接宁国、昌化两县的通道。今昌化、龙岗、岛石三镇所辖地域，旧时（1960 年前）统属昌化县，东西走向的西天目山脉将昌、宁两县分置于大山南北。

连接宁昌两县的古道较多，仅南极乡境内至少有四处。其一，三横岭古道（南极乡梅村村三横岭脚至浙江龙岗镇桃花溪村）；其二，孝岭古道（梅村村孝岭坞至龙岗镇华观潭村）；其三，马头岭（浙江人称马头关）古道（梅村村马头岭脚至浙江岛石镇呼日村）；其四，坪岭古道（南极乡南极村坪岭脚经阳山坪至岛石镇银坑村）。这四处古道，我在年轻时曾多次走过，时隔半个世纪，青山依旧，人却老矣。好在身体状况尚可，旅游兴致未艾，这次能故地重游，实乃幸事。

8 点 50 分车至三横岭脚，与当地人小潘会合，取道阳山村民组徒步上行，水泥路尽头即为古道起点，路旁有方姓村民经营的农家乐。早些年，"古道游"是一种时尚，来自苏沪等地的游客络绎不绝，方家的农家乐生意做得红红火火。近几年受疫情影响，古道已少有人迹。

村头有几棵数人合围的古树，粗壮苍劲的丫枝飘逸而出，热情地招徕远方的游客。石块铺砌的古道依偎着山溪向上延伸，山溪中流水潺潺，清澈见底。看见我们在溪边驻足，小潘就来了话题：这条小

溪名叫神龙溪，泉水常年在麻石群中流淌，水质纯净，口感非常好，过往行人口渴，俯身涧中用手捧起，喝到嘴里甜甜的。我是本地人，知道小潘言之不虚。

我们踏石前行，不远处有跨涧石桥一座，石桥由三行条石构建，宽1米有余，涧中一巨石巧为桥墩，将两端条石连接。过了石桥，神龙溪便远离我们而去，古道也渐渐陡峭起来。路旁左侧有村民在山核桃林地清除杂草，看见我们就远远地喊话，闻其声见其人，方知是我一位亲戚。

古道两侧杂草丛生，但并不妨碍行走，比我们想象的要好得多。山坡上乱石遍布，罗列无序，形态各异，似野牛、似蜗牛，成年累月伏在地上，没人去挪动它们。山腰处有梯田数十口，大小不一，最小的仅4—5平方米。梯田一层层向上延伸，上下相邻的两田落差有时高达一米。这些梯田早先种植水稻，后来由于缺水已荒芜多年，杂草茵茵。古道处在东边山上，此时阳光还未直射过来，感觉不那么炎热。

这段山路较为平缓，我们移步换景，边看边聊，右侧坡地里有很多长刺的藤状植物，小潘告知，这些是村民种植的牛奶孟（当地土语），已经摘过了，干果能卖到70多元一斤。多年前，三横岭遍野都是野生果树，如野生桃、李、山楂、樱桃、杨桃，等等。这里也曾经是野生动物的乐园，豪猪、野猪、野兔、野羊（黄麂）、果子狸等草食动物是这里的"常居者"，虎豹经常出没其间，野牛（四不像）、野鹿也常来光顾。近30年，为了发展山核桃产业，山场过度开发以及除草剂的滥用，生态环境遭到严重破坏，许多的野生动植物濒临或已经灭绝。

过了坡地，山路渐渐又趋于陡峭，两旁的树木也多了起来，以杉树、檫树为主，间以杂木，阳光从枝叶缝隙中穿透进来，天女散花般洒落在树上、身上、地上，亮闪闪金灿灿，妙不可言。我们在林间稍事休息，分享家里带来的水果。

步出林区，眼前豁然开朗，这里又是地势较为平缓的坡地，不经意间，我们已经置身于满眼翠绿的灌木丛中。小潘指点四周，此处就是远近闻名的詹氏公司开发的香榧基地。笔者闻之惊喜不已，神往已久的大坞詹氏林场，如今身临其境，如愿以偿。地里的香榧树个头矮小，却也果实累累。林场的瞭望塔（三层）矗立在不远处，为古道增添了一处景观。

我们继续上行，来到与古道交叉的林区道路，前方山坳处便是岭头。这时，司机来接我们去用餐，小潘提议："吃饭来得及，这里离岭头尚有一里多路，今天不上去了，现在我们乘车到前面山嘴去看纸鸢石。"下车后，我们顺着小潘指引的方向极目远眺，发现前方山峰（海拔1300米）上有一黑影，小潘说那就是纸鸢石，传说观音菩萨当年站

在那块石头上放纸鸢，石头上还留下了脚印。终因距离太远，别说脚印，就连纸鸢石都未看清，只得作罢，原路返回。

在林场驻地，林场负责人热情接待我们，中餐颇为丰盛。在林场工作的朋友发来纸鸢石图片，告诉我，有人上那山峰就近看过，纸鸢石有好几栋房子那么大。我寻思着，那个巨大的球形纸鸢石巍巍然屹立于山峰斜坡上，何以千年不倒，确实令人费解，真可谓自然界处处有神奇！

三横岭因地形而名，古已有之，整个山岭（宁国段）一波三折，谓之"三横"。当地土语"三"与"山"同音，是以今人常将"三横岭"写成"山横岭"。又者，当地口语"横"的读音是 wai，引发出山望岭、山王岭、山皇岭、山屋岭等众多名称，都是近音惹的"祸"。

宁昌两地乡民互有嫁娶，互有迁徙，同祖同源者众多。南极境内，周姓、高姓、方姓、帅姓、徐姓、陈姓及张姓乡民大多为昌化移民后代，昌化仙人塘、牵牛岭一带的吴姓乡民，桃花溪朱姓乡民多为南极移民之后代。两地乡民人相亲，习相近，他们世世代代不为大山阻隔，过往频繁，古道见证了他们密切交往之千古情。

行路不忘筑路人。提及三横岭古道的修建，在古道入口上行约200米处，小潘指着路旁一块平地给我们讲了这样一个故事：这里原先有几栋房子，住着孙、胡两家。孙员外在外做生意，来往于这条山路。我们这里的山货需翻山挑到昌化出售，再在那里购买食盐等生活必需品挑回来。山路狭窄且崎岖不平，行走艰难，时有人员伤亡。孙、胡两家商议：以昌化桃花溪为起点，由远及近，用石块铺砌一条山路到家，并明确分工，孙家修路，胡家架桥、建造凉亭。议定之后立即动工，胡家如期完成了任务。孙员外出资请了很多民工，并带领全家日复一日参与修路。孙员外辞世后，其子孙接着修，上演了一出"愚公移山"的现实版。两年过去了，孙家资金耗尽，家道衰落，山路修到离家尚有数百米的地方，实在难以为继，孙家只得远走他乡。这条石砌山路虽然并未完工，但孙家倾其所有造福乡梓的感人事迹一直在宁昌两地广为流传。

令人不解的是，用来筑路的石块有的重达数吨，在没有起重和运输机械的古代是如何弄到路上的？这让我们见证了古代劳动人民的智慧和力量。

午后，当地人小潘不再同行，我们乘车下山，出大坞口，南向走467省道上行约3公里，至马头岭脚，大桥南端左侧即宁昌古道入口。下午1点40分，我们一行三人进入古道，马头岭古道全程5公里以石块铺砌，从入口前行约百米路段平坦，路旁有废弃土坯房一幢，门楣上方书有"春色满园"四个黑体大字，这种老房子如今已经罕见。古道左临小溪，水尤清冽，有小鱼在溪水中嬉戏。

马头岭海拔700余米，与三横岭几乎等高，古道宽约1米，在西边山坡上呈斜线上升，虽有几处弯道但均非急弯，铺路石大多扁平呈厚板状，平缓地段一块连着一块平铺，有坡度，陡峭处则叠砌成梯状。时至午后2点左右，阳光依然强烈，古道两侧虽有成片山核桃林，却不遮阴。顶着烈日，我们仍坚持着拾级而上，勉力而行。山腰处有一凉亭，说是凉亭却非亭，是用石块卷砌而成的拱形石洞，洞中三方有台阶，可供10余人坐着歇脚，后壁中央位置砌有凹进去的石龛，据说

是供奉山神的所在。

40年前，马头岭古道我走过多次，通公路后，古道人迹罕至，记得路右坡地上立有碑刻，并靠近仔细观察过，是一座青石质牌坊型三通四柱组合体。上有顶下有座，中间一通明显高出两侧，刻有古道修筑年代为"大清咸丰九年"（1859），左右两通则刻有捐资者姓名及捐资数量。石碑两侧前方有鼓形斜撑。马头岭碑刻，做工精细，体量较大，乃本市存世不多的碑刻之珍品，为研究宁国市道路建设及社会发展提供了实物资料，具有一定意义。

我们在凉亭休息片刻，下一个目标就是这个碑刻。时隔数十年，我已记不清碑刻的具体位置，打电话询问当地几位村民，都说在凉亭以下路旁，可是我们一路上来并未发现它，难道在凉亭以上？我们决定继续寻找，高温时段徒步登山，体能消耗太大，走了一段路，同行的两位终因不知石碑位置而停止了脚步，我只身又走了近百米陡峭山路，仍然不见碑刻踪影，难道被毁了？心存疑虑，只得扫兴而归。下山后，路旁小店店主告知石碑在马头岭下二三十米处，他有碑刻图片，用微信发给我们，虽然没有见到，但收获不少。

乘车回家已是下午3点半，带着一身疲惫，几分喜悦，结束了这次古道探行。

（作者系宁国市南极学校退休教师）

宁昌古道亲情路

高生元

宁国市南极乡与浙江省临安区原昌化地区地相连，路相通，人相亲，习相近。自古以来，宁国与昌化两地乡民交往历史悠久，情谊深厚。而宁昌古道是两地乡民之间交往的必经之路。

一、两地地相连

从地理位置来讲，南极与昌化同处在清凉峰余脉与天目山脉之间，此地山如翠屏拱列，溪如碧玉涌动。昌化在山脉的南侧，南极在山脉的北侧。从行政隶属关系来讲，西汉时同属丹阳郡管辖。从血缘关系来讲，南极与昌化许多先民同祖同宗。从文化源流来讲，南极与昌化同属吴越文化。

南极与昌化两地相连，据安徽省与浙江省 2010 年重新勘测界线统计，皖浙线 328.505 公里，其中宣城—杭州段 146.963 公里。宣城—杭州段这段省界中南极—昌化（岛石镇、大峡谷

镇）约 17.75 公里。历史上，因行政区划的调整，地境隶属关系变化频繁，边界线犬牙相错。在近 18 公里的边界线一带，自古以来就分布着许多村落，如南极的朱家桥、龙川、南极、梅村、马村、孝岭坞、大坞、大沅、杨山坪、洪家塔、瓦窑坪；昌化的岛石、桃花溪、仙人塘，毛栗坑、华光潭、株树坑、呼日、马川、银坑，两地人民往来频繁。

两地历史久远，南极乡春秋战国时期先后属吴、越、楚，秦时属鄣郡，汉时属丹阳郡，境内有吴文化的土墩墓及汉墓，东汉建安十三年（208）孙权析宛陵县南乡置怀安县、宁国县，南极地界属怀安县（位置在今宁国市东南，旧时在东乡一至二十二都）管辖。怀安县数度废兴，400 多年后，唐天宝三载（744）与宁国县合并，属宁国县（市）管辖至今。

昌化春秋战国时期先后属吴、越，秦时属鄣郡，汉时属丹阳郡於潜县。昌化鱼跳乡出土有三国、东晋时期的陶瓷制品多件。晋时属吴兴郡於潜县，隋时属杭州於潜县，唐垂拱二年（686）析於潜县置紫溪县，北宋太平兴国三年（978）紫溪县改名昌化县，至 1960 年撤销昌化县并入临安县（市）至今。

两地村民交往至少可追溯到汉代，即已有 2000 多年的历史。

二、两地路相通

南极与昌化，道路相通。

一是马头岭古要道，由宁国南极乡梅村通往昌化呼日，达临安、杭州。南宋初，即在此设关隘，名马头岭关（又名马蹄岭），它与宁国境内董岭关、孔夫关、唐舍关、壕堑关、千秋关、铜岭关、黄花管、千顷关等一字儿排开，防止金兵南侵临安。马头岭高约 800

米，古道长约 6 公里，宽约 1.2 米，大部分是石板铺设，半岭有石砌亭子一座，上盖石板，约 10 平方米，供商旅行人休息。道路蜿蜒曲折，石板铺设规整。1969 年修建公路时，古道废弃，修建古道的石碑，至今屹立在半岭古道旁。马头岭关发生过多起战事。今已有公路相通。

二是梅村村大坞古道，由南极梅村大坞通往昌化仙人塘、桃花溪，旧称山屋岭，岭高约 750 米，路长约 4 公里，宽约 1 米，大部分是石片铺设，今驴友称"宁昌古道"。右上经仙人塘达千顷塘（浙西天池），左下通昌化镇，达临安、杭州。

三是梅村村孝岭坞古道，由梅村孝岭坞通往昌化毛栗坑、株树坑（今名株川）、华光潭，接昌化镇，达临安、杭州。岭高约 500 米，路宽约 1 米，路面部分由石板铺设。

四是南极村杨山坪古乡道，由南极村杨山坪经坪岭通往岛石镇银坑（当地口语称"牛坑"），由银坑至呼日，而通昌化镇，达临安、杭州。

五是龙川村红游冲南山坑高坑岭古乡道，与岛石镇茶叶口村相连，经岛石镇达临安、杭州，亦是南极经高坑岭古道通往绩溪、歙县的捷径便道。

宁国南极与昌化的五条古道至今相连接，留存有许多文化古迹。

（一）半岭碑刻，位于宁国市南极乡梅村村马村半岭。该碑刻朝西向，青石质，做成牌坊形，四根立柱之间嵌三通石碑，高 2.5 米，宽 2.4 米，中间一通高出两边 0.3 米，上有顶，碑刻前方有鼓形斜撑。中间一块碑刻分三部分：碑额文字已被破坏，仅剩两边浮雕文武图案——书和剑；碑额下方阴刻草书两段文字，内容是写此地山势高峻和赞扬捐资修路的；下部楷书阴刻捐资修路单位和人名及捐资数量，

上、左、右三边浮雕七条龙及祥云、花卉图案。左、右两通碑刻均楷书阴刻捐资者姓名和捐资数量，上、左、右三边也浮雕七条龙及祥云、花卉图案，文字大多已漶漫。中间两根石柱上行书阳刻：

志诚顿使危途坦，石刊恒留善士名。

两边两根石柱上行书阳刻：

勒石记功名不朽，输金乐善德无穷。

此碑刻是修建马头岭路的乐输碑，该碑刻做工精细，体量较大，不失为宁国市碑刻中的一件珍品。它的发现对研究宁国市的道路建造和社会发展提供了实物资料，具有一定的意义。

（二）马头岭总兵墓，位于马头岭半山上。晚清太平军与清兵在南极展开多次拉锯战，如朱家桥之战、槽口河东畈之战、马头岭关的多次争夺战。清军镇守马头岭关的总兵，在与太平军激战时战死，埋在此地。

（三）千人墓洞，位于孝岭坞口左边半山上。晚清太平军追杀清军至梅村，村庄2000多人，四处逃命（俗称长毛跑反）。一部分逃向深山，另外1300多人躲进孝岭坞口左边半山的仙人洞里，最后全部死难，故仙人洞号为"千人墓洞"，其中1000多梅姓人氏被灭绝。

（四）如来佛柱，又称如来八面护法柱，位于大坞自然村外200米路旁，即今称"宁昌古道"旁。为小型石雕建筑，柱身为本地产的花岗岩石材，高约1.7米，直径0.4米，8面。每面依次刻有"南无妙色身如来""南无广博身如来""南无离怖畏如来""南无甘露王如来""南无阿弥陀如来""南无多宝如来""南无宝胜如来"及立柱时间。立柱时间模糊不清，据考证石雕约成于明末清初时期。柱顶为毗罗檐盖，高约0.3米，行状像唐僧戴的帽子。往来古道之人，只要拜一拜如来佛柱，往返古道时就会平安无事。如来佛柱成了古道上行旅之人的精神支柱。

（五）高坑岭碑刻，位于龙川村红游冲南山坑高坑岭，碑高约1.8米，宽约1.15米，刻于清嘉庆二十五年（1820）。此碑记载了修路、建石亭的史实，以及乐输功德人员名单。

三、两地人相亲

南极与昌化，乡民相互迁徙杂居，是两地居民密切交往的一种重要理由。

南极周氏。由昌化仙人塘、桃花溪、马川村等地外迁于宁国，定居在南极村水坑坞，周吉大坑，龙川村龙川坞、黄毛坞，梅村村马头岭脚等地。

南极高氏。由岛石镇呼日村株树坑迁往宁国，定居在梅村、大坞，南极村江村，龙川村黄毛坞、龙川坞等地。

南极方氏。由岛石镇马川村银坑迁往宁国，定居在梅村、大坞，南极大沅、坪岭脚、上银塘坑，龙川黄毛坞、石马埂等地。

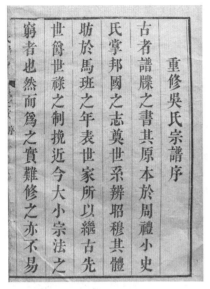

《南极吴氏宗谱》，为南极、昌化吴氏共修

南极帅氏。由岛石镇岛石村张家畈迁往宁国南极村坪岭脚、永宁村周吉汪家村定居。

南极徐氏。由昌化大峡谷镇迁往宁国梅村大坞、龙川村槽口定居。

南极陈氏。由昌化白牛桥迁往宁国南极乡大源、小源等地居住。

南极张氏。有昌化（唐昌）广竹园张氏迁往宁国南极龙川村瑶屏岭、南极村铁岭坪居住，清宣统元年两地宗亲统修宗谱。

昌化周氏。昌化仙人塘一带周氏先祖，于元明时期，一支由旌德迁入，一支由宁国甲路周湾迁入。

昌化高氏。岛石镇呼日村株树坑、下白坑高氏先祖由绩溪迁入。

昌化吴氏。昌化十二都仙人塘、牵牛岭一带吴氏先祖，于明代由宁国永宁村周吉迁入。

特别是清咸丰、同治年间，爆发了太平天国农民起义。太平军与清军在皖南、浙西进行了长达10年的拉锯战，居民流离失所，百姓死伤惨重。战后，为了恢复生产，清政府在皖南与苏浙沪三省交界处进行了大规模的移民活动。宁国是战难重灾区，人口十不存一。此时昌化一带乡民大量迁徙于邻近昌化边界一带的南极乡定居。至今祖籍是昌化的南极居民占全乡人口的五分之二。

两地居民有许多家族是同祖同宗，而古道则是联系两地村民的感情之纽带。

四、两地习相近

南极乡龙川村以上的村民风俗习惯与昌化基本相同。以传统节俗为例简述之。

正月初一 即春节，清晨选择吉时燃放鞭炮烟花，迎接新年，谓之"出天星"。用"三牲"（鱼、肉、鸡）、"三素"（鸡蛋、木耳、豆腐）并焚香，拜天地（在家或到祠堂）祭祖。

清晨，人们吃罢长寿面（肉丝面或鸡汤面）就近拜见本族尊长、乡邻，少数人去舅家拜年。昌化籍人于除夕夜在大门贴"开门大吉"字条，企盼初一凌晨开门迎来全年好运。初二至十四日，中青年人出行给长辈、亲友拜年（女婿在初二、初三给丈母娘家拜年），主人以盛宴款待客人。

元宵节 正月十五日，又称"上元节"，喜庆气氛达到高峰，有"十五大似年"之说。早晨人们多半吃汤圆，乡村龙狮队在当地耍玩或进城玩耍，为城区机关、店铺拜年。本地人于十八日送祖，祭拜祖宗画像后收起保管。

二月二 俗说"二月二，龙抬头"，传为土地菩萨生日，本地人用面粉做甜粑、甜包吃。

清明节 人们到郊外扫墓，挂清明吊，在外之人赶回家乡祭祖。亲友之间互赠"清明粿"。遇新坟，则在春社（立春后第五个戊日）前做清明，谓"新清明不过社"。

端午节 本地人家家户户包糯米粽，大门遍插艾蒿、菖蒲，喝雄黄酒，或将雄黄酒抹在小孩身上，或撒石灰于屋角以避疫。干爸干妈为干儿干女买衣裤、鞋帽。新婚女婿要给女方长辈恭敬礼品（烟酒、营养品等）。

六月六 古称"天贶节"。人们多晒衣、书之物，俗称"晒霉"。本地人旧称此日为"安苗节"，送馒头（包子、发糕）给土地神，求其看护庄稼，不让野兽、虫鸟糟蹋。乡民互送包子、馒头。

七月半 旧称"中元节""鬼节"，本地人备素品祭孤魂野鬼。旧时，村民这一天要整修道路。

中秋节 这天打糍粑、吃月饼、赏月。旧有习俗允许别人"摸秋"（在野外摸些玉米、花生、黄瓜、山芋等农作物），不视为偷窃，均有庆丰收之意。

冬至 本地人为祖坟培土并祭祀，旧有"拣金"迁坟之俗。

腊八 十二月初八为佛祖释迦牟尼成道之日，本地人用大米、豆、笋、枣子、豆腐等煮成素品"腊八粥"吃，并祀佛祖。

小年 百姓一般在腊月廿四过小年。谚云"长工短工，廿四满工"，手工业者多在此日歇工，结清工钱回家。本地人于此日将祖先像挂于堂室，焚香祭拜，谓之"接祖"，并祭灶神。

除夕 各家贴对联、挂灯笼、贴门神、福字，到祖坟山祭祖。一般下午做年饭。傍晚，各家燃放鞭炮，关起大门，合家入宴，饮酒贺年。饭后，长辈给小孩"压岁钱"。一家人围坐一起，收看中央电视台的春节联欢晚会节目。除夕彻夜不眠，谓之"守岁"。等待零时燃放烟花爆竹"接天星"，迎接新年到来。

诸如生活习俗、生产习俗、礼仪习俗、信仰习俗、交流语言，两地大致相同。有诗赞宁昌古道，曰：

古道漫漫，见证悠远。石板片片，路通家园。

两地村民，饮水思源。祖宗功德，世代相传。

（作者系宁国市河沥溪小学退休教师）

铁瓦寺古道奇观

程燮平

铁瓦寺，又名白云禅寺，位于皖南川藏线上宁国与宣州、泾县、旌德交界处海拔 1153 米的高峰山上。始建于唐朝，北宋年间初具规模，明隆庆二年（1568）易盖铁瓦，"铁瓦寺"因此得名。明清时期，铁瓦寺趋于鼎盛，有僧侣达百人之多。后毁于兵火，仅存遗迹遗址、石碑及两块铁瓦残片。1982 年开始重构，2000 年开始在高峰山下一个开阔的谷地（位于宁国市方塘乡潘茶村桃花园）拓建下院，逐渐形成今日规模，成为远近闻名的又一佛教圣地。

清康熙年间，名僧释衡范登高峰山宿铁瓦寺，有感于一路所见所闻，留题一首《登高峰》：

梅花香正好，开遍数千峰。石怪难支足，云痴遍护松。

落晖街远峤，飞鸟度高春。一宿虚窗下，幽吟寄远宗。

这首诗不仅生动描绘了登山途中所见的优美自然风光和铁瓦寺所处的优雅环境，也反映了高峰山地形险峻，绝壁嵯峨，悬崖陡峭，很难立足其间，悬崖绝壁之上松林茂密，云雾缭绕。可见当时登山极为艰难。

清雍正六年（1728），为便于香客游人进山，从桃花园至铁瓦寺开山辟岭，垒筑石道 15 里，寺存雍正六年《修路碑记》及光绪二十五年（1899）《佛殿碑记》有载。道中每隔五里建"五里亭""十里亭"供往返游人休憩，这条石道就是"铁瓦寺古道"。

如今，随着宁国旅游事业的发展及来高峰山旅游观光的游客日渐增多，为使游客登山更加方便、省力、安全，由中鼎公司捐资，在原"铁瓦寺古道"的基础上，依山临水修建了一条混凝土栈道，直通山顶，远远望去，似一条长龙盘旋在高峰山上。据传闻"（高峰山）有千尺深潭，龙潜其下"，而今高峰山顶铁瓦寺附近的狮子岩洞口仍供奉着龙王，这条栈道的建成，似乎让人们真正看到原来的"潜龙"跃出深潭，在空中翩跹起舞。而现在的铁瓦寺古道，虽然部分路段被栈道所覆盖，但未被覆盖的部分，石板路依然清晰可见，与栈道时有重合，时有并行，时有交错相接。这些未被覆盖的古道部分路段仍是当今上高峰山铁瓦寺上院的必经之道，且依旧保留其独特的原生态自然风貌。

一路上山，溪流随行，深潭无数。奇石嶙峋，泉岩跌宕，洞谷幽深，飞瀑直泄。可见山龟、石鸡、娃娃鱼在水中尽情嬉戏。

向上攀行不远，有一瀑布从几十米高处飞流直下，落到下方一座大石台上，溅起一朵朵雪白的水花，这就是著名的"长台飞瀑"。瀑布流经的山岩，层层叠叠，呈阶梯状，最下端石台，2米多高，有四五张八仙桌桌面大。飞瀑两边，树木茂盛，百草丛生，近观远看，美不胜收。长台飞瀑不远处，有一个大石潭，流水从上方几米高的陡崖倾泻而下，落入潭中，潭深好几米，潭水清澈见底。这种石潭也是当地一种独特的地质地貌——跌水潭，是在瀑布下方河槽中被水流侵蚀出的盆地。

一路前行，各种奇特的地貌随处可见，如：断层、节理、"V"形沟谷、条带砂岩、水平产状崩塌、共轭节理、倒石堆等。道路两旁矗立着无数石壁，过往行人多用树枝靠在石壁上，名为"撑腰石"，意为有撑腰，有靠山，将来定会飞黄腾达。也有说是这样做就会不腰疼，身体更强健。

攀行约 3 公里，路边的溪水渐渐干涸，一股清凉扑面而来，这种清爽，真是他处之罕见。往上走，映入眼帘的是一大片乱石堆，也就是上面所说尤为神奇的"倒石堆"，当地人称之为"豆腐台"。这时气温陡然上升，便感到大自然无奇不有。倒石堆是沿裂隙或节理崩塌后形成的堆积地貌。豆腐台一带是多个倒石堆连接在一起，沿山谷成带状分布，上下直线距离约 300 米，宽 30—60 米。石堆中"之"字形石道盘旋而上，足有 2 公里长，绕过十几道弯，直近山顶。

据当地传说，这是朱元璋当年为躲兵患逃入山中，遣军士抱山石人为构筑的一道防御工事，后来垒出一条石道。还有一段传说更为神奇：宋朝建隆年间，高峰山铁瓦寺住有两位得道神僧，师兄吾明，师弟吾彻。一天，两师兄弟比试神通，师兄吾明下地种苋菜，师弟吾彻上杭州买豆腐，看谁的菜先下锅。于是，三更时分，两人同时起床，各忙各的活儿，五更天亮时分，师弟吾彻提着一筲箕豆腐赶到寺庙，只见师兄吾明已经将苋菜洗净下锅在炒。吾彻失望之余，便将一筲箕豆腐扔往山下。豆腐就咕咕咚咚滚下山足有两三公里远，顷刻之间，那片山坡上，草木全枯，竟出现无数大小不等的石块，状似打碎的豆腐，就形成今日的"豆腐台"。此处常年草木不生，三九寒天也有苍蝇飞舞。

而在"豆腐台"不远处，有一平地，地面布满浅痕，纵横交错，形似竹篾编织的筲箕，上有粗壮的藤条缠绕，形同筲箕坝子，当地人称此处为"筲箕崂"。就是当年师弟吾彻盛装豆腐的筲箕滚落下山后

形成的又一道奇观。

现在的登山栈道，位于豆腐台之侧，行人只需在豆腐台一带的古道上行走一截，然后改走栈道，也能到达山顶。转过"豆腐台"，前行约2公里，便到达铁瓦寺上院。寺前矗立两株高大的古木：其一银杏，另一罗汉松。罗汉松实名江南铁杉，铁瓦寺建寺之初就栽植于此，有近1400年树龄，铁杉因遇山火，半边损伤，另半边则依然苍翠常青。古道悠悠，古树斑驳，古寺静谧，一同见证着世间岁月的无限沧桑。

如今，高峰山铁瓦寺除了各地香客纷纷前来敬香，其优雅的地理环境、优美的自然景观及充满神奇色彩的动人传说，也吸引各地游客、户外运动爱好者、摄影家前往游览、探险、考察，凡来此地者，无不叹为观止，真乃"风景这边独好，妙处难与君说"。在此，笔者特赋《一七令》词一首为记：

山，

百转，千环。

青崖倚，绿阶缘。

银瀑飞雨，碧溪流泉。

云浮神木挂，雾渺古钟绵。

欲访昔人问道，且从游者寻仙。

梵音袅袅出尘净，翠色葱葱入目妍。

（作者单位：宁国市城西学校）

上坦青石古道探寻记

刘　刚

　　上坦村是我的故乡，位于宁国市方塘乡。该村始建于北宋，鼎盛于元明至清代中叶，衰落于清咸丰年间。该村已有千年历史。

　　古时，上坦村有条穿村而过的徽宁官道，上伸至旌德县俞村镇，下延至宣州区溪口镇，为明清时期商旅要道。上通徽州府，下达宁国府，商贾游客，络绎不绝。

　　乌岭是古道途中的风景绝佳路段，有古亭古刹，拱桥平桥，石壁勒文，山泉瀑布，姜太公钓鱼台，冬暖夏凉风洞等景观。林深径幽，常有珍禽异兽出没，是赏心悦目、游览观光胜地。

　　民国《宁国县志》记载清康熙进士张时英过乌岭，留下了《春日乌岭道中》一诗：

　　　　漫说蚕丛屏，登临别有天。云随山足绕，瀑向岭头悬。
　　　　鹿影栖寒木，猿声破烧烟。何当却尘累，幽谷访神仙。

　　清代宣城人、明史馆纂修高咏曾在乌岭河中乘舟观光，写有《乌岭》一诗：

　　　　溪声抱岭长，晓露湿轻装。日出烟岚变，山春草木香。

洞阴逢虎迹，树杪见羊肠。漫惜舟中阻，登临意不忘。

为了探寻古道现状，2022 年 5 月，市政协文史委组织我一行三人，驱车到达上坦村。当我们车辆驶入上坦村委会院内，村委会书记陈光胜和主任周世才热情欢迎我们到来。考虑我年迈体弱，为照顾我安全，派两名女青年陪同前往，由周主任亲自当向导。到汪沙自然村，周主任又请村民刘自军持刀开道，为我们探寻古道提供方便。一路走来，呼吸着森林里特有芳香的空气，伴随着舒畅心情，不知不觉到了古道入口处——环潭岭脚下。

环潭岭山道呈"之"字形，荆棘横生，古藤缠绕，浓荫笼盖着。周主任和刘自军挥舞砍柴刀，横砍直劈除路障，让我们顺利通行。周主任还特地为我砍了一根拐杖，让我行走更安全。古道上的青石板歪歪斜斜地躺着，岁月的印痕融入每块石板的深处，成为古老官道上的永久标志。

我们边走边用手机拍照，一鼓作气地登上了岭头。顶端是偌大一片绿浪翻滚的毛竹林。清风习习，心旷神怡，站在岭头上，如同穿越了时光岁月，处处都散发着典雅古朴的气息。这里原是尚、李、吴、肖四姓的居址。尚氏居址依稀可见，我们脚下是凉亭遗址，尚氏在此亭卖过大碗茶。我们察看遗址时，发现一块残缺不全的石碑，大家认真地端详了一会儿，用手机拍照了。

时不我待，此处未能久留。前方开道人在费力地砍劈横在古道中的枯木老藤，我们艰难地走过一段古道，惊喜地发现了要寻找的石壁勒文。

大家纷纷上前抹掉石壁上的腐叶和青苔，方显勒文面目。整个摩崖石壁约有 60 平方分米。上方自右向左横式楷书阳刻"宣城县"拳头大三个字。下面行文自右向左竖式排列，楷书阴刻，由于年久风化，多处字迹模糊，难以辨认。早在 1992 年写上坦村史时（《宁国文史资料》第五辑"古村上坦旧风姿"），我曾到此辨认过，是宣城县夏氏和旌德士人合力募建，于明万历六年（1578）建成。同时，在上坦村上首发现清光绪十年（1884）重修古道碑记。

由此可见，这条穿村而过的古道，距今有 400 余年历史。在明清时代，往返徽宁两府的游客商贾必经上坦村，徽商看准上坦村有商机可趁，于是有徽商移居上坦村，开业经营，从而赚得盆满钵满。上坦村得以发展，民房稠集，店铺栉比，大街小巷有 30 多条。

在距石壁勒文 30 多米处，山洪冲毁古道，留下一条约 2 米长的壑缺，与石壁呈 90 度直角，下面是悬崖，石壁上架有两根木料已腐，这次换了两根细木，令人望而生畏。但大家都没被吓倒，个个像杂技团演员踩钢丝似的轻手轻脚地爬过去了。周主任关心我安全，要我回头，我自忖着：开弓没有回头箭，走一回乌岭是我魂牵梦萦的向往，岂能回头？我要挑战一回！周主任见我一定要过去，眉毛一皱，心生计来。他背贴石壁脸朝天，双臂竖着，两腿撒开，呈"火"字形地睡在壑缺处，示意我脚踩着他脚背，我手紧握他手，从他身旁平安地走过去。大家也为我捏了一把汗，松了一口气说："刘老师真有决心，就这么有惊无险地过来了。"

　　过此绝壁，我们前进的古道不再艰险，道路平坦多了。中午11点左右到了蜡烛山庙。其遗址约有四分地大，其上灌木杂草丛生，矗立着一座石碑。石碑高约1.7米，宽约60厘米，厚约20厘米，碑额自右向左横式楷书阳刻"建造兴隆庵碑旌邑蒋记"。碑文是自右向左竖式排列，楷书阴刻"宁邑此路上通徽太，下达苏杭……"由于风吹雨淋，日晒月映，字迹模糊，一时难以辨认。仓促之间辨认落款："清乾隆五十四年岁次己酉（1789）暑中浣"。兴隆庵是旌德十都蒋氏建造，距今有两百多年的历史，庙内供奉何方菩萨不得而知。因为

其庙址是蜡烛山西麓，故民称"蜡烛山庙"。

　　在此，周主任向大家介绍：1948年2月16日，泾旌宁宣县委副书记吕辉率主力连从泾县涌溪去宣南开展工作，17日中午路经蜡烛山蚊子坑时，与国民党宁国县自卫队遭遇并发生激战，在战斗接近胜利时，吕辉不幸被隐藏在暗处的敌兵冷枪击中。当时吕辉奄奄一息，被抬到蜡烛山庙后才停止呼吸，

英勇牺牲。如今，战火硝烟虽然散去，但无数革命先烈抛头颅洒热血，才有富强繁荣的祖国大好河山，才有我们平安幸福的今天！蜡烛山蚊子坑已被确定为宁国市十处红色遗址之一。

过了蜡烛山庙，已走了三分之二的古道，我们告别陪同人员、向导继续前行。我自以为路熟，可以引路。但30多年未曾走过，林木葱郁，脑海里的古道记不起来了，越走越糊涂，深山老林中手机又无信息，导致我们翻错了岭头。下岭后发现是云乐石料场，我们向正在午休的工友说明我们的身份和目的，请他们用车送我们一程，对方了解后很乐意用车送我们到宽岭。我们步行一段路程后，送我们的车又戛然停在面前，示意上车，一直送到陈村。驾驶员与我们非亲非故，素不相识，他们的善举令我们感动。

下午1点多了，我们在陈村农民休闲广场，一边吃自带的饼干，喝着向村民讨来的开水，等待接我们的公车。约过二十分钟，我们到了旌德县的红卫村，在我姐姐家与等候我们多时的外甥们共进午餐。餐后休息片刻，便动身经胡乐返回宁国。

25公里长的上坦青石古道，我们探寻了宁国上坦村的一段，却错过旌德乌岭头的一段。时代变迁，多少年没有人走过的古道，已经慢慢地消失在历史长河中，不免让人感叹，甚至还有点遗憾。

（作者系宁国市方塘学校退休教师）

吴越古道底蕴深

高生元

吴越古道，历史悠久，积淀了深厚的文化底蕴。

古道所在地千顷山（即塘岭），民国《宁国县志》载："县南七十里，接昌化境，旧有黄檗禅师道场，今废。山上有池，约千顷。池中一山，形似钵盂，即呼'钵盂山'。黄檗肉身现存，祈雨多应。相传，黄檗盖寺之木片入池化为鱼，今池内有鱼状如木片者由此，大旱水涸往往见之。池居山顶，南流昌化，北流宁国。天将雨，池中黑烟如线，袅篆半空，顷即密云四布，彼此莫识，雷声隐隐在山足间。又有回峰岭、怪石、奇松诸胜。"古语说"天下名山僧占净"，千顷山独特的地理环境，独特的自然风光，亦是高僧大德向往之地。

千顷山龙兴寺，南宋《咸淳临安志》记载："黄檗禅师开山。中和四年（884）赐慈云禅师额。天圣元年（1023）祥符寺僧惠新移创于山巅胜绝之境。八年（1030）赐今额（龙兴寺）。度僧五人。"

一、名僧佛法

历史上，千顷山有许多高僧大德来此弘法，著名的佛学大师有五位之多。

千岁宝掌禅师 民国13年《昌化县志》载："宝掌和尚，中印度人也。……魏晋间东游此土。寻抵建业，东入浙省，憩龙塘回互峰之东，复由千顷穿雁荡，栖石窦……"

千岁宝掌禅师，中印度人，魏晋间弘法东来我国峨眉山，转往五台山，又南返衡山、庐山，然后至建业（今南京）与禅宗初祖达摩相遇。他俩一同受到南朝梁君主的厚礼相待。后来，宝掌禅师又东入浙江，先憩龙塘，后住千顷山，然后移居杭州天竺、温州乐清寺、杭州灵隐、石窦各地。为此，宝掌禅师在我国各地名山历经几十年的寻幽览胜，拜师访寺之后，曾写一偈，偈说："梁城遇导师（指初祖达摩），参禅了心地。飘零二浙游（指浙西、浙东），更尽佳山水。"

千岁宝掌和尚是第一位进入千顷山的著名僧人，也就是说，他在 1500 年前就来到千顷山，在这里传播佛教。佛教经典《五灯会元》卷二、《嘉泰普灯录卷》二十四、《佛祖统纪》卷四十、《大明一统志》卷三十八等，均有其传记。

崇惠禅师（具胝禅师） 民国《昌化县志》载："千顷山，唐具胝禅师尝于绝顶结茅以居。嗣是希运、楚南、文喜诸祖俱住持此山……"

崇惠禅师，昌化龙塘山麓沙干村章氏子，孩童时即开始学佛。起初，去千顷山顶"结茅为庙"修养宁静之性，研读《佛顶咒》，又去海宁硖石东山结草房诵经坐禅年余，再至於潜广觉寺拜师。最后在杭州径山寺拜昆山名僧法钦禅师为师，在这里潜心学经，苦练佛法，对

《佛顶》《具胝》《观音》等佛书的研读根底颇深。于是，法钦禅师为之落法，授衣，并示法名"崇惠"。

崇惠在皈依佛门之初，曾在千顷山"结茅为庙"，作为学习佛经，坐禅修行之处，这是继宝掌禅师之后进入千顷山的第二位高僧。他犹如和煦春风吹醒了宝掌禅师当年埋于千顷山泥土中的佛教种子，开始萌芽、出土。虽然崇惠禅师当年的"茅庙"既陋且小，然而这"茅庙"却是千顷山的一株才破土露面的佛教"幼苗"。

断际希运禅师（黄檗禅师） 民国25年《宁国县志》载："黄檗禅师墓，去城东百里，南极坞有碑。按，千顷山黄檗禅林，唐文德元年敕赐紫袍、金钵盂，并敕书一道。今敕存，衣钵无……"

民国《昌化县志》载："黄檗禅师，闽人也，创刹千顷，四方衲侣从者甚众。大中末年卒。""（千顷山）龙兴寺……唐元和间黄檗希运……复从旧址营建梵宇。"

唐宣宗继承帝位后废除"灭佛"令，各地佛教寺院开始兴复。希运抓住这一机遇，在公众的支持下，通过布施、募化、助工等方式，在千顷山巅建造起雕梁画栋，规模宏伟的慈云禅寺（后改名为龙兴寺）。

民间传说，在建寺之初，希运曾率领僧众利用当地树木、泥土烧出99窑砖瓦（窑址尚存），建起99间房屋，其艰苦建寺精神可想而知。慈云禅寺的建成，标志着千顷山佛教的兴盛由此而生。"创刹千顷"的希运禅师也就当之无愧地被当地人尊为慈云禅寺的"祖师"了。

慈云禅寺的殿宇楼阁，红墙黛瓦掩映于千顷山的湖光山色之中，更增添了千顷山的迷人风光。于是一批批文人雅士、骚人墨客络绎不绝来此游山玩水，赋诗酬唱；四面八方的老衲新僧，纷纷涌入千顷山，烧香拜佛，诵经习法，千顷山由此而声名大振。黄檗禅师还于千顷山北云山脚建一庵，名脚庵，供来往之人休息和为慈云寺储藏物资之用。

黄檗弟子义玄在河北正定县建立"临济禅院"，高扬黄檗希运传统的本家宗风，并对其禅学理论不断充实与发挥，终于正式创立了临济宗，成为临济宗的创始人，而佛教界一般都称希运禅师为禅宗南系临济宗的祖师。黄檗创立的临济宗佛学，还深受日本、韩国佛学界的推崇和敬仰。

楚南禅师　杭州千顷山楚南禅师，黄檗希运禅师之法嗣。福州张氏子。幼年即投开元寺昙蔼禅师出家，20岁时于五台山受具足戒，随后赴赵郡学习小乘相部律，又赴上都学习《净名经》。楚南禅师虽然对佛教有较深的研究，但是深感自己的本分事尚未解决。于是前往常州礼谒芙蓉太毓禅师（马祖法嗣）。芙蓉禅师一见楚南，便知道他的因缘不在此，于是对他说：我不是你师，你的师父非黄檗不可！

楚南欲赴黄檗禅师请教，不巧恰逢会昌法难，楚南就躲到深山老林中去修行了。到唐宣宗恢复佛教。裴休到宛陵（今安徽宣城），请黄檗禅师出山，楚南就随侍黄檗禅师。楚南后来到姑苏报恩寺专习禅定，20余年不出寺院。唐僖宗乾符四年（877）苏州太守周慎嗣请他住持宝林院。后又受昌化县县令徐正元之请，住持千顷山慈云院。楚南在慈云院时有时入定一个多月，有时几天。光启三年（887），吴越钱王请楚南下山应供。文德六年二月，"双虹贯堂室，二鹿蹴然入寺"，楚南遂于禅床垂两足伸二臂奄然而卒。时年七十岁整，僧腊五十六年。楚南圆寂后入塔，到了唐昭宗大顺二年（891）二月，孙儒部将田頵攻钱塘，兵士们把楚南的塔墓打开了，见楚南全身不散，指甲、头发都长得很长了，吓得兵士们"悔罪而去"。

文喜禅师 《大明高僧传》曰："文喜禅师……咸通七年（866），旋浙右，止千顷，筑室居之……"

民国《昌化县志》："文喜禅师……咸通中旋浙，因入龙塘，将止之曰：此地500年后自有肉身菩萨于此建大法幢，遂移杖千顷，筑室居焉……"

文喜禅师初入佛门时，得几位名僧的指点与督促，涉猎过多种佛经、律书。学成后又去大明山等寺院为佛门弟子讲授佛学，把书本上的佛学知识在实践中加以深究与理解。因此，文喜禅师是一位经、律知识掌握较为全面、理论与实践尚能结合的晚唐时期的一代高僧。

文喜禅师55岁时来千顷山慈云院住持，这对慈云院的兴旺发达起到一定的推动作用，对慈云院的佛灯长明不灭起到了承前启后的作用。他在慈云院及其他寺院讲授佛学，对推动佛教界传播佛学知识亦起到了一定的促进作用。

从唐宣宗初年（847）到唐昭宗末年（904）短短的50余年中就有3位高僧，加上以前的两位，共有五位高僧先后来千顷山建寺、坐禅、弘法、著书等，足见当时千顷山佛教事业之兴盛。

在五位禅师中，对千顷山及至全国的佛教影响较大的当推断际希运禅师（黄檗）。他创建慈云禅寺时正处于唐宣宗解禁唐武宗"废佛令"后不久，慈云禅寺的建成不仅为千顷山佛教的产生奠定了基础，更为重要的是对寺庙的迅速兴复在全国做出了榜样。因此，黄檗禅师被当地百姓尊奉为"黄祖师""黄檗老祖"，许多因尊奉他而神化他的故事至今在皖浙千顷山一带仍盛传不衰。之后，许多高僧大德步五位先祖的足迹，在千顷山传承、弘扬佛教。

二、文人登临

"千顷山，上广千顷，有龙潭，蒲苇四密。潭中有金银鱼。祷雨辄应。西有娑罗岩，生娑罗花一株，蔚然耸翠，初夏开，香闻数里。海棠、瑞香、黄菁，遍生山麓。"（南宋《咸淳临安志》）有很多名人登临其地游览、怀古凭吊。

苏轼，两次任职于杭州。第一次任杭州通判时，曾到昌化公干，在昌化县城建有东坡亭、留有墨迹"东坡林""东坡泉"，写有《自昌化双溪馆下步寻溪源至治平寺》诗二首（《咸淳临安志》、道光《昌化县志》）。并到千顷山游览，于龙兴寺西侧建有一亭，后人称苏亭。唐昌十景之"神池花暖"，周颂孙作《龙池赋并序》曰："其西侧苏亭巉立，宋学士之芳踪犹存也。"（道光《昌化县志》）

释道潜（今浙江省临安县浮村人），字参寥，北宋著名诗僧，幼不茹荤，以童子诵《法华经》，剃度为僧。内外典无所不读，能文章，尤喜诗。苏轼、秦观的诗友，苏轼为杭州地方官时，道潜居智果精舍，遇苏轼，在坐赋诗，挥笔而就。苏轼甚爱之，认为他的诗句清绝，与林逋不相上下。此后二人交往甚笃，唱和往还，结为忘形之交。苏轼在千顷山请人建亭子时，道潜亦随往上山，作《千顷山圆镜堂呈应禅师》诗，曰："兹山嵯峨冠天半……"对圆镜堂呈应禅师、千顷山美景赞美尤加。

章樰，南宋时期昌化览川人，"开禧元年（1205）进士及第。官玉山主簿，以读书明道为己任。家创义塾，延名师，四方负笈日众。后多有擢巍科跻显仕者，及卒赠通议大夫。宋丞相吴潜撰文祭之。学者咸称为南塾先生。"（道光《昌化县志》）他多次登临千顷山，作有多首《千顷山》诗。宋学士魏了翁为其作像赞：立朝謇谔，贞论昭彰，存心忠厚，身殁名扬。其父辈有一段"章嫂让儿"的故事传世：

　　宋朝，昌化有章姓兄弟二人，他们都没有儿子。哥哥就领养了一个族中的孩子来抚养，取名叫章栚。哪知隔了不久，妻子也生了个儿子，取名叫章诩。弟弟就对哥哥说："你既然已经生了儿子，还要领养来的儿子做什么呢？不如就给我吧。"哥哥就去跟妻子商量，这时他的妻子还在坐月子，就说："自己没有儿子的时候，便去领养他；生了儿子，便把他丢弃。人家会怎么看我呢？做人要讲诚信。"但是弟弟再三请求，嫂嫂回答说："实在是没有什么办法了，就把我的亲生儿子给你吧。"弟弟不敢接受，可是嫂嫂十分诚意，最后还是把亲生儿子给了小叔。后来章栚和章诩兄弟俩长大成人，章栚的儿子章樵、章樰，章诩的儿子章铸、章鉴，先后都中了进士。于是章家在乡里成了很有名望的人家。

　　吴玠，剑浦（今福建南平）人，理宗淳祐十年（1250）进士。《全宋诗》收其诗4首，其中2首写千顷山风景。

　　何汝爵，字子修，北宋丞相何执中后裔，宁国明代乡贤，"同兄汝周皆国学生。潜心濂洛，助田书院以赀讲学。好义乐施，建何家汪家桥、大地庵、阳和庵、千顷山石亭，皆不惜捐巨资为之。子应杰，亦国学，以孝友称。"（民国《宁国县志·懿行传》）

　　汪应蛟（1550—1628），字潜夫，号登原，徽州府婺源段莘村人。明朝万历二年（1574）中进士，初授南京兵部主事，后历任南京礼部郎中、兴泉宪副、济南参政、山西按察使、右都御史代天津巡抚与保定巡抚、工部右侍郎、兵部左侍郎，累迁至南京兵部尚书，加太子少保。平生著作甚富，有《诗礼学略》《乡约记》等百余卷。游千顷山时，作《千顷山子山重建禅院记》（民国《昌化县志》）。

了然和尚，为明清时期宁国名僧，据民国《宁国县志·仙释》载："住宁国千顷山，振修黄檗道场，能驯鹿、狎虎，冬夏一衲。康熙戊午（1678）卒，年126岁，肉身至今犹存。"清光绪《九华山志》记载：了然144岁，一生曾五次受诰封。

云屋和尚，民国《宁国县志》："云屋，名音，住白云山，有《云屋和尚稿》。"该志收录云屋和尚《奉圣寺重兴禅堂记》一篇，此记记载了白云山奉圣寺的历史和清初时重修的过程，尤其是记载了宁国定光佛宗杲，最初与奉圣寺僧本初和尚习法的史实。还收录其诗10首，诗歌主要描写千顷山、山门洞、白云山等宁国名胜，如《登千顷山》。

周颂孙，字福祖，襄阳人，以岁贡署江夏，迁柳州学正，康熙十年（1671）擢昌化知县，十二年（1673）主修《昌化县志》十卷，作有千顷山《龙池赋并序》。

周赟（1835—1911），字子美，号蓉裳，又号山门。清同治三年（1864）考中举人，历任青阳县教谕、宿松县训导和徽州府教授。周赟在其《六声堂记》中这样赞美宁国："天下有二奇境焉，曰天池，曰山门，皆天下有一无二之奇境也，皆在宁国而天下无知者。……岭高五十里，其绝顶有天池千顷，奇矣！而池中复有三山，游舟者浮天上。曾是天池之奇，天下容有二境乎？"

三、诗歌荟萃

千顷山，乃宁国、昌化名胜之地。千顷山"神池花暖"被清道光

《昌化县志》列入"唐昌十景"之一。其佛教的兴盛，文化的悠久，风景的奇特，吸引许多文人游览、酬唱。

千顷山圆镜堂呈应禅师

释道潜

兹山嵯峨冠天下，一径萦云行两舍。

始穷绝顶见招提，碧阁丹楼屹如画。

门前池水潘蜿蜒，座上风雷惊昼夜。

峨眉五台夸壮观，品目真不此为亚。

伟哉南师非世人，开荒辟土初椎轮。

寥寥相望三百载，废兴一一难具陈。

丹丘大士来鼓舞，气象焕发重增新。

投金输赆走南北，法雨所被无涯津。

虚堂选胜得佳处，隆檐巨栋成逡巡。

窗扉洞达舒两目，异景错出罗蓁蓁。

朝云夜月常万顷，寒光炯炯如镕银。

堂中隐几人何似，湛若玉毛悬秋旻。

榜名圆镜示来客，庶使方寸无缁磷。

千顷山

宋·吴珩

松桧阴中六月清，异花灵草不知名。

路从琼液山前过，人在水晶宫上行。

千尺翠岚分月色，一轩寒籁动潮声。

登临不厌跻攀峻，今看云从舃下生。

千顷山

宋·章楶

一池春水应江潮，中起沙鸥数尺高。

谁谓风云远朝市，乱山深处亦波涛。

淳熙十三年六月中使奉承德寿宫命捕金银鱼

宋·新安胡某

千顷山高六十里，上有寒潭清且沚。

神龙久向此中蟠，作霖肯为苍生起。

群鱼从之时浮沉，噞喁光彩岁月深。

自然形质异凡鬣，或如美玉或如金。

或青或红或间色，纵使丹青摹不得。

几年潜伏少人知，一旦声名动京国。

皇家太平端好奇，麟欲效瑞凤欲仪。

白不银瓮争走献，岂得汝辈藏洿池。

深山大泽多遗宝，纤余卓荦皆娟好。

愿移纲罟聊一施，崭然头角趋明时。

（注：德寿宫即高宗皇帝居所）

登千顷山

明·何文备

穿林度壑到峰头，一径奇观迅杖收。

石兽万千呈幻象，岩花零乱缀松楸。

气蒸山腹晴皆雨，月印禅心暑亦秋。

最好回风看舞雪，桫椤剪剪暗秀浮。

过关口山

明·何明良

五丁何日劈丛山，嶔菊扪萝敞巨关。

狮象双扉撑绝巘，虬龙百尺距清湾。

云连野峤寻僧定，树撼风涛揭溜潺。

声色图中谁得似，星霜长此为诗斑。

石研庵

明·何士谷

地僻吾何爱，孤寻恰暑时。竹深山径窄，云度石门迟。

寂磬尘俱静，幽禽语学诗。更探崖溜异，相赏失归期。

登千顷山

清·云屋和尚

历尽崎岖路，高峰忽坦平。天池千顷涸，法鼓几时鸣。

断础敧云乱，残碑浸渚横。桫椤寻未见，风动荻芦声。

宿千顷山

清·许学龙

野寺孤云暗，空处暮景残。梁悬中路浅，木落向时干。

夜静闻钟彻，霜清秉烛寒。冥怀何处寄，千顷正凭栏。

过千顷堂题壁诗

清·章蒲

不羡三山并十洲，寒塘千顷豁心眸。

岩间积雪余冰冻，涧下苍松结翠球。

古木阴中吹短笛，夕阳影里卧童牛。

分明身在上方界，半入寥天促唱酬。

游天池

清·周赟

清晓穿云上碧空，攀跻俯视夕阳红。

忽惊一水浮天上，始见三山卓海中。

汉武瑶池今日到，张骞银汉此间通。

莲舟归去星辰满，夜宿高寒太乙宫。

千顷山龙池赋

清·帅镶

维穹庐之涵盖兮，聿山川之流形；曰帝图之广埏兮，斯星乔乎四灵。言麟长之善潜兮，伊清池之泓渟；仰造设于地天兮，宁籍开于五丁。履千顷之鸿洞兮，蹑七峰之遥屏；羌绝涧以望洋兮，聊溯洄乎山经。

自夫江岷脉衍，蜿蜒西行，南旋滇境，东趋夜郎。度派九嶷之域，星分五岭之乡。抵汀邵兮走信徽，郁岧峣兮指唐昌。爰扶舆之菀结，间表胜乎龙冈；凝峻嶅之万仞，浑停蓄乎一方。尔乃巨灵列址，丹嶂排空。罗赑屃之跳卧，俨蛟虬之神丛。汇岑冈而宅窟，开天汉以成宫。渺澄澄兮无底，知窅窅兮何龙。

于焉臣睭溪川，王临山谷。枕白岳而友五峰，俯黄关而临二目。别泠泠兮有天，洰深深兮积渎。呼猿鹤而漾虫沙，貔龟鱼而蹲麋鹿。山禽仿雁宕之飞，水鸟逐鹅湖之蓄。

若夫春融融兮金滩，秋瑟瑟兮玉盘，石磷磷兮冬冽，云蒙蒙兮夏寒。罗汉挂琳琅之竹，老人立天马之鞍。总攀崖之莫跻，抑

拾级兮无端。苍藤系而人宗罕，阴雾结而天影团。则有风回蹬道，云浣晴空。倏瀫瀫兮雨集，旋瀼瀼兮露浓。

至于晶晶淼淼，衔岚凝碧。风夕鼓而星河复其宫，宝朝生而日月浴其魄。接尺五之虹霓，骇隘湫之蜥蜴。踞乎巍峦之巅，渍乎先天之德。若岁旱而作霖，爰苏民而润国。格下方兮祈羊，丕灵昭兮有赫。用兴雨兮祁祁，斯触云兮出石。敢登升乎黄道之阶，用镇峙乎紫薇之席。池兮池兮荡银河，泂地灵兮渺天波。浩不测兮凌九垓，而岂局蹐乎山之阿。

千顷山风光旖旎，天池水润物无声。佛教昌盛名声远，孕育了大德高僧。文人雅士喜登临，留下了千古绝唱。

（作者系宁国市河沥溪小学退休教师）

毛坦天龙古道行

程子尹

　　山路遥远难行，同样也造就了毛坦村的如画风景。近年来毛坦村的将军关漂流做得风生水起，而拥有 7000 多亩的大野洼原始森林，悬崖、峭壁、山涧瀑流、幽深河谷，也成了户外爱好者的乐园。但这次我们一行人要探寻的目标，却是镶嵌在天目山与龙王山之间的"天龙古道"。天龙古道是一条迷失了很久的古径，因户外驴友活动让其重见于世，至今保持最原始的面貌，被人称为宁国"最后一条古道"。

　　早上 7 点从乡政府出发，一路上透过车窗向远方望去，山与山之间层层叠叠，彼此交织不断，正逢夏季，青黛色占据了整个视野，偶有三两房屋聚集在一起，如同点点星辰散落在翠色的幕布上。

　　山离我们越来越近，不知道究竟绕过了几道弯，爬过了几道坡，灰色混凝土路面沿边肆意生长、嚣张茂密的杂草，被柔柔弱弱或黄或赤色的美人蕉，灿烂向阳又绚丽多彩的半枝莲所替代，毛坦村到了！青山环抱，碧水相拥。这里既能享受到 7 月专属的透蓝天空，又有自然赠予的丝丝凉意，可谓是峭壁叠翠微，离离暑气散。

　　来之前查阅了一些资料，了解到天龙古道安徽段起于宁国毛坦村，终于浙江天目村。古道基本是石头铺成，一头连接毛坦村，横跨大野洼山脊分赃坪，穿越龙王山垭田口，至西天目主峰仙人顶。绵延于峡谷间、山脊上的天龙古道，是登顶龙王山山脉数座山峰中"天目七尖"最后一条古道。险峻的山脉自古以来便是杭州府天然的北部屏障，无论是吴越国还是南宋，都需借此布防抵御来自北边的进攻，因此这里也曾遍布堡垒关隘，古道的壕堑关与将军关正是那个战火纷飞的年代留下的沙场回忆。千年的沧海桑田，这些关隘跟随着代代王朝统治者们离去的步伐，几乎都隐没在了历史的长河之中。

战争是插曲，和平才是永恒的主旋律。高耸的关隘被烽火吞噬，蜿蜒的古道却因普通百姓的步履而留存千年。穿梭于高山涧谷数千米的古道，是浙皖主要是云梯和临安千洪两地通商往来和百姓进香朝圣的通道，而在清朝年间有部分的畲族同胞便从这条古道迁移来到云梯定居。

车辆缓缓驶入天龙古道生态停车场，停车场的一旁便是两家农家乐。沿着农家乐门前的路再向前深入，便来到了此次古道探索的起点。古道穿越可到达西天目的主峰，故而古道有时会在山脊上，宛如游龙卧行，有时会在峡谷里，跌宕深幽。我们一行只徒步毛坦村这段，道路并不复杂，只有一条路沿山溪蜿蜒向前，几乎没有岔路，即便有也会很快在不远处会合。道路不宽，三人并肩而行已是极限，且会十分逼仄，行动不便。断断续续的石阶，有些零乱地摆放在深褐色的泥土上，时不时会窜出几株杂草和不知名的野花，从石头台阶上的磨损痕迹，便可看出这里

历经岁月的久远。

大约前行了 50 分钟，跟随向导涉溪上岸，继续沿着溪流右岸前进。道路崎岖让前行有些缓慢，好在沿途风景秀美，植被茂盛，空气中弥漫着山林的气息，微微的凉风从山涧穿过，潺潺的溪水声，让身心顿感凉爽，将夏季的炎热和疲惫消散殆尽。

古道沿途优美的生态环境，品种繁多又形态各异的动植物，毛坦村可谓皖南的基因宝库。山间终年不断大大小小山泉水汇流而下，分

别形成了毛坦村北面的沙湾河和南面的毛坦河。沙湾河就发源于壕堑关，自南向北流过毛坦村后流入浙江安吉县章村镇的郎村，为西苕溪上源河

流，属太湖水系，故而这里还是黄浦江的源头。

"这是黄花菜，花儿是可以吃的，要早些摘。"向导指着黄色的，明晃晃地嵌在石缝里，像百合一样的植物。向导一边走一边向我们科普自然知识，还不断提醒着我们注意脚下，"这个季节没啥蛇，但是有旱蚂蟥，被咬了怪麻烦的。"各种稀奇古怪，平日在城里难以见到的花花草草，着实让我们这群"城市土老帽儿"开了眼。

分赃坪，并不在我们此行的途中，但却是古道的一个部分，位于大野洼的山脊，但却成了此次行程中的一个重要话题。解放前毛坦是土匪出没的地方，土匪在古道上抢了东西后会在大野洼那边的一个山

头去分赃，大家都叫该处为分赃坪。参与分赃的不仅是土匪，还有乡公所的人员。官匪勾结，各自分工，乡公所的人负责收集传送情报，土匪负责打劫。乡公所的人主要是打探生意人与学生的动向，生意人自不难理解，学生就有些费解。过去的云梯读书风气较好，但凡家中有条件的都会送孩子外出求学，学生开学时都会带上学费生活费，乡公所的人会套出学生离乡的具体日子，土匪就会在那天守住目标。日子一长，当地百姓便知其中的门道，便不实话相告而是悄悄地离开，从而躲开土匪。

说笑间不知不觉已原路返回了，返回总会比去时要快得多，回到古道出发点正好吃中饭。有时我会想，若将将军关漂流比作少年，那是激情张扬；大野洼比作中年，则是波澜艰险；天龙古道则是老年，迟暮幽寂。想想甚是有趣。

（作者单位：宁国市云梯畲族乡政府）

泾县篇

宣泾公路泾界段建设始末

叶彩霞　吴小元

　　泾县至宣城的古铺道的路径和铺舍主要是：自荷花塘出北门，向东北延伸，过幕山桥。又行 7 华里（也有称 10 华里）为桑坑铺，又 10 华里为琴溪。过琴溪桥又行 10 华里为鼓楼铺，达宣城县界。全长 35 华里。此古铺道，为古时泾县通往宣州之官道。现在泾宣公路的泾县段，基本依此古道修建而成。民国时期，泾县国民政府曾对此段道路进行了修筑。

　　自 20 世纪 30 年代芜屯（芜湖—屯溪）、宣长（宣城—长兴）两公路相继完成后，皖南黄山以北泾旌太各县对京沪芜各地交通，都将取道宣泾路，所以泾县国民政府认为宣泾路在"事实上实在有积极兴筑的必要"，而且就泾邑之现状，"值兹大旱之后匪患未清，愈以交通梗塞，生产及军事之运销运输，均感不便而论，尤惟道路与水利二者为一切经济建设之基础，盖全县之水利既修，则水旱之灾可免，农产物之增加必将倍于今日。而道路建设尤以宣泾一线为重要。如能早日完成，俾得与芜屯、宣长各路衔接，则上述之灾祸可免，未来之利益亦正无穷也。"

　　民国 24 年（1935）6 月 7 日，泾县国民政府将修筑宣泾公路计划及筹款办法呈报第九区行政督察专员公署，由后者呈请安琥省政府拨款并转致省公路局派员勘测。8 月，省政府谕令为："查宣泾宁旌两路，系属各该县联络县道，应由各该县自行筹修。至本省所筑各路，凡非七省公路会议规定干支各线，概不拨借基金。本省筑路工款异常支绌，亦属无法挹注，所请拨给桥涵路面工款碍难照准。"不过，可以"饬由建设厅转令公路局派员勘测"。

呈文上报的同时，此项动议已在泾县行政会议上通过。泾县政府先期派员勘测后，从路段的土石方、路面石方、大小桥梁、涵洞、堤坝、迁移费等各方面匡算，预计需得工程款五万余元。民国25年11月18日，泾县召开热心公益士绅大会，拟具路工委员会章则，遴聘邑内外士绅，组成宣泾县道泾界段筑路工程委员会，以便研讨一切实施方法，同时刊刻木质钤记一颗，文曰"宣泾县道泾界段筑路工程委员会钤记"。于是本路中心线与水平线之测量，桥涵之约计，均由筑路工程委员会着手办理，拟具预算，先后呈报省政府。省政府认为预算过高，应尽量利用旧有道路，少挖民田，"该县所送宣泾县道泾界段路线履勘书，琴溪铺至洗马桥段，征用民田过多，应仍采用旧路裁直，加宽培厚，不惟可保民田，且可节省土方。桥梁建筑应视地方财力，酌建永久式或临时便桥，以就地取材为原则。碎石路面铺筑方法尚属可行，惟路面厚度应改为十五厘米。工程经费土方既一律征工，应不列预算；工务费亦应切实核减。"

泾县公路施工

公文来回的过程中，宣泾路泾界段开始动工了。其时宣泾公路的宣城段已于民国24年（1935）9月修至高桥，完成各段土方31000余公方，年内即可完工。

正在继续会议筹划进行间，适泾县东北乡"匪患"，业经大军次第扑灭，善后清乡亟待办理。查奉颁各县清乡条例，而发展交通也规定为应办之重要事项，遂于救济匪区筹募灾赈之中，决定分急赈、工赈两项。关于工赈部分，在调查匪区灾民时，将壮丁另册编造，同时斟酌各地农事需要，抽留若干从事耕作，其余全部调筑宣泾公路，实施以工代赈，农忙遣回。工程率，以完成琴界段（即琴溪桥至界碑桥）长约 15 华里为度。先是召集清乡筑路两委员会，联席决议，合组工赈办事处，推定负责人员，所有工赈办事处章则、工赈办法、施工规则等均经分别拟定，分呈层峰。至灾工之调查、赈款之募管，概由清委会办理。并于灾工之编制与管理，工作之标准及督率，悉归工赈处负责拟定具报施行。

宣泾县道公路泾界段总长约 21 公里，起自泾县北门外，经过枫树冈、幕溪桥、幕山冈、五里亭、王家大塘、桂家冲、双坑、石字路、秦家桥、老油榨、三甲村、琴溪铺、铁路墩、王家坝、洗马桥、古楼冲、古楼铺、竹丝冈，止于界碑桥。考虑到工程实际，县筑路工程委员会将其分为两个阶段实施。

一为自琴溪河东至界碑桥一段。依照县筑路委员会规程，原拟征工修筑，但因灾民众多，待赈孔亟，经清乡善后委员会议决，将各灾区壮丁移充路工，实行以工代赈。3 月 3 日起先后调集灾工共六百名，计编成 10 队，至指导工作、散放工赈，既皆精密规定，复多各有专责，每日及月终须逐一填报，并随路设立施工所，工赈委员驻所负责主持。截至是月底，合计实到工数 8061 个（天雨未工作、号外工作均在内），完成土方 3292 方，计发工赈洋 1236 元整。4 月份实到工数 15901 个（天雨、号外亦并入计算），完成土方 4357 方，共发工赈洋 2275.8 元。

至此，自琴溪至界碑桥全段路基工事告竣，其中路基工程总计为7649土方，灾民务工费3562元4角6分5厘，工赈办事处向清乡善后委员会财务组领到账款4450元整，支出总数共计4387元3角7分，向各民工借用的器具由各保负责送还外，簿册文件卷宗及臂章符号等项，逐件点交筑路工程委员会分别缮册验收清楚。其仍须培补加固之处当因农期已届，各灾工已一律遣回，着由施工所招工承揽包做。

　　第二阶段是自县城北门外起至琴溪河东一段路基土方工程。议定秋后征工兴修。民国25年（1936）4月，在第一届行政会议上，即由县政府建设科提出第五十一案：县政府主张此段路采用征工制，不给膳食，其征工区域除灾区各保应免征调外，所有全段路工拟分若干段，由全县其他各保按照段数平均支配，每段应由某若干保担任征工修筑，路程较远的各保征工如有不便，准许以代金抵工。5月，泾县县长陈鲲督促：琴溪桥河西至县城一段及全路桥涵路面铺石各工程，责成公路委员会，妥速筹备，继续兴工，以竟全功。

　　11月26日，路段经招工承包，正式施工。至民国26年3月，路基桥涵全部告竣，只有县境琴溪大桥工程施工难度大，需费甚巨。在全县召开的第二十次公赈大会上，泾县县长王伯三将"琴溪大桥此桥如何建筑案"议决呈报省政府并附具设计图样，请求转致公路局派员测勘并拨款兴修，"俾便期早通车。"原定由旅芜同乡请托容工程师履县勘查，代为设计后再议兴工。

宣泾公路洗马桥段

民国 25 年 12 月，与芜湖茆正兴营造厂签立合约承包营建。当时宣泾公路泾界段工程处处长王味莼，为如期完成通车任务，曾申请先行建筑石墩木面的琴溪吊桥一座，以便在规定的期限内完成省政府下达的通车目标。后此段即用临时吊桥暂时代替。

宣泾公路鼓楼铺

因费用紧张，在县政府倡议下，筑路经费多方筹措，借贷或捐赠不一。县清乡善后委员会推凤迪明、翟晏如、朱尊一三先生向上海济生会借款 5000 元，徽宁同乡会借款一万元（无利息）办理工赈，订定 18 个月为期，于民国 25 年田赋每亩认捐法币一角，随赋带收，交委会专款存储，陆续归还。另有泾县旅芜同乡会将国币 2948 元 3 角 9 分 8 厘全数拨回泾县以工代赈，除由泾县乡绅翟晏如亲自带回 1000 元外，余项交由王志襄、翟晏如、凤迪明三委员保管，听候泾县路工委员会随时拨用。

抗战全面爆发后，民国 26 年（1937）12 月宣城沦陷，民国 27 年（1938）安徽沦为战区。为阻止日军入侵，泾县国民政府迭奉国民党第三十二集团军之命，因该路迫近前线，奉令彻底破坏，所有路基桥梁遵令全部拆毁，还复田园。至此，因为战事，宣泾公路的建设功亏一篑，最终没有完成它当时预期的促进经济发展的任务。

抗战胜利以后，民国 35 年（1946）12 月，泾县国民政府开始修复泾宣公路被破坏地段的路基，次年正月竣工。

（作者单位：叶彩霞，泾县史志办；吴小元，泾县高铁站）

光阴里的马头祥

蔡　盛

如今的马头是泾县琴溪镇的一个村，距宣泾快速通道 7 公里，距县城 16 公里。

昔日的马头古镇紧靠青弋江，东北接宣州区文村，北与南陵县张村隔江相望，是一个三县相切的风水宝地。青弋江在马头古镇附近出泾县境。与此同时，马头古镇还是泾宣（泾县到宣城）古道、泾南（泾县到南陵）古道的交叉处，南来北往的客商行人常在马头停留，马头也成为宣城、泾县、南陵一带重要的古镇。

马头以矶得名。矶，即临江壁立的马头矶，有"如骑天马而控上流"之说。梅雨季节，青弋江滚滚洪水自上而下袭来，冲到一峰耸立的马头矶巨石上，潭水漾洄，形成深潭。此潭虽小，却"可容十艇相荡"。

灵山，秀水，沃土，无不是人类繁衍生存的好地方。很久很久以前，就有人依矶傍水居住在马头。南宋时期，"三圣殿"建成。明朝开始，马头大兴土木，建镇扩镇，有了航运码头，商品经济日益繁荣。明清辉煌时期，马头舟筏往来，川流不息，盛况空前，成为皖南著名的货物集散地和水运马头，逐渐成为"泾川首镇"。

民国初年，马头村建筑面积达 36000 平方米，居民超过 6000 人，并开办纺织、铁器、制伞、皮革、榨油、调酒等各类手工作坊企业

马头村全景

20 余家、各类杂百货店铺近 200 家，立有竹木行、牛行等 5 家市行。当时，泾县规模最大的"恒发钱庄"在此设立分号，甚至吸引了一些"洋行"在此开设办事所。可谓"商舟辏集，一县之市场也"。

清嘉庆《泾县志》载：马头山在阆山北，一峰耸立，俯临深潭。与河西鹅山对峙，为县境锁钥。其下有镇……石矶高百余仞，昂如马首，古庙踞其巅。旁有镇，置汛兵烽墩。

有山有水有古道，有矶有潭有渡口，有街有市有寺庙，让车水马龙的马头古镇光环闪闪，深邃迷人。

相传，马头矶上住着一位心灵手巧、乐于助人的吴木匠。某年某月的某一天，吴木匠不慎落水身亡。奇怪的是，吴木匠的尸体不沉潭底，不流他处，却一直浮在马头矶下的清水中。因为吴木匠是家喻户晓的好人，当地人就把吴木匠神化，认为他是神仙下凡，于是便在马头矶顶修建庙宇，塑起了吴木匠坐像，并把他尊称为"三圣老爷"，逢年过节祭拜。久而久之，正月十五"三圣庙会"在马头成为常态。

无独有偶，隔江的张女也来马头烧香祭拜。说也奇怪，从马头返回家中，张女就突然不吃不喝不说话，忧郁成疾，命悬一线。一天，张女对母亲说出了心里的烦恼："这些日子，总有一只蜜蜂在我耳畔盘旋，似乎在说——给你三担谷子、四担面粉，问你妈肯不肯？"张母赶紧点头答应。次日，张女含笑九泉。众人恍然大悟：吴木匠年方二十，张女二八年华，均为单身，恰好一对。于是，乡邻便把张女当成"三圣娘娘"，在"三圣老爷"右边塑起了头戴凤冠、身着霓裳的"三圣娘娘"像。从此，马头的"三圣殿"供奉着一男一女，香火日盛。

除了"三圣殿"，马头还有"链子庙"。

传说，最美人间四月天，一名徽商转运新茶到了马头。正要靠岸，忽然青弋江狂风来袭，惊涛拍岸，帆船将倾。水手急忙抛下锚链，船心仍然不稳，颠簸依旧。茶商祈祷上苍："船上只剩下最后一个锚了，一锚抛下，风平浪静，我将世代感恩，祭祀天爷爷。"说怪就怪，最后一锚果然一锤定音，帆船纹丝不动，稳如泰山。船上所有人磕头叩首，感谢老天。日后，茶商果不失言，在马头矶上建起了"链子庙"，每年四月组织一次"链子会"，让马头又多了一份热闹。

传说让马头多了份神秘。"史记"又让马头多了份厚重。

据记载，明末清初，皖南各县惨遭蹂躏，坚持在徽州一带抗清的太史金声及其学生江天一被俘，押解两人的舟船泊于马头矶下。江天一对金声说："一泓清水，淘足娱情。"意与老师一起投江殉国。太史金声掷地有声地回答："大丈夫死，当令天下共见之！"不久，铮铮铁骨的金声、江天一在金陵不屈殉难。

马头不仅经济繁荣，也是兵家必争之地。

咸丰十年，太平军忠王李秀成率领的金戈铁马，经马头东向杭州，采取围魏救赵的战术，解除了对天京的威胁。之后，清朝衙门在马头设立厘金局，强征勒索南来北往的商人。

　　民国时期，马头成为国民党军队重要的据点，国民军第五十二师驻扎于此。

　　宋元时期，马头还只是一个户口不多、名不见经传的小村落。经过历代的建设、发展，明代建镇后有了水运码头。明清鼎盛时期，马头镇车来船往，店铺林立，商贾云集，层楼叠院鳞次栉比，酒坊、酱坊、茶馆、肉店、会馆、浴室遍布整条街，人潮如涌，热闹非凡。泾县本地的宣纸、窑货、木材、毛竹、木炭等物资，也通过马头、赤滩等水运马头，远外苏浙沪皖等地。马头也成为徽商的落脚点。民国25年，泾县的酱坊40家，马头占了14家，可谓舟来车往，商贾云

马头老街

集，物资充盈，店铺林立，人流如潮。

以山为龙、以水为虎、水绕山环、藏风聚气的马头也香火不断，钟声悠扬。三圣殿、链子庙、观音阁、仙姑庙、显明寺、地老楼、百岁宫相继建成，吸引了远近三县的善男信女前来祭拜，马头成为名副其实的泾川第一镇。

来到马头，登上矶顶，放眼望去，青弋江恍若一条绿色的飘带，蜿蜒而下，水天一色。近山远岭，如帛似锦。阡陌纵横，屋舍俨然。炊烟袅袅，一派生机。文人骚客，往来不断……

清朝康熙年间邑人贡生翟孝写下了《舟过马头矶赠友》一诗，诗曰："枫似红璎珞马头，昂然百尺饮寒流。祖龙若得鞭驱起，邑合骈骝老故丘。"

我县乾隆进士赵青藜也写下了《马头矶》一诗，赞曰："泉飞石立落峥潺，碎洗苔痕竹泪斑。此地不投文吊屈，孝陵遥望紫金山。"

邑人朱苞游览马头矶后，也著文记之："矶下潭水潆洄，澜翻不已。"

乾隆三十六年（1771），知县江恂题写了"泾川锁钥"四字，镌石嵌于山之腰壁。

扬州八怪之一、诗人汪士慎有诗赞曰："矶是碧玉簪，江是青罗带。"

清末战乱，马头受到冲击，衰败在所难免。所幸的是马头的明清古建筑群得以留存下来。

民国初年，东渡日本入早稻田大学学医的马头人吴介如返乡，在马头开办了全县第一家西医诊所。民国 12 年，又创建"延寿医院"收学徒，培养西医人才。

解放后，农村合作社、"大跃进"、大炼钢铁、"文化大革命"等运动相继而来，破除迷信，乱砍滥伐，让马头逐渐衰落。

20世纪六七十年代，青弋江上建起了陈村大坝、溪口大坝，水运停航，一直依赖水运的马头镇昔日风采不再，但是马头古道依然完好地保存了一段，古色古香，亮点纷呈。

如今，马头古民居、古道已修缮一新。走在马头老街上，街心的鹅卵石路还是老样子，明清一条街大红灯笼高高挂，好作坊老手艺老字号也复活了，给人们留下了许多盼头。深巷中，一把把油纸伞悬挂着，江南美女走在伞下便有戴望舒《雨巷》的诗韵。马头矶对面的灯光秀璀璨夜空，飞龙、飞马、花卉等图案无不让人啧啧称奇。

随着自驾游和全民摄影时代的来临，越来越多的人惦记着马头古镇，老街上不时地会出现三三两两的观光者。行摄马头，与居住的老人攀谈历史，在老街旁的馆子里点上几个土菜，乐在其中。

我也多次来到有历史有文化的马头古镇。在青弋江边，在老街上居住的老农指着临江的台阶对我说：乾隆皇帝就是从这里上岸的！

乾隆下江南是众所周知的事情，我想，老农的心思老街知道，马头也知道。也许，马头一直在等，一直在盼，盼着乾隆皇帝的大驾光临。也许，老农还在等，还在盼，盼着马头的再度繁荣。

1979年11月，旅居英国的泾县作家严啸建创作了小说《马头有个扎纸店》，其原形就是马头镇。

马头独特的人文景观也吸引了众多影视剧组前来拍摄。1980年10月，长春电影厂曾在此拍摄了电影故事片《黄英姑》。2008年5月，《一个女人的史诗》电视连续剧剧组来到马头，在此拍摄了不少镜头。

如今，新的寺庙已建成，气势恢宏，"三圣殿"又巍然屹立在马头矶之巅，为古镇增添了一份生机。

马头祥樱花

新开发的马头祥养生观光园总面积 4677 亩，有综合体验、休闲度假、精品果园、花木观赏四个区域，是一个集观光旅游、果蔬采摘、亲子游乐、花木观赏、美食享用、生态养生于一体的 AAA 级旅游景区，并成功被评为安徽省五星级农家乐、全国休闲农业与乡村旅游四星级示范景区。2017 年马头祥生态园等 5 个景区入选"华东人气推荐景区"。

走进古色古香的江南大宅门，徽派建筑风格扑面而来。左转，右转，在茶悠湖寻春，在凉亭上观景，在高大挺拔的水杉下对弈……或者，走进新开发的千亩四季花海，映山红、桃花、梨花、樱花、格桑花、向日葵、红白玉兰、紫薇、桂花、孔雀草、百日草、疏华菊四季开放，美不胜收。

新兴的环保运动——花千谷滑草也是游客的最爱。蓝天白云下，清风拂面中，花千谷滑草能带给你刺激的飞驰动感，让你在心惊肉跳中享受飞一般的感觉。

在格桑花海里练瑜伽、在桃花梨花里徜徉、在陶吧里制作手工陶器、在观光园里采摘果蔬，或者呼朋唤友在葵花园里拍照、在樱花下漫步、在凉亭里小憩、在卡丁车里横冲直撞、在靶场上射箭、在弯弯山路上骑行和散步，带给你的总是心旷神怡的新享受。

新的常态下，马头老街已修缮，各种老行当也陆续开门营业，水码头灯光秀也别有韵味，尽展新颜，成为泾县老街新的打卡地。

（作者单位：泾县县委宣传部）

泾旌古道对泾县的影响

叶彩霞　吴小元

泾旌古道在旧时属官方驿道，是徽宁驿道的重要组成部分，是徽州通往宣州的陆路交通要道，同时它也是联系泾县东乡与县城的必经之路。泾旌古道泾县段起自泾县县城东南至浙溪桥止，经山口铺、晏公堂、石山铺、考坑、乌溪、白华、榔桥河，至旌德县城，全长110里，泾县境内长75里。路宽两至三米，路心条石、两边鹅卵石。

泾旌古道因其地理位置的重要，对泾县的影响主要集中在三个方面：

一是战事。

泾旌古道为战时的兵家必争之地。历史上共发生了三次大的战事。晋明帝时，苏峻叛乱，宣城内史桓彝退居泾县，遣将军俞纵守兰石。峻遣将韩晃攻之，纵败死。晃因进军攻彝，彝固守经年，势孤力屈，城陷，为晃所害。此兰石即位于泾旌要道

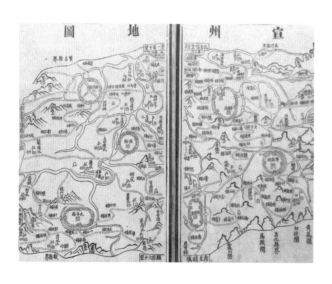

上，其地有桓公墓。

清顺治二年（1645），南都覆没，金声举兵于徽州。前泾令尹民兴抗清失败，弃城而逃。总兵范云龙原与尹民兴商定据城起兵响应金声。范驻扎考坑，因此地属战略要地，上连徽州，下连宣南，成掎角之势，因此额其寨为"岩关天险"。张天禄统兵破县城后，寻抵考坑，范云龙据险而守。张天禄带兵从烟石岭小道背部包

考坑古道

抄，义军伤残散逃，十不存一二。范强战不支，遂败走至乌溪被擒。

同治元年（1862）十一月，宁国县太平军由柿木铺进军泾县东北，踞潘村晏公堂。泾县守将总兵易开俊、知府吴廷华各带小队至三界铺，夜遣死士潜往山岗，举火扰贼。吴廷华会合叶明瑞、吴青云攻潘村，以萧章开马队策应。易开俊直趋晏公堂，令王华国、贺国珍分路抄袭，鏖战移时，太平军败走。适吴廷华、叶明瑞等击退潘村之贼，追过坎头，由晏公堂斜趋而来，两军夹击，大败太平军。太平军避入黄村、官庄，清军穷追陷入埋伏，易开俊马伤而坠，萧章开驰救，易换马突围而出，军士多伤折。太平军乘势围扑泾城。

二是货物运输。

泾县东乡大宗的货物进出主要是利用徽水河及琴溪河的支流丁溪、漕溪，但这三条河流是季节性河流，仅在五六月份梅雨期间雨量大增时，货物用竹木筏运输，但载旅客绝少，船行速度上行每日可行30里至50里，下行每日可行60里至130里。由此在东乡形成了专

门经营茶叶、杉木及其他土特产的经纪人，冬季雇工砍伐树木烧制柴炭，春季雇人采摘茶叶，炒制打包后雇挑夫挑到竹簰上，由榔桥河、徽水、青弋江放运至芜湖落行出售，年吞吐量约达万吨。

而在枯水季，泾县东乡包括丁溪、古坝、潘村、白华、榔桥、溪头一片的货物运输全部靠陆上交通，也即是泾旌古道。因道路崎岖，行李货运基本都以人力肩挑手扛，或是用独轮车、手车之类进行载运，外运的竹木柴炭、桐油、棕叶、宣纸，内运的米麦面粉及日用品物无不如此，速度慢，费时费力，所以只占全部货物运输的五分之一。以泾县外运的宣纸而言，泾县的宣纸厂家，小岭各厂因距泾河较近，可直用帆船顺流而下，交通尚称便利。而东乡各厂，乌溪距城30里，坝头40里，上榔坑45里，曹溪60里，均须先用肩挑至城西泾河下船，出马头，至芜湖运往沪汉分销。因为一路为崇山峻岭，一向治安状况差，盗匪出没，损失也是极其巨大。

三是人文。

作为泾县的一条主干道，从县城至榔桥一路，景点众多，名人众多，成为泾县人文的渊薮。从县城开始，至石山上有云龙书院，是歙县人许穆带众弟子研学之所。潘村营，以军队驻扎而得名。再至考坑，明清鼎革之际的泾县民众的抗争之地。白华，清时设镇，郑氏的一支迁至此，后又从此地迁出一脉至榔桥郑村，郑相如是其代表。一接水、二接水、三接水至四接水，传闻为皇帝之女得病，派人赴京取药水的四次接水之处。破脚岭，因运水之人脚伤而命名陡峭的大岭。榔桥，以榔树为桥而得名，其前身即为藤溪古市镇，是清时十八市镇之一。而居于古道间的寺庙、凉亭，多为行人的休息、避雨、解渴提供场所。

北宋宋仁宗年间，被任命为江东提刑的王安石由宁国府经徽州赶往浙江上任，过泾旌古道时有诗"晓渡藤溪霜落后，夜过翠岭月明中。"藤溪属泾县，翠岭属绩溪，宋时即在此设关寨名翠岭关。即早上在泾县，晚上在徽州。时过百年，宋靖康年间任武翼郎的泾县人鲍若虚作有《藤溪怀古》以纪其事："小桥流水

浙溪古桥，过桥就是旌德县地界了

去茫茫，隔岸何人在一方。传道荆公曾晓渡，天风吹落满天霜。"清嘉庆时洪亮吉任旌德毓文书院山长时，多次往返泾旌古道，并游历台泉山、黄岘山、乘山，为东乡留下诸多佳作。

这条路走出过许多文化名人，黄田朱氏、溪头胡氏、举山洪氏，还有白华郑氏、乌溪叶氏……他们通过建藏书楼、兴办教育的形式延揽同姓子弟入学，实现了财富与科第的良性互动，人才蔚起、科甲不辍。在兴建家庙祠堂之余，投身公益事业，村庄之间的道路、路亭、桥梁、渡船由乐善好施者屡坏屡修。至于灾后发放粥食衣物、施棺收瘗更是比比皆是。泾县东乡的胡、朱、郑、洪、汪五姓利用他们在湖州双林创办的式好堂会馆提取公费，建上坊义渡，建鼓楼庵舍，成为富而好礼的典范。随着泾旌古道上对外经济、贸易交流的扩大，他们走出县域，将家族的嘉言懿行播撒到大江南北，成为泾商的代表。

（作者单位：叶彩霞，泾县史志办；吴小元，泾县高铁站）

泾旌古道摭逸

徐余泾

唐天宝四载（745），割西南十四乡置太平县；永泰二年（766）析太平县东部（原泾县南部）置旌德县。故泾旌古道始于766年。

迤逦山岭的古道泾县段长约40公里，宽2米左右，多卵石铺成，部分经过市镇铺路段，中铺条石以便独轮车推行。古道绕山越岭、涉水过桥，虽一路艰辛，但人文历史深厚，风景优美。

国道山深线（早年称南雄线）泾县至旌德段，基本沿泾旌古道修筑，古道多被侵没，又遭田地拓垦、建房改路等挤占，即使荒野僻途，也为荆灌掩没。唯少数古市、镇铺的村庄里，幸存穿街而过的古道，但也面目全非，无复当年气象。

古道始于泾县城东门（泾县城的南门实际偏西，而东门则在城南略偏东），向南终于浙溪桥。今泾川镇东街巷即原东门街，而东门口，则被环城南路改造的皖南第一街掩没，第一街上的水渠，即当年护城河。

过护城河，偏东不远是农行、建行和苏红广场，原是长途汽车站，老地名三里岗。1978年我进公安系统后常乘车。候车时听老人说，这是古东山战场，当年太史慈曾在此大战小霸王孙策。原有"东山战场"石碑，20世纪60年代修汽车站后不知去向。

建安三年（198），孙策为收服泾县以西六县，得知太史慈占据泾县，就亲自讨伐。与太史慈会战于泾县城东之"勇里"，即前面说的三里岗。

再偏东到五里岗，经七里店、山口铺，越20世纪70年代由人工挖挑的"运河"到椰树口，古道转正南。距城15里到晏公堂镇，乃泾旌古道上5个古市镇之一。镇上设急递铺晏

当年古道向南穿过晏公堂老街，如今路面都铺成水泥了

公铺，司兵6名，同县总铺。余皆4名或4.5名。古道泾县段有6所急递铺。

再南行，穿青龙街村，到石山铺村（嘉庆志《泾县志》无此铺，但顺治志有载），原石山铺（和山口铺）于明万历间倒塌，县令邵蕡将此铺移数里外晏公镇。然铺虽移置，地名却留下了。因官铺设此，古道遂成徽州包括旌德、太平行商的重要通道。商集店为街，民聚屋成村。村里偶见有深沟印石板，就是当年独轮车磨的车辙印。石山铺村的商街店铺，至20世纪80年代末犹存。居民82户，也属较大自然村了。

石山铺、石山村皆因邻石山得名。石山，又名台泉山，山有十景。顶出三台泉，天生三池，如人工凿就，一脉流泉，清可鉴毛发，山因此名。昔日山顶瀑布倾飞，如泼万斛珠，四季不绝。康熙十四年（1675），瀑布因大旱枯竭，但春末初秋间骤雨后，仍不时可见山腰有

二处盈眸瀑布飞流之景，入耳溅珠跌水之声。

上山处曾有台泉亭，邑人赵青藜书题"问津处"。壁间有邑人赵知希《雨后石山道中》诗："寒风搜山骨，雨后马蹄稀。客子频筹驿，归心骤见晖。瀑高闻水立，雾定觉山飞。愁并暮天色，钟声下翠微。"过亭见石径贴崖壁延伸。石山以石著胜，徐元文《台泉山赋》云："夫兹山也，环石为屏，倚石作障，若骞若奔，若升若降，或凸或凹，或俯或仰。石门自开，石洞相向，石崖如帘，石桥如虹，石台碨磊，石池混漾，殊形诡态，莫可名状……"山石百姿千态，更有雷音洞、望江台等景观。登望江台远眺，青弋江如丝带飘游在青山、田畴村郭之外，眼前大好河山，胸中无限诗情。山上有台泉寺，明隆庆三年（1569）初建，乾隆三十七年（1772）建成，历时203年。

大雄宝殿后，左侧有口井，水面漂浮着一块石头！用竹竿将其摁入水中，但松开竹竿，它就又浮上水面。石头撩人好奇心，凡进台泉寺的，无论男女老少，多会找竹竿，趴井口捣鼓这块神奇石头。

台泉寺有99间半寺舍（传说欲建一百间，但最后一间西北山墙总是建成轾塌，无奈以巴茅帘墙遮挡风雨，坏了就换。由于始终少一面墙，不成一整间，就称半间）。台泉山、寺历代名人多有题咏，如清翰林侍讲宣城施闰章就曾来此以游，并作有《石山庵》诗："叠岭行来碧嶂宽，天开禅室倚林端。夹篱新笋筠初解，满径幽花雨未残。峰顶泉声龙窟稳，书堂人远石门寒。争传相国曾留碣，杖策层崖拂藓看。"

台泉山最牛的是书院。泾县史上书院众多，但以所出人才而论，台泉山云龙书院第一。该书院又称台泉精舍，太平县焦玄鉴于明嘉靖间建。嘉靖四十三年（1564），王涵聘许国至此教授其子廷楠，招查铎、焦玄鉴、萧良干同学，从游者有萧彦、萧雍、赵士登、赵善政、张应泰等十余人。

一天师生禊于三台池，恰相者至，乍然惊呼：噫，这么多贵人啊！长观后又对许国说：您当绾玉带，他人系金带。后果如言，许为宰辅，余人皆位居四品以上，书院因而声名大振。此后泾县登进士者多于此读书，如布

古道巧峰段，尚可看出古道原貌，只是中间的条石多已缺失

政使吴尚默、通政使赵健、太仆寺卿叶永盛、行人洪维翰等。曾有碑记，发迹此山、彪炳明朝者21人。清代在此读书人者，赵青藜、叶沃若、赵希文、吴芳培等皆成名。书院主讲皆饱学之士，如桐城周芬佩、无锡刘汝谟、嘉兴盛复初等。云龙书院成为泾县以科举入仕者的圣地。

古道傍伏梓溪南行到巧峰。巧峰自然村，因村旁巧峰山得名，山因小巧玲珑得名。兹山草木茂盛，景色秀美。原有小街，古道穿街过。巧峰村近考坑，古有铺、汛。县南竹园村徽水畔有通巧洞，传说通巧峰。好事者将染色砻糠倒入洞中，此后见巧峰山脚伏梓溪漂流染色砻糠。

伏梓溪，北流到幕山称幕溪，古泾川八景之"幕溪晓月"即此。

再南进山区，首先是扼旌歙太通衢的考坑岭。下岭到乌溪，乌溪既是水名也是村乡名，溪因水澈乌而名。泾县国宝、宣纸厂就在乌溪。厂区东入乌溪坑，乌溪二源皆出此。坑内乌溪岭曾有桓公城，东晋宣城内史桓彝筑。坑内有甘坑，以甘坑水造纸，莹洁耐久，为泾县之最。

过乌溪村，乌溪水畔之山岗叫桓公岭，即桓彝战死处，桓彝死后葬岭上。岭南 2 里破脚岭，桓彝拒韩晃，堕马伤足，故名。古于此设月明铺，但民间传说别有来由。

下破脚岭到湖墩头，国营白华林场驻此。曾和三弟从白华江宗祠走十几里到林场，爬九猫出洞山上打柴，捡林场洗山遗弃树头，剔枝丫扛回家。下山到湖墩头同学江家休息，喝水吃自带的锅巴，江家有时也给吃的，那时谁家都不宽裕。

古道在此间四次跨过深渡溪，人称一接水、二接水、三接水、四接水。传说白华郑村白花公主病重，赴京取御药水，此为四次接水处，故名。

但余少时在白华听的传说是：白花公主下嫁白华郑家村。驸马在京为官不回家。公主怀孕，公婆责公主不守妇道。公主辩冤枉，驸马虽在京，但每夜悄悄回家，鸡叫又轻轻离开，故你们不知。公婆不信，京城山重路远，如何一夜往返？公主无奈相告，驸马确实夜夜往返。开始自己也不解，还严词责备。后来驸马被逼不过，说是遇一神仙，要报前世之恩，送我一双神靴，穿上就能掠地飞行，一步三里，越山河如履平地，京城可一夜往返。既享儿女情乐续香火尽孝，又不误尽忠庙堂。但告诫我，天机万不可泄。公婆仍认为公主狡辩，断言不可能有此神靴，除非眼见为实。公主不应。婆婆又说，那你仿一只神靴，偷换试试看。公主无奈，只得待驸马熟睡，将一只仿制靴，偷换神靴。喔喔喔……鸡叫了，丈夫穿上神靴，光线昏暗又不在意，没发现假的。抬脚走，一步三里，但换脚走不对劲了，一步只二尺多！不及细想，第三步跨出，三里，换脚又踮一下，第四步跳出，不行，心慌头晕！第五步落地就抱头蹲地喘气了。第六步使劲跳上一座山岭，唑——哎哟脚破啦！驸马鼓起最后力气，跳上前面岭头，倒下不

一接（脚）水桥，当年的老桥基就在下游数十米处

起了。天突然下大雨，雨水灌满了深深脚印，漫连成小河深渡溪。后来他的遗腹子长大，在岭下山坑里为其父立坟竖碑。人们就把驸马留脚印处，叫一脚水、二脚水、三脚水和四脚水，抱头蹲下处叫五蹲头，破脚的岭叫破脚岭，立坟的坑叫考坑，死去的岭叫考坑岭了。

白华，即泾县古白花镇，古道穿街过。曾设白花汛、白花铺。过白华河到小白华，有条短街，几家店铺。西北河西村，1969年秋，"文革"复课时，新办的白华初中暂设村中小祠堂里，我在那读了初一和初二上学期，早晚在南雄线上走7里路，往返外戴家上下学。这期间，有次张少魁校长带我们几个同学从白华走50里到县城，第二天早上看公判大会枪毙反革命。

再南行约5里到外戴家，过小冈和关口，榔桥镇到了。这段古道我多次走过，平常走村前公路，有时图近，也走几被草荆湮没的卵石古道，古道西侧有几处古墓，夜里经过，总心惊胆战寒毛竖。

榔桥河人惯把向南到旌德三溪说上去，河南岸叫上街头。我家住榔桥河边，每天过桥到上街头前小山上烈女祠榔桥中心小学上学。榔

藤溪桥（明弘治八年建），老桥体新桥栏。桥跨藤溪水，
当年王安石于霜晨中所渡之藤溪，即此也

桥河是县东南最大集镇，有几十家店铺和区政府及机关单位等。

椰桥的历史更久，初唐前就有黄沙镇，北宋为藤溪市。武德六年（623），唐军在黄沙镇大败叛唐辅公祏军。宋王安石有"晓渡藤溪霜落后，夜过翚岭月明中"诗。后设长枫铺。宋末鲍若虚亦作《藤溪怀古》诗曰：传道荆公曾晓渡，天风吹落五更霜。

继续南行五里到马渡桥，相传古代一将军战败到此，为小河阻，以马当桥渡。后建石拱桥称马渡桥，村亦以桥名。古有马渡桥镇。

再南行五里，即到泾旌古道泾县段南端终点浙溪桥。

桥跨浙溪官道，以水名，村以桥名。古设窄南铺。旁有窄南井，传说除夕必涸，元旦复盈。20世纪70年代末，桥东村中，犹见古排子门民房。此桥康熙间圮后，由旌德江日安等甃石重建，今仍通车行人。

过浙溪桥，即入旌德县境……

（作者系泾县公安局退休民警）

漫说泾茂古道

吴放驹

  泾茂古道是一条古代官道，始建很早，成形当于北宋年间，连接泾县县城和县南乡的茂林村，是泾县南乡的陆路主要交通干线，全长60华里。

  泾茂古道大多数路段都高于两旁地面，路基两边均用石块砌护，质量讲究，历经千百年，仍有零星路段坚固如初。古道平均宽2米左右，路面为鹅卵石铺就；村镇边路段一般正中间半米左右用大的较平坦的鹅卵石铺设，以供独轮车推行；遇陡坡处，有砌筑宽窄不等的梯阶，但中间位置则是保持斜平面。古道历代有损圮，但均被百姓和众多富家争相修葺。

  古道两端 泾茂古道一头是县城，一头是茂林村。泾县旧时有"小小泾县城，大大茂林村"之说，县城是个小山城，城区方圆不过一公里左右，而茂林村却规模

宏大，占地三四平方公里。茂林古建筑特色鲜明，内涵丰富，有"七墩、八坦、九井、十三巷、三十二轩、七十二园、一百零八座大夫第"，庐舍相连，街巷交错，还有气势恢宏的 14 牌坊群。茂林人文荟萃、英才辈出。据统计，明清两朝茂林共出进士 19 人，其中武进士 1 人；举人 119 人，其中武举 21 人。代表人物有：吴伟、吴时显、吴尚默、吴芳培、潘锡恩、吴廷斌等。近现代人物有著名的"三吴"：画家吴作人、书法家吴玉如、文学家吴组缃，还有吴茂荪、李紫翔、吴半农、洪沛霖、洪林、吴之理、任重、吴波等。

古道中间 泾茂古道中间位置（上、下各 30 里）处，有一个村子叫湾滩。湾滩古称瑶园，是泾茂古道上最主要的驿站，湾滩也是吴姓人聚居的村庄，此吴是茂林吴的分支，村庄正好处于泾茂古道正中位置，这应与茂林不无关系。湾滩村后林边就是青弋江，江湾处是船排码头，水路交通极其便捷；而村前，就是这条泾茂古道穿村而过。

公路出现之前，除了水路，人们出行主要是步行，货运呢，驴马独轮车外主要还是肩挑手提，这就需要途中憩息。所以官道上，往往都是 5 里一小憩，道边，或有个茶亭，或有一两户人家；10 里一大憩，必有个小村，几处茶肆面馆；30 里，便需一驿站，行至此，旅人一般都住下，次日再起程了。湾滩作为泾县城和茂林村之间的天生交通驿站，加上码头，其当年繁华可谓"街通四达，廛列三市。纷肩摩而辐辏，侈物溢以云弥。阛阓杂沓以传玉，营室连轸以接趾"（瑶园《吴氏宗谱》）。

桥梁渡口 泾县处皖南山区，泾茂古道要经过众多溪流，但这些溪流大多比较小，一般都架一座石桥，石桥也以中小型居多，小的就是用石条架在两岸或用石块砌成一个拱，中等的桥在溪中筑一石磴，从石磴向两头架上石条。清代县志记载古道上桥梁有两处：官庄桥和凤凰桥；渡口只有一处：新渡。

官庄桥　嘉庆《泾县志》："官庄桥，县南三十里。"官庄桥属小型桥，别看不起眼，它所傍依的官庄却是有名的大村落，古称"官庄市"。嘉庆《泾县志》："官庄市，在县南二十五里。旧传岳忠武有庄在其地，庐舍延三四里。"官庄时为大集镇应无疑义。县志谓"岳忠武有庄在其地"，岳忠武即岳飞，岳飞带领部队抗金剿叛，而一部分随军家属或者后勤、医护人员应该有个相对固定的驻地。官庄便应是其时驻地了。官庄桥西南头还有一个大土墩，名"观武墩"（现亦为自然村名），据说就是当时百姓于其上观看岳飞部队操练而得名。

凤凰桥　嘉庆《泾县志》："凤凰桥，县南五十里。元至正间，里人凤友云建。今更名鸣凤桥。"坐落于凤村。凤村是一个大村庄，凤村凤姓据说是五代时后汉皇帝刘知远的子孙，凤姓始祖世杰公从江西南昌经此，听到奇异的鸟叫，认为是凤凰的鸣声，便定居下来，并改姓凤。凤姓在此逐渐繁衍，形成了一个大族。凤世杰的十三世孙凤友云在外经商积累了一定的资财，便回家乡在官道经过的河溪上建了这座凤凰桥，已历600多个春秋，至今完好无损。

新渡　泾茂古道经过的徽水河渡口有常年摆渡船。徽水河渡口原在岩潭，后河改道到江村旁侧，渡口也移位，即新渡。嘉庆《泾县志》："去治南五里，济徽水者，曰江村渡。……又南曰岩潭渡，今曰新渡，为通南乡要道。缘岩潭已塞，非复昔日渡处，故改名。"徽水河于渡口北七八里处注入青弋江。徽水河和青弋江的夹角，河水冲积形成了一大片三角洲平原。三角洲平原分成两大区域：一为江姓为主的聚居地，曰"江家洲"；一为以曹、王、徐、翟、郑等五姓为主的聚居地，曰"五姓洲"。

寺庙道观　泾茂古道途中有多座寺庙庵观，旧时皆有僧尼道士住持，还都兼为路人憩息之所，后大多亦成了村庄的名称。主要有：

桂花墩道观　桂花墩是古道出泾县县城七八里途中翻越的一座小山坡，因山坡小而被谓之"墩"，墩上多桂花树，便名"桂花墩"了。桂花墩顶建有一座道观，观名未考。道观有两进，后进为供奉道场，前进是很大的厅屋，住人也兼做接待场所。门前即官道，因附近无村庄人家，道观便自然成了小驿站，为路人免费提供憩息、茶水。20世纪 60 年代末到 70 年代初，道观里还住有一位年逾七旬的道长，整天穿一件灰色的宽大道袍和一双灰色布鞋，稀疏的长头发梳向脑后扎一个髻，嘴有缺陷，露出半嘴牙齿，看上去狰狞恐怖。据说是年轻时候在山上遇虎与之厮打，被虎拍了一爪，就成这样了。传说道长武功高强，能够飞檐走壁，此话我信，不然敢和老虎打架？这道长样子吓人，性格却极和蔼，对人极好，对路人极热情。这道长一年到头和饭吃一种"淡腌菜"，从不吃盐，更不吃任何油，却结实勇武、精神抖擞。

甘露庵　甘露庵位于距县城约 20 里处，已成了一个自然村村名，村道上建有几排凉廊，凉廊边柱上附做了长木椅，还有靠背，供路人休息。村中很久前就没见庵屋了，但旧时肯定是有一座庵的。

法相寺　距县城二十五六里处官庄村边。嘉庆《泾县志》："法相寺，在县南三十里。南宋元嘉中建。唐会昌中废。南唐保大复兴。宋端拱二年赐额，靖康时又废。绍兴中释惟肇重建，秘书少监曾几为记。明景泰癸酉僧法瑶重建。有可赋亭。"宋代泾县茂

林名人吴时显作有《可赋亭》诗："尘埃谁复识瞿野，高座风生玉麈谈。露泡芙蓉心与净，香浮檐卜鼻先参。杜陵托兴歌茅屋，山谷留情赋草庵。试叩禅关闻密语，前三三与后三三。"清咸丰辛酉，法相寺遭太平军兵劫，寺亭俱废，后在同治间又重建。这座历史久远的古寺，最后还是毁于"文革"，原址也已经建起民房了。后当地人又移址重建了一座"法相寺"，为三间平房，当然已没有了当年的规模和气势。

清紫庵　位于古道距县城约40里处，嘉庆《泾县志》："清紫庵，在县南四十里花林都，地名紫泥涧。"自20世纪50年代初清紫庵里好像就无住持僧尼了，但庵堂房屋一直保存完好，"文革"期间被毁。现在的清紫庵，也是一个自然村村名，原地名"紫泥涧"却反而被淡忘了。

长龙冈上　泾茂古道出茂林村七八里，上了一座山冈。这山冈由西南向东北伸出，蜿蜒十余里，犹如一条长龙，故名"长龙冈"。山冈不高且冈顶平坦，更像是一道坝，古道就顺建在"坝"顶上，人行其上，竟感觉不是在山头上，整个就是一"如履平地"。长龙冈身处很多大大小小的山冈中，形成了一大片山区。这片山区属黄山余脉，

山中动植物资源丰富，竹木众多，经济林青檀、茶叶、桑树广为栽培，还偶有香果、红楝子、三尖杉、银杏等珍贵树种，旧时常有珍稀野生动物白颈长尾雉、虎、豹、狼、狐、麂、鹿、猴等出没，野猪野兔各种鸟类更是不计其数。长龙冈坡上坡下多有住民，并聚落成好几个村庄：曰雷塘，曰殷冲涝，曰楝青树，曰凤村。

泾茂古道，至20世纪60年代修了公路，整体被逐渐废弃，除少数田间、村边路段仍被乡民使用外，大部分路段已毁损或被改造。但它当年的辉煌岁月和交通意义，却永远刻在了历史的丰碑上。

（作者系泾县文旅局退休干部）

丕岭古道探幽

翟大雷

泾县茂林，古镇东南。群峰逶迤，谷深林密。山清水秀，鸟语蝉鸣。村居散落，竹木掩映。春花秋月，晨雾晚霞。世外桃源，烟雨人家。

在当年皖南事变激战地和主战场——东流山南麓，沿着濂溪右岸蜿蜒宽阔的椰茂大道，驱车来到濂长村境内，一眼就看到山嘴边桥头的那座标志性牌坊，还有坐落在青山碧水间的里潭村。

桥是嘉庆石拱桥，长虹卧波，雄伟傲岸；坊是嘉庆"贞烈"坊，贞节刚烈，凄美文章。

那是一座迎客桥，藤蔓一如秀发刘海，参差披拂，躬身接引光临的贵客和归来的游子；

那是一座导游坊，造型恰似镇北山门，苔藓上阶，向你诉说曾经的辉煌和逝去的沧桑。

里潭，又名鲤潭、里潭仓，茂林境内古村落之一。最兴盛的年间，有千丁在籍，人气蒸腾。鲤鱼跃潭，潜龙在渊。

环村皆山。东面丕岭，海拔 600 余米。丕者，大也。驼峰嵯峨，蔚然深秀。县内著名的"丕岭古道"便蜿蜒起伏在这崇山峻岭之间。

据 1996 年版《泾县志》载，丕岭，在县城南 27 公里南容乡（今属茂林镇）濂长村境内，昔日山上有庵，皖南事变中，为新四军与

丕岭古道入口（徐金林摄）

国民党军首战地，南面为百湖（户）坑，新四军首脑曾在此召开应变重要军事会议。又载，"泾县旧时通往毗邻县境主要古道有6条，境内乡镇古道均可与之相通。"其中，"泾县西南乡至旌德县境：由茂林、南容经濂长越丕岭、百户坑至星潭、浙溪桥入旌德县境。"

又据清嘉庆《泾县志》载："山高数里，上有庵，为东西两乡间道。其西北下皆平原，为团仓（外团仓、里潭仓合称）。徐、汪两姓居此。东南接者，曰百湖（户）山，又南为笔架山，东南属旌德，西北属泾，并在县南七十五里。徽水径其东。"（《采访册》）

这里记载的"旧时主要古道"和"东西两乡间道"，便是古代泾旌通衢——县志有载而版图无标的"丕岭古道"。

明清年间，茂林古镇已早成皖南名埠，"小小泾县城，大大茂林村"，繁华昌盛，享誉遐迩。自然吸引和召唤着周边泾旌太三县乃至徽州府的红男绿女，达官贵人，贩夫走卒，商贾百工。肩挑手提，相扶步行。前呼后应，骑马乘轿。春秋寒暑，熙来攘往。

这不，茂林通往旌德，人们早在丕岭峰谷间踏出了一条林中小道。为方便行人，积德行善，"该出手时就出手"，清嘉庆初年，由里潭村一位徐姓大户人家牵头出银，联合同村富户，发动全村丁壮，历经三年，硬是开辟砌驳了一条宽三四尺、长20余里的石头路，从里潭村出发，经百户坑、星潭，直达浙溪桥，一举完成了泾县茂林与旌德三溪两大古镇的交通对接。

后来，古道中途有一段坡路因山洪冲击损坏严重，人们正待集资整修呢，村里家底殷实的屠户徐师傅主动出资买下这段"修路权"。"递步当"一级一级地修，功德簿一寸一寸地积，拿下水毁修复工程，赢来人缘口碑丰收。

缓坡十里，开始登山。上七里，下八里，石头砌驳的古道全程二十有五里。功莫大焉，善莫大焉！沿途建有凉亭，刻有石碑，更留下口碑。一方功德，八面受益。

这些凉亭，供人遮阳避雨休憩歇番的小型建筑，有点像西南云贵大山里的风雨桥。

只见山墙屋檐挂藤垂蔓，在微风中摇曳。炎炎盛夏里，来往过客进得亭来，顿感一阵绿绿的凉意和凉凉的绿意，"前人栽树，后人乘凉"的感恩之情便会油然而生。

有道是一座凉亭就是一本故事书。特别是那些前不巴村后不着店的古道边上的凉亭，年代久了总会生出许多掌故来。有名有姓实有其事的，神乎其神荒诞不经的，都有。

你看，有足月的孕妇在家人陪护下走着走着，走到凉亭时，说生就生，生下一个胖乎乎的小儿郎，后来就干脆取名"亭生"，留下佳话，留下记忆。

后来，丁桥小岭曹家造纸的曹师傅看到这里盛产毛竹，水质清纯，交通便利，山民厚道，遂带人来此开了几顶纸槽。后来纸槽发展到邻近的濂坑"鸡公岭"一带，于是就有了濂坑口的村名——"纸棚里"。

迄今在丕岭脚下一直到濂坑口，纸槽遗址还依稀可寻。

泉水叮咚（王永明摄）

沿着这条古道往返时，你会惊喜地发现，这趟生态旅游真是不虚此行啊！

沿途既有"徽杭古道"的山林韵味，又有"江南第一漂"的水面意境。

阳春三月里，鸟语花香；炎炎盛夏中，佳木繁荫；秋高气爽时，层林尽染；暖暖冬阳下，红装素裹。美景变化者，古道之四季也。

沿途山情野趣，浓绿养眼。更有溪流相伴，泉水叮咚。绿水淙淙飞瀑处，"潭中鱼可百许头，皆若空游无所依"；横柯上蔽昼犹夜，怪石嶙峋印苔痕。日出而林霏开，云归而岩穴暝。紫气氤氲，竹木芬芳。云蒸霞蔚，群峰凝黛。游人徜徉其境，"青山不墨千秋画，绿水无弦万古琴"之感慨定会沛然而生。

"泉水叮咚，泉水叮咚，泉水叮咚响……泉水呀泉水，你到哪里，你到哪里去？"

——小小竹排江中游，徽水河在正前方！

……

沿着这条古道往返时，你会虔诚地发现，这趟红色旅游更是不虚此行啊！

请你留心抬望眼，那悬崖峭壁上的凹槽有许多不是天然的，而是当年两军厮杀枪林弹雨留下的伤痕！

请你驻足细思量，那山脚隆起的乱石堆有许多不是自然滚落下来的，而是当年激战时集团冲锋反冲锋，手扒脚蹬人石俱下的！

皖南事变，千古奇冤。青山忠骨，浩气长存！

1941年1月6日，农历腊月初九日，小寒。东流山脚下摩擦起火，"高坦前哨战"点燃引线，新四军军部"潘村会议"紧急召开！

第二天，1月7日凌晨，刺耳的枪声遽然惊破了丕岭夜空黎明前的寂静。

我军会攻星潭失利，各部回撤受阻。敌我双方短兵相接，在丕岭峰谷间展开了惨烈的拉锯战！

曾记否？当叶挺军长经过丕岭高峰时，临危不乱，以儒将特有的镇定，用手杖遥指脚下的崇山峻岭，脱口念道："雾里旌旗云里山，凭崖勒马君试看。"在叶军长身边的新四军政治部宣传部长钱俊瑞遵

嘱当即补上两句:"层峰直上三千丈,出峡蛟龙瞬息还。"

这首战地绝句豪迈慷慨,充满了革命乐观主义精神,迅即在全军传开,极大地鼓舞了广大将士的斗志。

谁曾想,古道出口处,新四军"百户坑军部会议"前后,"东流山开火,七天七夜!"

同室操戈,血色皖南。铁军将士,英勇壮烈。惊天地而泣鬼神,烈火青春祭国殇!

……

战地黄花分外香,天翻地覆换人间。

"当年鏖战急,弹洞前村壁。装点此关山,今朝更好看。"

古道入口处早已整修如新,"41·1·7",1941年1月7日,成了后来矗立在茂林街头皖南事变标记物——纪念广场上花岗岩雕塑的数字造型。

20世纪70年代初,南京军区组织野营拉练,大部队开进,辎重随后,多次穿越丕岭古道,开展革命传统教育。

21世纪初叶,各地党政机关、企事业单位、大专院校、中小学校,经常开展主题教育实践活动,徒步山林接地气,凭吊英烈受熏陶。

寄情山水,感恩先辈。亲近自然,思古探幽……

——皖南茂林,丕岭古道,不可不去,值得一去。

（作者系泾县茂林中学退休教师）

想你千年"吊脚楼"

蔡　盛

"我已经想你一千年了！"每次来到泾县云岭镇章渡村"吊脚楼"旁，我都有这样的感受。

走在保存完好的鹅卵石路上，眼前的风景与湖南凤凰古城有几分相似。

昔日，章渡是泾县的重镇。这里不仅是通往青阳、泾县、宣城、南陵、太平的重要驿站，也是本地南来北往的古道交会处，通往安吴、茂林、云岭、黄村、丁家桥的古道在此交汇，熙熙攘攘的人流也让章渡蜚声皖南。

唐朝时，泾县是"舟车繁会之乡，风俗和柔之境"。当时，章渡是著名的水码头，也是众多古道中心点。唐代在此设埠置州，辖三县，至今已有近 1400 年的历史了。

诗仙李白曾三次浩荡游泾川，留下了"泾川三百里，若耶羞见之。锦石照碧山，两边白鹭鸶。佳境千万曲，客行无歇时……"之赞叹。李白"泛泾溪"，主要集中在如今的县城附近的赏溪段、落星潭附近章渡段和水东附近桃花潭段，并留下了《泛泾溪》《早过漆林渡寄万巨》《泾溪南蓝山下有落星潭可以卜筑余泊石上寄何》等数首与章渡有关的不朽诗篇。

"日落沙明天倒开，波摇石动水萦回。轻舟泛月寻溪转，疑是山阴雪后来。"李白的《泛泾溪》一诗，生动地描绘了青弋江章渡段"泾溪"美景。

在《泾溪南蓝山下有落星潭可以卜筑余泊石上寄何》一诗中，面对章渡蓝山一带奇特的风景，李白的浪漫主义思想闪烁光芒，写下了"所期俱卜筑，结茅炼金液"之诗句，渴望好朋友何判官和他一起隐居蓝山、炼丹学道。

唐天宝年间，大诗人李白应汪伦的邀请，来到泾县。他不仅在桃花潭饮酒作诗，也和万巨等人坐上江南独有的梭子船，沿着蜿蜒的青弋江顺流而下。其间，又沿着章渡通往青阳的古道，游玩了蓝山岭和查济。游玩了蓝山岭一带，李白即兴写下了《早过漆林渡寄万巨》一诗。诗曰："西经大蓝山，南来漆林渡。水色倒空青，林烟横积素。漏流昔吞翕，沓浪竞奔注。潭落天上星，龙开水中雾……"

情满江，风满楼，李白带给泾县的"友情文化"，宛如青弋江水一样，依旧奔腾不息。

昔日，那个徽商穿梭、舟楫往来的漆林渡，那个商贾云集、繁华

如梦、古道纵横的"泾溪古镇",那个被诗仙李白誉为皖南"西来一镇"的宝地,千年前的辉煌一度笑傲江南。

章渡的"吊栋阁"形成于元末明初。当时,张宗道除了在今日的桃花潭一带圈地,并修建了翟氏祠堂——中华第一祠外,还在章渡圈地,并留下了"永不倒镇"的吉祥之语。

从元末明初开始,"西来一镇"的"吊脚楼"恢宏铺陈,一直延续到20世纪80年代,章渡一直都是泾县重要的水码头和繁华的重镇。商客云集后,街市寸土寸金,临河的建筑便凌空驾临到青弋江上,"开门上街,推窗见河"格局形成。

坐在时光的秋千上,青弋江畔的章渡"吊栋阁"在梦一般的轻风薄雾中静静地醒来。一盏灯、二盏灯、三盏灯……一字形地排开。入夜灯明,灯光倒映河中,水上水下"万家灯火",相互辉映,独看一家一户,恰似一盏盏吊在灯杆上的灯笼,称之"吊灯阁"。这些临河而建的木屋绵延数华里,一户接一户,临河悬空处就由一根根木柱撑起,千根万根成排成群,又称"江南千条腿"。隔河远望,青瓦木屋长龙一般地沿江延伸,恰似一张大木排顺流而下。房屋悬空的青弋江畔,木柱林立,房子像吊在空中一般,故有"吊栋阁"之称。

随着集镇的繁荣,章渡民居的建设也越来越讲究。东家冬瓜梁上雕刻了周文王、郭子仪、姜子牙、岳飞传等戏文故事,西家的斜撑上雕有二十四孝、岁寒三友、琴棋书画、魁星、状元图案;章家的石雕有暗八仙、四季花卉、狮子麒麟,肖家的堂屋摆满了青花、官窑、汝窑等精美瓷器……就连上街头和下街头的石阶都十分精美。

三盏灯,二盏灯,一盏灯,一盏一盏地灭去。晨曦中,乌篷船醒了,码头醒了,小巷也醒了。米行、茶馆、作坊、酒肆、豆腐店、药店、油货店、杂货店一一热闹了起来。街上的人像哗啦啦的流水,从

吊脚楼流向小巷，又从小巷流向码头、店铺……逼仄幽深的小巷里，吆喝声、问候声、独轮车的嘎吱声、交易场所的讨价还价声挤满了集市。小巷的青春的笑脸上洋溢着生命的活力和永恒的激情。

红霞点缀着天宇，阳光洒落在吊脚楼的飞檐黑瓦上，给小镇镀上一层金色。霞气雾霭中的乌篷船，装满了南来北往的货物，刚刚离开河埠，飘飘洒洒逶迤而下，去南陵，到芜湖，渐渐消失在透明幽静的青弋江上。同时，各地运来的货物又在章渡古镇卸下，通过纵横交错的古道运到八乡九寨。

一条腿就是一个梦，一千条腿就有一千个梦、一千个故事。

章渡毗邻革命圣地云岭，是一片红色热土，精神质地厚重。抗战时期，新四军军部设在云岭，章渡成了新四军总兵站和转运物资的重要集散地。1939年春，周恩来从青弋江乘竹筏来到章渡，在吊脚楼的"得月轩"与新四军将领叶挺、项英会面，之后沿着章渡通往云岭的古道，来到了当时的新四军司令部，指导南方八省的新四军开展工作，也给章渡写上了辉煌的一笔。

光阴荏苒，时光飞逝，当年李白笔下的漆林渡已更名为如今的章渡，成为泾县云岭镇的一个行政村。当年亭亭玉立的"吊脚楼"也历经风霜打磨……

清朝咸丰年间，"吊栋阁"毁于太平天国战争的战火。现存的建筑大多是在民国时期重建的。这种"开门上街，推窗见河"的建筑，既方便生活，又有"门外青山如屋里"的视觉效果。开了门，扑面而来的是鳞次栉比的店铺和南来北往的人流；打开窗，清晨一江水雾，傍晚半江夕阳，舒爽的江风吹来，可以饱览远山近水、长天闲云、孤鹜飞鸟、耕夫浣妇……无限风光尽收眼底，使人与自然融为一体。隔江观楼，青弋江绿水长流，"吊脚楼"像江中游弋的巨龙，化为江南一曲。

章渡"吊栋阁"虽是木质结构，但是异常牢固耐用。1922年章渡曾发洪水，街心可撑船，"吊栋阁"却安然无恙。1954年章渡又遭到百年一遇的大水，水没柜台，连涨13次，吊脚楼只倒塌一幢。

"文革"期间，洪水冲不垮的"吊栋阁"惨遭浩劫，石雕、木雕、砖雕破坏严重。

恢宏的"吊栋阁"不仅是当时人们的生活、精神家园，也构建了浅与深、实与虚、形式与内容的哲学。

建筑工匠在建设"吊栋阁"时，巧妙地运用长方形、三角形等多重组合的力学原理，将临街的落地房柱搁置在坡壁之上，临江的不落地房柱持平向江面延伸，架空成虚，然后用落地的木柱支撑，形成虚实结合、阴阳一体、刚柔相济的悬空吊脚建筑风格。由于吊脚楼顺河而立，依水而筑，层层叠叠，沿江铺展，一栋接一栋，远远望去瓜柱相连，枋枕交错，檩橼纵横，腿脚林立，构成了上实下虚、凌空欲飞的"吊栋阁"

建设中的章渡老街

楼群奇观，至今依旧是青弋江独特的风景。

　　徜徉在青石铺面的章渡老街古道，踏着街中独轮车碾过的石板，呼吸着行走在小巷中的那股清凉的风，我在古朴的"空中楼阁"中搜索着"吊脚楼"的风骨。从老街上看，"吊脚楼"随坡就势，构架简洁，前店后宅，灵活开间，单体视觉效果与其他木质老街没有什么两样。但是，沿着古道走到河对岸，"吊脚楼"的气质非同寻常，是古建筑中的"凤凰"。

　　往返多次，通向青弋江边的"转运道"垂直于老街，有的直通竖巷。"转运道"又叫"财道"，是昔日通往码头的通道，巨石垒砌。沿着"财道"那石驳的台阶一层一层往下走，中间段凌空地架着一层小木楼。小巧的木楼下既能方便行人纳凉、躲雨，又不影响南来北往的货物通行，灵秀而实用，体现了建筑师独特的匠心。再往下行走，"千条腿"触手可及，青弋江也一览无余地横在了眼前。

　　章渡的"吊脚楼"名声远播，吸引了南来北往的客商，也造就了章渡特产。章渡的香菜、生姜、大蒜、芝麻萝卜条等酱菜，具有鲜、甜、辣、香、脆、嫩等风味，一度抢手，是当地一绝，名声在外。曾在云岭战斗过的新四军老将士重返章渡，想起当年在"吊脚楼"品尝过的酱菜，即兴赋诗赞道："驱车又过旧街坊，回味当年意兴长。酱生姜与香菜美，今朝齿颊复留香。"

　　如今，章渡的"泾溪水镇"正在建设，将着力打造以万家酒店为龙头的餐饮区、以皖南特产为主的购物区、以泳池为重点的游乐区、以文房四宝为主打的艺术品展销区、以酒吧歌吧为支点的夜市区、以枕泾听涛民宿为主的体验区。不久的将来，"江南千条腿"、章渡水码头将再次笑傲江湖，让世人刮目相看。

（作者单位：泾县县委宣传部）

红色之路，苏岭古道

曹勤敏

苏岭古道位于泾县西南部，是泾县、青阳、太平三县交接之地。苏岭古道建于明朝，南北走向。古道向南到桃花潭镇的包村。从包村出发，南经"万家酒店"的万村翻越"燕子岭""龙门岭"到达太平县上黄山；或向西往后岸翻越"万峻岭""西乡岭"到达青阳县上九华。古道向北翻过苏岭头通云岭镇中村。从中村出发，向东南行 10 公里到繁华的章家渡可下青弋江；或北上翻越"雪岭"到南陵县的烟墩铺。

苏岭古道夹在海拔 714 米的四脚山和 681 米的白沙山之间，全长 10 多公里，宽约 1.3 米。古道顺山随势，就地取材，全用石条、石块铺设，有的地方直接在岩石上开凿而成。这里山高林密，地势险要，生态环境优美。山间古道，蜿蜒曲折，时而急促，陡峭险峻，时而清越，狭窄幽深，时而舒缓，平坦悠长……

苏岭古道

苏岭庵遗址

古道的顶部是苏岭头。苏岭头上土地平坦，面积有100余亩，土地肥沃，非常耐旱，盛产油菜、玉米、西瓜、黄豆、芝麻等，也特别适宜宣城老字号产品"苏岭山药"的种植。

岭上有座"苏岭庵"，庵内香火缭绕，过往客人常进去歇息寻茶水。苏岭庵三间两进，占地近200平方米，大理石门头，墙脚上方一米以下的部分及天井四周均由大理石砌就，庵内木材上乘，雕梁画栋，里面塑有十八罗汉供信众膜拜，祈求神明庇佑！苏岭庵虽毁于动荡年代，但遗址基础历历在目，遗存的门窗、石料颇多。重修苏岭庵时，村人捐献银两的功德碑尚存（已残成半截）。

苏岭古道是南来北往的交通要塞，也是苏岭人出山的重要通道。当年不仅方便了人们的贸易往来、走亲联姻，更促进了当地的人文交流和社会经济的发展。目前，古道部分路段被茂密的植被覆盖掩没，但只要将路面植被清理，再稍加整饬，古道仍能焕发出昔日的风采！

苏岭岭下的"八姓坑"，为大家展示了多姓人团结共存的典范。原来，在苏岭这个古老的山坑里有10个自然村落，8个姓氏的人们分别居住其中，基本是一村一姓。10个自然村落从里往外分别是田家山、万家涝、乌龙埂、文家、张家、曹家、徐家、陈家、西坑叶家、石壁口；这八姓是"梅、万、文、张、曹、徐、叶、陈"。所以，这一带统称为"八姓坑"，八姓坑的最里面与青阳县酉华乡交界。八姓坑的人们自古以来和睦相处，亲如一家。过去，凡遇重大事务，各宗族长（俗称"大老爹"）皆共同商议解决。这对于当时社会的稳定与发展无疑起了积极作用。这种现象，对于今天维护农村稳定，创建和谐社会，也有着不少教益和启迪！

古道边景点有99级"神仙洞"、千亩牡丹园、金珠峰步道等，还有众多天然溶洞。

"神仙洞"就在古道脚下的曹家，它系一天然洞穴，洞中有水。传说是南唐隐士罗隐先生为保证当地村民有足够的饮用水，口念法术用拐杖戳山见水而形成的。洞中水冬暖夏凉、清澈甘甜，孕育着曹家子孙在此生生不息，世代繁衍，享受着世外桃源、与世无争的生活。

"神仙洞"洞口往下呈阶梯状，共有99个石阶。神仙洞口不大，仅容一人进出。洞下朝左拐弯，里面光线昏暗，需借灯光方能担水。在大旱年份，洞水每天下蚀一个石阶，神仙洞的真实面目便展现在人们眼前。近百年来，当地发生过三次大干旱。据村中老人回忆：1947年大旱，从洞口往下数到了72个石阶才能舀到水。1968年大旱，从洞口往下数到47个石阶才能舀到水。2019年大旱，从洞口往下数

古道下八姓坑村落

到44个石阶才能舀到水。神奇的是无论多么干旱，洞水一直没有干涸过。

《曹氏宗谱》记载，苏岭曹家的曹氏为曹植的47世孙。曹植是曹参的15世孙，而苏岭曹家始祖万一公是曹参的61世孙（该始祖墓完好）。目前，村中"七步堂"遗址尚存，此外，还有七星伴月塘、馀春圃、青龙埂、古树等景点。

古道边的牡丹园、金珠峰步道也时常引来不少游客前来观赏。当地药农种植的牡丹、芍药近千亩（当地素有"牡丹为王，芍药为相"的说法）。每年的4月，五颜六色的牡丹争奇斗艳、竞相开放，已成为当地一道亮丽的风景线，吸引来自四面八方的游客。游客们赏花之后，心旷神怡地到农户家中品尝纯正的农家饭菜。牡丹除了观赏价值高，还有较好的经济价值，花可以制作花茶，花籽可以榨油，根部可以入药……牡丹全身都是宝。

金珠峰步道是当地村民在村里老干部和党员的发动下组织开发的一条"致富路、脱贫路"。村民们认识到：开通一条登山健身步道，能够串联桃花潭大景区资源，可以为当地旅游开发创造基础条件。因此，他们本着"不等、不靠、不要"的思想，积极投工投劳，说干就干，在原有的羊肠小道上，通过清理修整，建成长度3000多米的健康步道。步道的开发得到了当地在外创业成功人士的大力支持和赞助！

苏岭古道更是"红色之道"。1930年5月，共产党员翟树生派查全泉到苏岭发展党员10余名。1931年10月，中国工农红军一支驳壳枪队伍秘密进驻苏岭，组织猎户队宣传革命，开展地方工作，建立苏维埃政权。11月，因被告密，遭到国民党反动派的包围。红军战士察觉后，一面掩护老百姓躲避，一面与敌人周旋朝青阳方向撤退。在这场战斗中，一名江西籍红军战士在岭头突围时身负重伤，爬到古道边的"蛤蟆凼"里隐藏，后被当地群众救下，但由于伤口感染、高烧不退且又缺医少药，最后壮烈牺牲。牺牲时，他断断续续地说："我，是江西人，今年24岁，我……死后……请你们在埋葬时，把我的头朝着江西方向……"当地群众悲痛地将烈士埋葬在古道边的石郦山下。"红军烈士墓"现已成为当地爱国主义教育基地。

"星星之火，可以燎原"，红军在苏岭的时间虽不长，但留下了革命的火种。随着革命形势的发展，人民群众的思想觉悟越来越高。1934年12月，红军方志敏部抗日先遣队北上，经县境到太平新丰时，留李步新支援地方革命斗争，至麻岭坑接替吴介唐领导地方组织。同时留下先遣队的八位红军干部进入苏岭隐蔽，在苏岭建立了第一个共产党党支部——中共来苏党支部，由新吸收的党员曹云鹏任支部书记。七七事变后，共产党员徐建新、徐正明组织成立了"中国民族解放先锋队"（又称"来苏抗日民先队"），团结群众、清锄汉奸、宣传抗日。1938年8月，新四军军部进驻云岭后，张有汉、徐正员、徐银花组织成立了"来苏农民抗敌协会""来苏妇女抗敌协会"等革命组织，积极为新四军运送物资，转送情报，发动妇女做军鞋、军袜，动员亲属参加新四军等。徐建新、徐正明、曹修人（化名杨友华）等不少同志积极参加革命，投身革命。

"苏岭古道"又是"苏岭之战"的激战地。1941年皖南事变后，党组织活动转入地下，在皖南山区开始了艰苦的游击战争。为合力"戡乱"，国民党泾县县党部在各地成立联防公署，不断"清剿"我游击队员。1947年9月16日，国民党顽固派章渡乡乡长王之江率300余国民党"老虎队"向苏岭地区进发，偷袭我新四军游击队。时任水东乡党组织特委书记兼苏岭地区基干民兵大队长的徐建新同志，领导当地民兵及来自厚岸、查济的民兵计600余人，在苏岭头顽强地阻击

苏岭山药

敌人。他们为掩护游击队朱农和柯连长的主力部队向青阳方向成功转移立下了汗马功劳。

此外，苏岭古道两侧山地还种有不少山药。苏岭人自古就有栽植山药的历史沿袭。"苏岭山药"是安徽省宣城市泾县特产，获全国农产品地理标志。据嘉庆《泾县志》记载，距今已有千年栽培历史。苏岭山药外表弯曲，长60—80厘米，直径0.5—2.5厘米，表皮土褐色，密布细毛。苏岭山药肉极细腻，白里透黄，质坚粉足，久煮不烂，味香、微甜、口感特好，久食不腻。苏岭山药富含维生素C、钙、镁等多种微量元素，膳食纤维较高，蛋白质含量≥2.0%，并且含有人体所需的18种氨基酸，具有很高的营养价值。苏岭山药的种植，大大地促进了地方经济的发展。

近年来，随着人民生活水平的不断提高，大家对旅游资源的开发越来越重视，对旅游业的热情度越来越高，对旅游的经济意识也越来越强。特别是原生态古道，受到越来越多的"驴友"、徒步者的青睐。利用好古道资源，不让其被年久淹没，并充分挖掘它特有的价值，恢复和修缮古道，让村民大力发展特色农业及旅游产业，能够增加农民的收入，同时也能够促进当地的美丽乡村建设与乡村振兴工作，这确实是功在当代，利在千秋的大好事！

（作者单位：泾县千亩园学校）

十里枫坑九洞桥

张有根

十里枫坑九洞桥，是清朝以来人们对泾（县）烟（墩）官道枫坑至小岭头一段交通要道的概括与赞美。这九座桥是竹叶桥、中桥、紫阳桥、谢母桥、文通桥、麻纱桥、珍公桥、追远桥、门坑岭桥。

民国时期在梅村教习私塾的曹子南先生曾用十首绝句描述了当时"十里枫坑九洞桥"的情景，这十首诗被当时梅村族长梅垂来抄录，收藏在一本诗集之中。我们也不妨抄两首来看看。

中 桥

中 桥

山下崎岖一洞高，人人都说是中桥。

横行石塬沿途上，又见南坛殿对朝。

中桥在枫坑山口，可遥见朱村，桥的下游左岸有一株苍劲的古杨。

紫阳桥

殿门前有紫阳桥，能保朱村地不凋。

两面栏杆关水口，济人先造一高标。

紫阳桥

紫阳桥，在朱家村口。古代官道"十里枫坑九洞桥"之第三桥。石拱桥，长7米，宽4米，高3.5米。嘉庆二十一年修。两侧附有50厘米高的石条护栏，桥面铺设石板，犹存。此桥是一座名副其实的"高标"桥，最高、最宽、最长，最坚固、最美观，还是唯一一座有桥名（青石篆刻"紫阳桥"）、有建造年间（青石篆刻"嘉庆二十一年修建"）的桥。在"十里枫坑九洞桥"中独领风骚。

在枫坑通往小岭头的官道中途，一株擎天拔地的古柏矗立在一个岔路口，右拐过桥通往许家湾的外湾村；而左行直道，踏着石头铺成，而今杂草丛生的千年古道前行170步，就看见清凌凌的小溪之上静静横卧一座古老的石拱桥，这就是"追远桥"。它的造型结构与别的石拱桥相比没有什么特别之处，甚至因为古老简朴反而有些逊色。但是因为它的来历系着一个宣纸原产地感人至深的故事，所以备受关注。

中国宣纸发祥地小岭群山环抱、参差迤逦，溪流众多，素有九岭十三坑之称。大自然的鬼斧神工在蓝天白云下、崇山峻岭间书写的一个硕大的"川"字，这就是金坑、小岭坑、许湾坑（也称枫坑）三条主坑。它们自北向南奔向青弋江的怀抱。如今的小岭，三条主坑都修了公路，水泥路通到了深山村庄。然而在 20 世纪 60 年代以前，小岭人外出十分艰难。九岭十三坑的中心地带是小岭坑的小岭村，四面出行都要翻山越岭。其中小岭东出的道路是从小岭村沿着官道翻越小岭头山岗进入门坑岭口子过桥（门坑岭桥）沿溪外行，途经追远棚旁边的追远桥、新庵、梅家、朱家、枫坑，到青弋江边永济渡，沿水路或陆路去向四面八方。

当地老人口碑相传：明朝时期某年初春，小岭一位曹氏宣纸老板早早起来告别亲人，携货带仆踏上了前往上海纸栈的征途。他们翻越小岭头，在追远棚搬运货物过小溪。这时，曹夫人上气不接下气地追了过来，原来曹老板昨晚在书房审对纸栈账目，将账本落在了书房里，今晨忘了携带。曹夫人将账本递给丈夫，反身回走，因回望丈夫而未顾及脚下，一脚踩滑落入冰冷的溪水。丈夫迅速回头挽起妻子，扶到追远棚坐下，他安抚妻子："稍稍定神，我背你回家。"妻子忍着疼痛，眼挂泪花催他："赶紧上路，不能耽误行程。我等着你年冬回来。"夫妻隔着溪水挥泪相别。望着又疼又冷的妻子，丈夫十分心疼。他面对追远棚，指天发誓："曹某归来，在此修桥！"这一年世道太平，生意兴隆，收入颇丰。年冬归来，曹老板依诺修建了一座坚固的石拱桥。因为此桥修建在"追远棚"旁边，人们不约而同地称它作"追远桥"。

"追远桥"历经风雨沧桑，如今依然健在，他仿佛一位劳碌不休的寿星老人，安详地坐在追远棚基的旁边，朝迎旭日，晚送落霞。终年翠绿的吉祥草、四季不枯的箬叶竹、巍然挺立的千岁柏和傲视苍穹

追远桥

的万年松，还有那历尽磨难的古青檀都是他忠贞不渝的好友，他们相互陪伴着度过了几个世纪的时光。

"追远桥"正在享受颐养天年的快乐，聆听流泉永不休止的乐章，观看山林四季分明的画卷。面对南来北往的过客或慕名而来的游人，追远桥用它无声的语言述说着宣纸人创业历程的艰辛、创造财富的荣耀、夫妻离别的痛苦和亲人重逢的幸福。

查看详细 2011 年初，笔者大雪天走进山中古道，踏访"追远桥"，追思"追远棚"，并草拟了两首绝句。

追远棚遐思

子离慈母上京城，夫别娇妻往沪淞。

越岭翻山追远送，深情款款系心中。

追远桥感怀

飞越高山小岭头，泾宣纸栈遍神州。

谁知离别千行泪，化作清泉万古流。

（作者系泾县丁家桥小学退休教师）

承流峰下的九峰古道

叶彩霞　吴小元

九峰村是传统古村落，位于泾县黄村镇，承流峰西面，古属安丰乡丰东都。一条村级古路从村头的百岁坊延伸到凤池门，再到大夫第，最后直至承流峰。这条古路见证了九峰村的历史发展和独特的民俗民情。

这是一条求雨的民生之道。

承流峰为县内第二高山，"承流积翠"为泾川八景之一，上有九峰，半山有玄虚洞，为窦子明辟谷所在，设醮坛丹灶，有真君炼丹井。后有避兵洞，下为承流府君祠。承流九峰之一的望云峰下有龙井泉，传有神龙居之，可以致雨。因而每至久晴无雨，官府便来此祈雨。据史料可查的有两次：

康熙甲午年（1714），大江南北干旱，泾县有四十天无雨，田里的庄稼一点就着。有人进言说：承流山上的龙潭水与龙虾之类，取来可以致雨，但山上悬崖峭壁，不容易到达。当时主持县事的胡隆奋然说：如果有利于吾乡吾民，再险再苦也不怕。于是率人当天晚上就到了承流山下，住在古庙里。山里居民深受鼓舞，第二天一早随胡公上山。山陡峭无比，无可容步，众人芒鞋攀藤牵葛，扶公而上。东行半里许，发现一潭口涌云吐雾，水深不可测，此即老龙潭。胡公设位祭曰：……某虔诚而来，神其可无应？祭毕命人跃入潭口，须臾得一物，蛇首而螭身，挟之而出。又有人说：此下二里许尚有潭二，最下潭则老龙隐现出没之所。中潭石壁隔开，自古人迹罕至。公拂衣而东，援壁直下，众随之如蚁行状。顷至中潭，胡公趋拜。又东下，壁似斗削。复转而西，多古木苍薪，伐薪剔茨，复东转二三里，乃达第三潭。潭阔数亩，窈而邃。公敛服再拜，潭内有如蛇者昂首伸颈，蜿蜒而前。命取之以行。既还旧路，未离山数里，回首仰视，则见其上云气如烟如火。顷之，中天雷电交加，抵城时大雨如注，间以冰雹，水深几尺。邑人以为神，时六月二十九日也。是岁泾县虽旱，不为灾。

民国 21 年（1932），泾县自农历五月后持续两个月干旱，气温高达 40℃。直到 7 月底才降小雨稍减旱情。全县普遍颗粒无收。城乡百姓普遍斋戒，祈以感应苍天。县里在龙王庙摆上香案，请了和尚念经祈雨。县长叶粹武每天朝夕到庙里敬香，还率百人到承流峰龙潭求雨。也有很多群众自发到承流峰求雨，络绎不绝。头顶荷叶为帽，手

承流峰下的九峰古道

拿三角纸旗，上写"求天下雨""沛然下雨"等字句；另有纸旗画了蓝色乌云和龙身，前面抬着龙王菩萨塑像，后面敲锣打鼓，高喊"干煞禾苗""饿煞百姓，求天下雨"等口号。每当一批求雨群众队伍进城，叶县长都得光头顶日、脚穿草鞋陪着去龙王庙敬香叩头。围观群众都不许戴帽撑伞，否则就要被撕破砸烂。

这是一条请求菩萨庇佑的信仰之道。

承流山上有个仙坛庵。梁大同间有白鹤道人来结坛于承流之麓，修道四十余年，忽然一天超然远举，莫知所往，人以为仙去，故名其地为仙坛。唐元和间有一个游历的和尚来此，锡杖所立之处有泉涌出，乃剪茆结宇，沿用"仙坛"旧号。宋乾道间僧了空、元延祐间僧普惠及明洪武间僧宗洳，都先后居住是庵，人谓有物外之风。岁久庵圮。景泰间僧人智灵嫌庵卑陋，复改成背北面南，以砖石砌就，殿宇山门僧房及佛像焕然一新，遂成为一大有名的庙宇。

从清直至民国，山下居民一有大事，即上山请僧，念佛诵经消灾

古道上的贞寿之门牌坊

免难，这成为九峰村民的一个惯例，因而仙坛庵的香火一直旺盛。从仙坛庵下直至九峰村的路口，一路都是经幡飘飘，檀香袅袅。民国时期，泾县民众文化程度不高，普遍信佛。据当时县志记载，泾县宗教信仰全属佛教。时至今日，在泾县水西的宝胜禅寺，每年阴历的二月十九、六月十九、九日十九观音的生日，仍有大量的民众前往寺庙烧香祈愿。因而承流山的佛事活动只是全县民众宗教信仰的一个缩影。

这还是一条祈求家庭成员平安幸福长寿的希望之道。

百岁坊位于九峰村口，是清嘉庆二十四年（1819）所立。妇人徐氏嫁与大康的王永悌后，育有4子。在夫死子幼之时，矢志不渝，赡养公婆抚育幼子，101岁时为其立牌坊一块。坊为四柱三门牌楼式，取材当地花岗岩，造型宏伟，雕刻精美。上刻有徐氏"幼毓名门，长归儒族。鹿车共挽，夙娴淑慎之仪；鸿案相庄，久著柔嘉之范"的生平事迹。

在九峰村的百岁坊前300米，从右边田间小道进入汪村，这是从前九峰村村口进出的必经之地。此地靠大河，有古树一棵，当为九

峰村口的水口。2022 年 4 月 23 日（农历三月二十三日）古树下出土石碑一块，碑文上为横排天妃宫，二排为敕封二字，下竖刻三行"护国天妃娘娘神位，庙居三分五零基，福庇三槐一姓儿"，落款时间为乾隆四十七年（1782）。古石碑出土当天恰巧也是天妃娘娘妈祖的生日。此碑是为祭祀妈祖而建。天妃娘娘妈祖为海神，是历代船工、海员、旅客、商人和渔民共同信奉的神祇，在东南沿海建庙居多。"三槐"是王氏的堂号，即三槐王氏，在此应是指九峰王，也即承流山下大康王景顺的后裔。此碑在泾县这个内陆山城出现，估计是九峰王氏村民外出至沿海经商，家人为祈求平安在进出村口而设。外出打拼，经年累月，一头是父母妻儿的牵挂，一头是养家活口的奔波。古碑的设立，正是反映了众多打工者及其家庭的无奈和悲凉。

九峰古道，承载的是信仰，走出的是艰辛，负荷的是希望。

（作者单位：叶彩霞，泾县史志办；吴小元，泾县高铁站）

泾青万峻岭古道

查从俭

泾县的驿道，即古官道，在清嘉庆《泾县志·县境全图》中有清晰标出，一是从宁国府宣城县入境，历经古楼铺、琴溪铺、桑坑铺进入县城，一是由南陵通过鸡子岭汛入境，历经湖冲铺、仙石铺入县城，两条官道会合经晏公铺、考坑铺向东南，直至窄南铺入旌德，通达徽州府。

万峻岭古道（徐国旺摄）

泾县西南乡并没有驿道，多是民间开创的小道。泾县西乡与太平县、池州府的青阳县接壤，泾县西南乡的人去省城安庆办事，到铜陵、青池、太湖各沿江的集镇经商，大多沿着包村、老滩、厚岸、观阳，经万峻岭古道翻山而往。这条古道现大多已毁，保存较好的在观阳村万峻岭山头一段。

老滩自然村现属中国传统村落宝峰村，村前保存的一段古道是沿着舒溪的河埂，上铺卵石路。古道上还坐落着现在已难得一见的古亭，名曰"适可亭"，修建于咸丰九年（1859）。因能提供田间劳作人休憩躲雨，所以至今仍存。这也是泾县幸存不多的路

古道上的古桥（徐国旺摄）

亭。长亭外，古道边，"执手相看泪眼，竟无语凝噎"，它承载了无尽的乡愁。

老滩村旧为舒姓村落，村前河流自然叫舒溪，又因环碧山山麓而称碧溪。明万历进士徐榜有"隔邻好约同心友，笑入舒溪放酒船"的诗句，说明那时文人就在舒溪里荡舟，一边赏景，一边饮酒赋诗了。邑人吴仲善有首《老滩》是这样赞美其美景的："崩岩白石飞寒雪，挂树青藤落紫花。勒马老滩何处宿，宝峰深处野人家。"村中保存有较多的古建筑，最宏伟的当属"谷贻堂"了。这是一座义仓，兼具祠堂的功用，所以亦是舒氏议事之处。义仓是宋朱熹所倡导，明县令李邦华因灾而在泾县推行，清安徽巡抚陶澍大力推广的。其制是：通过尚义者捐赠，还有祝寿娶媳、登科入仕，各免办酒席，出银买谷置仓中，遇有荒年及青黄不接之时，随其多寡借贷，但需富户担保，秋收征还。每谷一石丰年加息两斗，平年加息一斗，大灾免息，特别贫穷者直赈之。如仓谷有余，则为添置义田，如同滚雪球般不断壮大。民间义仓制很好地弥补了当时社会保障方面的缺失。

厚岸村也是中国传统村落，古祠堂、古桥梁、古民居、古街道、

古书院等遗存众多，同时又是当代伟大的马克思主义者、杰出的无产阶级革命家，党和军队的卓越领导人之一的王稼祥的故乡。厚岸村为走出崇山峻岭的第一个大村落，清末在这里形成了一个商业集镇，所以这里具有重要的军事地位，为兵家必争之地。

早在乾隆年间，清廷就在厚岸前山磅建立了泾太分防处，设把总营，派县丞住此镇守。咸丰年间，太平军为打通江西安庆与南京的通道，在此与清军长期打拉锯战。八年，石达开挥师援救南京曾驻扎在此，粉碎了二十七姓民团分三路的夜袭，取得大捷。抗战期间，川军五十军在铜陵战败后曾驻此休整。1940 年 4 月，以此为后方发动"青贵战役"，东线围绕着白马荡、西线围绕着九华山进行，至 5 月初结束，歼敌约 2000 人。许多川军将士埋骨于此，近年，五十军军长郭勋祺的后裔募捐建有陵园。1946 年 10 月，国民党反动派自卫队为扼守此咽喉要道，曾在村后山上建筑碉堡，朱农部游击队乘他们洗刷早操之际，机智偷袭，不费一枪一弹端掉了敌碉堡。此战对开辟和发展泾青南游击区，推动斗争形势向前发展起了很大的作用。

观阳村也是一个历朝文人的好去处，村内有神仙洞、瀑布、宋尚书沈孝墓。村名是建国后根据政治形势新取的，旧称观音岩。因村口大石崖上有岩石形似观音大士，故而名村。里人查春《壁上石观音》诗云："不落丹青手，现身石壁前。搬来南海市，山水是西天。"里人因势建观音庵，南来北往之人无不去拜谒，香火极盛。因香客众多，历朝多有修葺，众多碑刻至今仍藏一村民家中。清福建大田县令、里人查懿如此描述："此地僻介，泾青接壤，而实为征人之捷径，商客之要途也。……东邻后岸，南望团溪，北负均坑，西临石柱，泾川三百里，此地固胜境乎。"村外青山环绕，团溪、石柱水于村头里余的碧山汇合迢递而来，将村分为东、西两半，西村又有长坑水横穿而入大溪。有民谣记其风水曰："石马伴石狮眠，金锣金鼓在眼前。""石马、石狮"是指村东青山有岩石似嘶马、如睡狮，"金锣、金鼓"指村中凸起的山墩。邑人赵青藜赞石马诗云："何风入马蹄，森森凌万石。还堪镊云烟，不解循阡陌。瘦批竹枝青，肥宜秋草白。回立向苍旻，无乃天厩谪。"

据县志记载，碧山乃唐供奉翰林李白栖居处。"问余何事栖碧山，笑而不答心自闲。桃花流水杳然去，别有天地非人间。"李白再次在官场碰得头破血流后，急需寻找一方世外桃源来舔舐他的心中伤口。当他来到碧山，看到杳然而去的桃花流水，终于释然。宋蒋子奇被贬宣州，也追寻李白足迹来到碧山，作《碧山赋》曰："气吐虹霓兮冲斗犯牛，缅彼心怀兮闲逐云浮。碧山一抹兮何事栖留，有问莫答兮一笑悠悠。别有天地兮花开水流，明月清风兮诗魂来游"，一颗躁动的心随着"一笑悠悠"归于平静。

万峻岭古道就是溯石柱坑水而上的。石柱坑水出于石柱山。《郑志》记曰："二石突然高插如柱。西接青阳，望九子山于西北，陵阳山于西南，有如列屏然。"石柱又名天柱石，李白有《登陵阳天柱石》"何意得陵阳，游目送飞鸿。黄山过石柱，巘

天柱石（徐国旺摄）

嵝上攒丛"的诗句。明宁国学博佘珊、清刑部尚书姚文然、邑人翟皓、郑相如都曾来这里探古访友，留有许多诗篇。

石柱高80余丈，一挺拔、一蹲坐，俗称鸡公鸡母石。石柱旁旧有明总兵杨烜墓。杨烜，字世旭，三世为名将。甲申后流落宛池间。豪士查应铭为其筑"画峰山房"，暇与野老数辈，杖策山水间，或豪饮，持巨觥，掣豕肩啖之，立倾数十斗。明末清初，烽烟四起，杨总兵悬大刀于岭上，强人不敢逾越。殁后，赵御史谒墓作长篇叙事诗以记之。石柱旁还有石柱禅林、王灵官庙。王灵官庙造得奇巧，内设有机关，红男绿女叩拜时，触动蒲团下机关，王灵官塑像就往前倾，常使人惊吓不已。庙门有联，联语为"两眼静观天下事，一鞭惊动世间人"。传说抗战时日寇想从万峻岭迁回云岭，食了人间烟火的王灵官就在石柱上显灵，手挥一鞭，吓得日本鬼子战马下跪不能前行，鬼子只好乖乖退了回去。

道出石柱里余，即至万峻岭山脚。登山二余里就登顶，俯瞰山下，崇山峻岭，"巇崿上攒丛"，故得名万峻岭。又因石阶多，称为万级岭。越过岭头蜿蜒而下四余里，山势伏坞，有村庄叫白茅荡，传说为高山平湖，强盗出没，为非作歹。八仙中的铁拐李云游到此，惩罚强盗，又用宝葫芦放掉了水。从此，有荡无水。

出村而下五里，达青阳县杨田乡。山腰处岩石上还遗有葫芦印，据说李神仙还留有"吹得葫芦响，黄金往家淌"的谶言，不知有多少痴汉呆妇因此鼓坏了腮。解放战争时期，沿江支队就曾驻守观阳，还在白茅荡打过漂亮的伏击战，缴获自卫队新购的枪支弹药。

万峻岭古道历史悠久。据嘉庆《泾县志·金石志》记载："石柱山观音岩峭壁插天，平削如砥。乾隆十八年正月崖崩碑露，其字半漫漶，可读者二十八字。文曰：'丁丑绍兴二十七年十二月记（缺三字）

凿险崖，取平路，往来人宜。（缺一字）顾举（缺三字）全体露。'"
由此可见，早在宋绍兴二十七年，先人就凿石修路了。但因涉水较
多，常常路阻。到了明代，著名义士查图源花费巨金，历时四年，终
将此修建成康庄大道。他在《济阳隐叟自述遗后人序》中记载："次
年乙酉，成化改元。……复思石柱路虽平治，缘水界途，冬月隆寒，
人皆病涉。余则命工锻石，鼎造大小杠梁一十八所，迨将四载方告成
功。舆马以之而得通，徒涉以之而不病也。"其后裔薪火相传，如查
应铭等不断整修，建筑路亭，终成泾县西南著名的通衢大道。

泾青万峻岭古道集美丽的自然景观、丰富的人文景观于一身，
还有若海的森林，藏有富含微量元素硒的水等自然资源，极具开发
价值。

（作者单位：泾县文旅局）

泾青黄柏岭古道

查从俭

黄柏岭古道坐落在乌石村。乌石村原属厚岸乡，现属桃花潭镇，明清属震山乡十都。因该村盛产乌黑石头，可能在大多数人的认知里以为村因此得名，其实不然。该村背倚高高的黄柏山，中间隔倪家垅，分为两大长长的坑，是谓黄柏水、大冲坑水，沿水而居分别称乌城堡、石坦堡，建村时遂取二堡首字而得村名。乌城堡主要为徐姓聚居地，是泾县水南都（现中村秋阳一带）徐亮的后裔，石坦堡多为舒姓自然村，是老滩舒氏的分支。

黄柏岭古道是一条泾县西南乡以及部分太平人去往商埠重镇铜陵大通、和悦洲的主要道路。其路径由厚岸经乌石村黄柏岭的古道到青阳西华乡境内，再转木镇而往。泾县的古驿道皆已不存，所存古道大多损坏，而乌石境内的黄柏岭古道却十存八九，达十五里，其中上山七里，下山八里，号为七上八下。古道修筑年代无考，估计至少在宋元之前。本来是两县古先民通亲以及生活出入的小路，明中期泾县商业渐起，商人出走于沿江集镇，此古道也渐成重要通道，这从沿路桥梁的石刻可证。

古道主要是翻越黄柏岭，黄柏岭，《泾县志》上写作黄蘗岭，《青阳县志》写作黄箔岭。在《泾川查氏族谱》上有首描写黄柏岭险峻的诗："斯岭奚为黄柏言，石梯峻若上青天。当中下见南山尽，巅上平

百丈崖（王坤华摄）

临百斗悬，百丈危崖秦塞险，千寻栈道蜀途难。老牛石上祥光起，疑是聃君函谷关。"黄柏岭海拔642米，南接天河尖（655米），北趋田家山、白沙山（680米）。黄柏岭有比较少见的黑色硅质页岩，属寒武系，上古是浅海环境，地质调查发现三叶虫化石可证。受北贡背斜和孤峰向斜影响，黄柏岭是复背斜，山多褶皱地貌，形成剪切断层石崖，甚是雄丽壮观，是学生研学地理的天授课堂，也是成人游览、户外活动值得一看的地方。

　　清末，黄柏岭成了兵家争斗之地，太平军与官兵、民团在这里守关夺隘反复拉锯，有文字记载的大的战斗有两次：第一次发生在咸丰十年（1860）六月，太平军古隆贤部扑老滩，打死张忠泰，辗转厚岸击败杨名声，攻破都司邓在伦的万峻岭隘口，接着在黄柏岭展开激战，直到清都司谢诚（字承恩）中炮死，官兵民团全军覆没方结束。

水口塘（王坤华摄）

太平军挟大胜之威，挥师北上，势如破竹，直下泾县城。第二次发生于同治二年（1863）六月，此时太平军已江河日下，宁国守将刘松山会约泾县守将易开俊，剿太平军于黄村、北贡里、曹村、考坑、荞麦湾等处，朱品隆亦自青阳会剿于水木竹潭、顺安镇、黄柏岭，太平军惨败。至此，太平军被迫退出泾县。

建国前，以杨明为首的中共沿江特委在石坦堡为根据地打游击，而以洪林为首的中共泾旌太中心县委，则在乌城堡黄柏岭建立了一支小武工队，时而泾县，时而青阳，神出鬼没。所以，乌石村属革命老区，也是一片红色的土地。

泾青黄柏岭古道起始点在乌石村的坎底自然村。进村有一雄伟单拱石桥，桥名、修筑年代无考。桥旁有水塘，塘里有几个巨大乌黑石头，稍加整治可成为一景，因为昔日这里就是该自然村的水口，当然风景优美。山脚下，昔曾建有一座名"鹿谷园"的大庄园，庄园大门特别雄伟壮观，庄园主人徐德成仿《醉翁亭记》的笔意描述其处景观，记曰："山行六七里，隐闻水声，而泻出于诸峰之间者山谷之水也。……山周四隅，苍翠稠密，日出而林霏开，云归而岩穴暝，维内天然之景皆有可观，故是里之古名曰乌城也。村中所植，清秀敷舒，溶漾纤余。仰观野绿，远混天碧。俯察物类，无不合形。壑谷流春，松岩之甘泉也；嘉葩野馥，石韫之含辉也……"远山近树，潺潺流水，好一幅水墨山居图。该碑记21世纪初仍镶嵌于古民居的墙上，现已被贩卖到了芜湖。

古道大都以石阶筑就，盘旋而上，时有"之"字路。一路古迹遗址众多，有长沟亭、半山亭、石板亭、发牛庵亭，有黄蘗庵、松庵、金殿庵，还有仙人脚印、罗汉显肚等奇景。松庵出土了大量泥活字，当是桃花潭畔的翟金生所遗，不知其泥活字是他在此教书时就地取土所制，还是战乱所藏。自然景色以古道与青阳接壤的百丈崖峡谷最为险峻清幽，谷内有瀑布群，青阳县已开发成景区。岭北半山的眠牛石非常壮观，名人多有题咏，有深厚的文化底蕴。世外高人烟蓬道人游览眠牛石，留诗云："青山耸出

眠牛石（王坤华摄）

石为牛，卧岭眠云不计秋。轻耙重犁千古弃，长鞭短索一时休。清泉湛湛慵开口，嫩草青青懒举头。头角已藏无斗处，黄昏谁解牧歌收。"作者以拟人的手法把眠牛石描述得活灵活现，表达的却是出世无为之想。

曾讲学于水西书院的著名学者王畿应弟子丁旦的邀请，在泾县查铎、翟台、徐榜、萧良干、萧彦、萧雍等同志的陪同下，翻越黄柏岭去池州讲学。其登临此山，也有诗赞眠牛石，诗云："振衣蹑高巅，行行惬幽赏。石斑留晓露，纡径撝一杖。万仞既以登，黄蘖行复上。岭上无人识，白云自来往。峨峨天河尖，遥望起遐想。青鸟入吾怀，飞鸟落千丈。石牛眠不眠，何人作牧养？眷兹峰峦美，莫使吾心荡。"该诗既是写景抒情，还暗寓阳明学思想于其中。诗从"万仞既以登"开始，说到他的心意，登高犹如顿悟，所以人们要能够直信良知。"岭上""白云"两句说可惜众人皆不能肯信自己的良知，而汲汲于讨论人的气质受到的杂染，实际上那只不过是忽而出现的来来去去的白云。"峨峨"两句与"青鸟"两句合看，是遐想他自己在水西讲学的工作犹如那传信的青鸟，不过是将阳明先师所揭示的良知思想，让人人都能够领会与践行之。"牧牛"是源自道家修炼的重要意象，似欲借此提示弟子反省自己的内心是否还昭昭灵灵。"何人作牧养"的反问，意在表明无人牧养，甚至无须牧养，一切修为都要自自然然。

泾青黄柏岭古道富有文化底蕴的自然景观与地理知识的旅游资源值得开发，前景值得期待。

（作者单位：泾县文旅局）

民国时期泾县的递步哨

叶彩霞　吴小元

民国时期为提高公文传递的效率，民国26年（1937）12月4日，泾县国民政府成立递步哨。开始设置的哨线是宣城间、宁国间、旌德间、太平间、南陵间、青阳间，每十里或十五里设一哨，每哨以三人至四人组成，由各境区署就所辖境内应设置哨数指派当地保长或乡长切实负责，县城内也设置有递步哨所，全县共有哨所四十九所。

递步哨所用员丁多数是各保按壮丁额轮流派充，其轮派者由轮值各户担负薪给或代金雇用，全县哨丁至少每保一名，各乡公所至少二名，合计约三百名，城内哨所每日规定经费二十六元，除由县与地方开支十元外，不足由商会、三隅公所共同负担。

递步哨成立后的民国28年（1939），县政府对各递步哨丁进行培训，通令各乡镇选择送递步哨一人至府训练分配工作。在实际工作中，第一区各站从县城发

出公文，往往有迟至三四日始到达二区的情况，屡为延误；且其新颁日戳未用，仍旧用老式图戳，故不易稽考，所以县政府通令各区乡镇保甲长严加整饬，由县府通饬各站必须改用可记时日的新戳，并且要填明收发时日，如遇前站迟误，次站即不得接收。

民国 29 年（1940）元月，泾县国民政府府重新规定递步线路：干线：泾太线、泾青线、泾南线、泾宣线、泾宁线、泾旌线；支线：全县各乡镇除干线所经者外，一律设置支线哨站；将原有各保递步哨丁一律裁撤，按全县二十九乡镇各选精干壮丁一名，集中城内实施军事管理，予以短期统一指挥，分配各路工作；由各乡镇按月筹足哨丁薪饷八元，呈缴县分所统发；各线路哨站应设置信箱两个，并规定时间收发，如遇紧急公文，得由各站保长负责专送；各路哨丁得由随时调换线路工作，以免怠惰，并按里程计核时间。

之后又进一步明确服务规程和人员补助标准：县城设递步哨分所所长一人，综理全县各哨站文件传递及工作考查等事宜；全线干线：泾宣线在蔡村坝设置哨站一处，泾旌线在乌溪、马渡桥各设置哨站一处，泾南线在湖村铺设置哨站一处，泾青线在章家渡、万级岭各设置哨站一处，章汀线在汀潭设置哨站一处，章太线在铜山设置哨站一处。凡干线未能经过之乡镇均设立支线，由乡镇公所将公文送附近各哨站传递；递步哨分所、干线各哨站用哨丁二人，每日分班递送文件；分所所长及各哨站站长均由县府委派；分所月支办公费十二元，所长一人月支生活费二十元，各哨月支办公费六元，站长八人各月支生活费十五元。

递步哨所站经费，遵照省令应列入县地方预算，或在县预备费项下支给，泾县县财政乡镇保甲经费岁出预算书中，杂支项内列有递步哨全年支出经费 2160 元，与当年递步哨所站经费支出数目相差 2506

元，准备在县预备费项下支给。原定各乡镇按月筹缴8元的递步哨分所经费，各乡镇均未能如期筹缴，为减轻各乡镇负担，县政府决定自5月份起，暂照县地方预算按月动支180元，各乡镇公所筹缴递步哨经费一律停止。调整递步哨支线哨站，将原有各乡镇支线哨站重新规划确定22站，分别为：岸前乡下坊、双浪乡孤峰、泉北乡官田湖、赤滩镇双坑、赤滩、马头镇马头、新平乡白华、丹阳乡溪头都、信义乡上漕溪、和平乡丁王殿、榔桥

镇榔桥、忠恕乡黄田、长乐乡江家洲、思齐乡花林都、凤村、茂林乡茂林、丰东乡黄田、震中乡老潭、厚岸、震东乡翟村、震西乡查村、礼潭乡沙河。

民国29年（1940）7月，泾县国民政府进一步整顿递步哨所站：抄发省政府颁发《公文传递办法》，传达小哨分所及各哨站遵照，督饬哨丁切实施行；饬榔桥河区署派员督饬所属乡镇将递步哨支线哨站组织健全，按日传递文件；饬令递步哨分所对于公文传递及递送《宣报》报务须及时，毋使搁置，县府发往各乡镇公文最迟于第二日到达。8月，县政府令饬递步哨分所拒绝收送私人函件；派递步哨分所所长明文远查察泾青干线各哨丁传递公文之快慢，以凭奖惩。

民国30年（1941）4月，泾县递步哨原设置哨站中的三分站，奉令归省方统办，遵令裁撤，仅将不通邮路的乡镇予以保留。8月，奉铜南繁泾绥靖指挥部令，泾县为第四递步哨，在章家渡设立总所，

在县城踏脚石、湖冲铺、丁家桥湾滩、小岭、汀潭左坑、云岭北贡里等处设立分所，传递公文。

民国 31 年（1942）10 月 5 日，原有递步哨予以调整改组，每乡设立一哨，共计通讯哨二十二所。县及乡镇间的公文传递较前更为便利。至民国 37 年（1948），泾县递步哨共有 350 个，其哨组长均定期参加县国民政府组织的技术训练，在工作中灵活运用，以完成各项任务。

（作者单位：叶彩霞，泾县史志办；吴小元，泾县高铁站）

绩溪篇

徽杭古道故事多

耿培炳

绩溪县东邻浙江昌化（今属杭州市临安区），中隔天目山脉。为高山深壑所阻，无路可通，必须绕道歙县昱岭关前往，或翻越其他高山峻岭。宋宝祐年间，始在逍遥峡谷凿开巉岩，辟成险道，经此前往杭州可缩短行程二三天，人称"徽杭古道"。

徽杭古道绩溪境内路段起自伏岭镇虹溪桥，1957年前，北向道口上嵌有一石刻"徽杭道口"之横额，为名儒耿介所书。往东跨"江南第一桥"进入逍遥谷，穿过"江南第一关"，攀登逍遥栈道"小心坡"，翻越雪堂岭、蓝天凹，下至浙溪田岭脚下（永来村），行程40华里，由此经浙溪峡谷往东，越皖、浙分界栈岭关，至昌化县颊口上徽杭驿道（今徽杭高速公路），直达杭州。

绩胡（家）公路通车前，虹溪桥是古道上的商业重镇，有"忙不忙，三日到余杭"的俗语。古道在此与纵贯绩溪东境的登源古道相交，往南经

伏岭、北村、龙川、仁里、湖里等名村，通往旧时绩溪重镇水陆码头临溪。往北至磡头。往西与伏岭、扬溪、尚田、旌德的横向古道相连，远至宁国府与省城安庆。故徽杭古道有"径通江浙""路达徽宁"之谓。

原始古道　在逍遥岩栈道未开辟的唐宋时，人们前往杭州的近径为从下岭前村后迂回曲折而上，进入赤石坑谷口分横坞与直坞：横坞往东有山路越施寺岭，至黄茅培接徽杭古道。此为老徽杭古道，又称"赤石坑古道"。逍遥岩栈道开辟后，这条长约20华里的古道荒芜了。直坞向东纵深约4华里，北侧有山道翻越桐坑源降至桐坑源。

老古道所经的逍遥山脉之北有高山峡谷，这是远古造山运动中形成的一条山坑，俗名"造石坑"。在造山运动中滚下许多山石积于山坑中，石带赤色，故称"赤石坑"。山谷长约14华里，源头是社母娘娘尖东部山脉的前山尖。其又分出南北两支脉：南脉为逍遥岩，至人面石尖、三扇东门尖，均壁立千仞；北脉沿桐坑降西行，突起一高峰名社母娘娘尖。赤石坑就介于逍遥峡谷和桐坑源山谷之间，是登源河支流赤石坑水发源地。

社母娘娘尖以古时山上有社母娘娘庙而得名，高程1305米，山势巍峨，直刺云天。

人面石尖和社母娘娘尖是赤石坑的两扇大门，古道往东迂回曲折而上，进入谷口地势较平缓，溯山涧前行，经舍基，枫树湾，中途往南有羊肠小道，越过高逾千米的施寺岭进入高山谷地施寺。古寺已在兵燹中废圮。早年有山民来此垦荒种植，衍成几户人家的施寺村。谷地西南直下临千丈悬崖，即"滴水石"，下为逍遥岩栈道"江南第一关"腹地。太平天国时，太平军就是经赤石坑越施寺岭，从滴水石垂索而下，抄民团后路破了"江南第一关"。从施寺道路下至黄茅培。

"下岭前—赤石坑—施寺岭—黄茅培"这条古道，可说是原始的徽杭古道。

时隔数百年了，当年商旅招朋引伴、穿行在山道中的热闹已不再，唯有沉静的大山在絮絮低语。至今山道中还留有古石板、古石阶、舍基遗址。舍基，是在中段古道的开阔地，用草棚、木栅栏搭建而成的简易客栈，是为过往客商提供歇脚、临时吃住的落脚点。

悠悠路史 现今之徽杭古道俗称逍遥岩古道，究其建筑史，有文字可考当追溯到宋代。"七十二垱"之巅，路后有攀岩石刻，记录了宋宝祐间，大石门胡旦捐金用工开凿，削石为蹬，在绝壁上开辟新路，成为通杭捷径的历史。后经历代扩建、维修、保护，形成了今日之规模。

民间至今流传着"神犬探路，胡梅林修路"的故事。胡梅林即胡宗宪，在杭州为官多年，常来往于徽杭古道，他投入大量财力、人力对古道进行扩建，奠定了今日"徽杭古道"的规模。他养的一只通灵性的大头神犬，施工时就按神犬所走的足迹选择更理想的线路，炸开巉岩，拓宽路基，铺上石阶，绝险处构筑栈桥，建成栈道；劈开张风凹堑口，构成关隘。胡宗宪登临关上，赞为江南险绝，遂题名"江南第一关"。

太平天国间，侍王李世贤曾在民团手中攻下该关，关隘遭毁。同治二年社会人士重修。民国期间，伏岭下人邵在炳、邵之华与程怀邦等发起募修，荆州人胡商岩经理其事，"凡六阅寒暑，使羊肠蚁穴一变而成坦途。并建石拱亭于关内，以供行人憩息。"

民国32年，徽商胡元堂又捐巨资，并向上海、南京、芜湖等地徽商劝捐，集资2万多元，大修古道磨盘石至岩口亭路段，重整岩口茶亭。

此外，还有当地民众长年养护维修古道流淌的汗水，亦应铭记。如伏岭邵氏以祠产维修毁损路段，发动村民以"捐路板"方式捐助，集腋成裘，以成善举，并造多处茶亭、路亭。还有祝三、黄毛培村都成立"路会"，"祝三路会"定每年农历"十月半"为修路日，发动民众上逍遥岩义务修路。

古道大门　从虹溪桥"徽杭道口"东行至逍遥岩口，有一座单孔石拱桥，拱顶嵌着镌有"江南第一关"字样的石额，俗称"岩口桥"。为清光绪年间鱼川村人周恒顺及旅外徽商捐资兴建。

1969 年"7·5"洪灾将该桥冲毁。1993 年，旅台徽商胡泉波捐资 5 万元，重建新桥。凹上村郎云根献出珍藏 20 多年的旧桥额，"江南第一桥"仍嵌在东向桥体上。

越过该桥，桥头有座三个拱门的路亭，从前紧靠路亭后是一茶亭，俗称"岩口亭"。与岩口桥同时建，为来往行人无偿供应茶水，也可安排行人住宿。茶亭前紧靠桥头有座三门路亭，内置石凳供人憩息。东、西、南三面拱上方书有横额，分别为"路达徽宁""东南险要""径通江浙"。

1969 年洪灾，江南第一桥和桥头的三门路亭均被冲毁，四年后，台胞胡泉波、胡观德、汪仲民、邵秋人等又筹资万元，在桥头依旧样重建，仍名"岩口亭"，成为徽杭古道的大门。

穿过大门进入峡谷，那美景和传奇接踵而至，"三扇东门"奇景与传说、泗洲庙的灵验、磨盘石的神秘、饮马潭的碧玉、观音洞和扦脚石的奇特、关公三劈石的硕大、与西湖相通的鳗泥潭及逍遥谷中的老君洞和山泉瀑布等，等待您的览胜猎奇，尽情欣赏！

古道雄关　观音洞以上，山体陡峭几近 90 度，道路在峭壁上开辟，凿成石磴台阶，拾级而上如登天梯。初次攀登，不敢向外观望，只能小心翼翼扪壁而行。走完千级石阶，上面一关门屹立，如天门洞开。这里原来是山体上突出的一处山崖，挡住了前路。宋代初辟险道时，在此凿成垭口，古称"张风凹"，以示山势险恶、垭口招风之意。行人经此爬上爬下，勉强通行，异常危险。明代胡宗宪扩建古道，将垭口扩宽，架石于上，构成关隘。

当关远望西方，万山叠翠，俯伏脚下，逍遥谷外，村落星星点点，隐隐约约。千级石阶像巨蟒逶迤于绝壁之上，真乃"人从丹壁千盘上，路入青天一线通"。向东眺望，山谷幽深，岚烟缥缈，如梦如幻。伫立关口，山风习习，凉意宜人，大有凌空驾云、飘飘欲仙之感。

当你欣赏那神、奇、险、秀、美的自然风光和历史遗存，联想当年击鼓飞镝、硝烟弥漫、喊杀连天、悲壮动人的战斗场景和神秘诡异的传说，会自然而然引发思古之幽情，顿生"雄关漫道真如铁，而今迈步从头越"的豪情与诗意。

1934 年 12 月，红军抗日先遣队第十军团，在师长寻淮洲带领下转战浙西，12 月 5 日凌晨，奇袭江南第一关，国民党军弃关逃命，一举突破天险，经伏岭、扬溪、尚田，胜利攻克旌德县城。1945 年，皖南游击队也在"江南第一关阻击战"中留下了光辉的一页。

古道遗存　关内路后有一石拱亭，可供行人憩息、避雨，为民国20 年邵在炳捐资建造。亭在高崖之下，紧濒雄关。亭内穹顶上刻有建亭史实，亭门额上刻书"履险如夷"四字，人称"险夷亭"。后面石墙嵌有《重修逍遥岩古道碑记》大理石碑刻。

险夷亭左侧有一花岗岩构筑的小庙，高不过 6 尺，小庙不供佛像，而是昭示了一个血肉凝成的故事，有石刻碑文记述了"二程庙"的由来。……民国 21 年胡桂森捐资建造。

"逍遥栈道"是在逍遥岩陡峭的岩体上吊索而下，开凿一排石孔，将花岗岩条石插入孔中，上铺石板成栈桥，下面悬空，路外置石栏杆保护。人在上面行走，仰视头顶，悬崖如高檐耸出，摇摇欲坠；俯瞰下方，深壑万丈，让人胆战心惊，逶迤攀升，峻险异常，故称"小心坡"。此石筑栈桥不怕火烧，不怕风雨侵蚀而腐坏，坚固耐久。它凌空驾虚，虽经受了数百年风雨，仍岿然屹立。

越过"小心坡"，走过一段平缓的石板路，来到"七十二埢"，那方倾斜的"天镜石"，面对着"佛祖灵山"下的"如来佛掌石"，就像置身于仙境和天界。再走一段横培路，即到"施茶亭"，行旅可休息、饮茶、吃冷饭，在凉亭迎受山风吹拂。还可让远途旅客借宿，避免夜行危险。茶亭系清嘉庆年间伏岭下邵承方捐建，历经邵氏后裔多次修缮。

"七十二埢"的路后，巨崖如墙壁耸立，高约数十丈，崖壁上方有一凹口，可见涓涓细流从凹口沿崖壁滴沥而下，人称"滴水崖"。若春雨过后，高崖上滚滚巨流奔腾直泻，成为"逍遥飞瀑"。滴水崖之上有一高山谷地，宋代以前就建有僧寺，称"施寺"。后来有山民来此垦荒，栽茶种黍，搭棚居住。太平天国战乱中焚毁，只剩下荆棘丛生的屋基和砖瓦破片。

施寺脚（漏米窿）以上，岭路绕过"之"字形弯，走一段路即为黄茅培村。伏岭善士邵飞凰父子在古道中途建"一得亭"并房舍，并捐田三亩

作为施茶费，繁衍生息，遂发展成今日之邵姓聚居村。

古道之巅 攀上雪堂岭，经雪堂茶亭到岭巅山凹，这是徽杭古道的最高点，海拔高程逾千米。伫立岭凹，翘首天穹，白云蓝天近在咫尺，故称"蓝天凹"。

蓝天凹位于山岭之巅的十字路口，徽杭古道自西向东越岭而行，下岭即岭脚下永来村，进入浙溪田盆地，东往颊口上徽杭古驿道（今徽杭高速公路），直通杭州；北有小路至逍遥村，可往荆州乡佛教圣地小九华；南越庵基岭进入大鄣源，通向鄣山大峡谷；东南沿山路向上攀行，可上清凉峰。蓝天凹地处皖浙两省的分界处，也是军事要隘，地理位置十分重要。

徽杭古道如今成了全国十大徒步旅游最佳线路之一，被评为"中国体育旅游精品线路"，国保单位，4A级景区，蜚声于全国，博得国际友人的赞誉。

（作者系绩溪县卫健委退休干部）

通向春天的古道

查晶芳

徽杭古道，一条漫长而陡峭的小径，藏在皖南深山的重重皱褶里。有心人，跋山涉水来相见。

站在古道对面的山脚下遥望，只见一条窄窄的白线蜿蜒而上，宛若天梯悬挂，插入杳不可见的白云深处。那分明是一部竖行排版且繁体书写的厚重古籍，没有定力与耐力的人注定无缘翻阅。

虽然人工栈道相对平缓好走，我们还是毫不犹豫选择了从古道原址攀登。脚下一块块裂纹遍生的青石板，仿佛一页页泛黄破碎的纸笺，书写着古道前世今生的沧桑荣辱。

徽州古道，是徽州人早年间与外界沟通的路径。古徽州一府六县，皆四面环山，土地贫瘠。为了生存，勤劳坚韧的徽州人闯过重重山岭，去外地经商。他们踏出了众多的古道。那些蜿蜒的山径就像一条条长长的风筝引线，把徽州人送出了封闭的大山，让他们看到辽阔精彩的世界。徽杭古道便是其中最有名的一条，是继"丝绸之路""茶马古道"之后的中国第三条著名古道。它起于安徽省绩溪县伏岭镇，止于浙江省杭州市临安区清凉峰，全程共有 70 公里。我们走的是其中的精华路段，约 20 公里。

3 月的春阳已然热烈，我们拾级而上，止不住热汗涔涔。虽陡且长，然触目所及，无不爽然怡神。但见山峦重重，远峰隐，近岭清，移步易景间，似有巨幅折扇正徐徐开，缓缓合。扇面上，清荣峻茂，绿意幽浓；桃红嫣然，山茶含笑，连翘开着细碎的小黄花，枝头轻轻摇曳。扇顶，是无边湛蓝，更有白云如花镶嵌其间。那云朵悠然俏皮，时而俏立峰尖，时而闲游山坳，时而又影落池中，无论缀于何处，都美得让人挪不开眼。耳边不时传来淙淙水声，或飞瀑轰然，或清溪泠泠，伴着啁啾鸟鸣。行于其间，恍若置身世外桃源。

埋头抬脚，一鼓作气，到江南第一关时，我们已气喘吁吁，心若擂鼓，坐在石阶上小憩。眼前，两块巨石蹲居左右，四根粗大的石条横架其上，垒成门楣。门楣两面分别刻着"江南第一关"和"徽杭锁钥"的字样。门东有碑，读文方知从山脚至关口共有 1400 余石阶。此处地势颇险，一侧贴山，一侧悬空。往下看，壁立千仞，深谷险壑，令人心慌目眩。而岩缝山石间，仍有细草纤纤，悠然挺立。

矗立山岭，清风习习，思绪悠悠。莽莽苍苍中，初时何曾有

路，岂不都是悬崖峭壁，榛莽荆棘？野烟山岚，虎啸猿啼，人迹罕至，险象环生。是谁最早踏上了这条小道？他在出发之前经历了多少心灵拷问与精神煎熬？前方的路有多长，最终能不能走出去，会不会掉落山岩步入地狱……所有这一切，或许那个人都不知道。面对众多或担忧或质疑或嘲讽的目光，他只微微一笑，便毅然决然地出发了。是贫瘠的环境，是生活的热望，是不屈的精神，支撑着他。既然选择了远方，便只顾风雨兼程。最终他有没有平安返回，已无从得知。如今我们知道的是，徽州先民们用一代代人的晨昏，一代代人的脚板，踩平了坎坷，踩稳了山石，砍倒了荆棘，驱走了狼虎，消净了风烟，铺出了古道。

从此，这条道热闹起来。鸡声茅店月，人迹板桥霜，徽商早已上路。若是牵马，便有清脆的铃声蹄响，敲碎了寂静；若是步行，必短褐芒鞋，三五成伴，山林空空，笑语欢声。扁担压弯了，筐里的

茶叶、徽墨、歙砚以及各类山货，在轻轻地唱歌。返回时，他们与扁担一起歌唱，山林满了，满是喜悦。这时他们的筐子里，是春天一般的丝绸布匹，是各种山里人见都没见过的水产海货。一路上，渴了，掬一捧泉水；饿了，嚼几口干粮；乏了，看看烂漫的山花。

除了云锦般的丝绸，除了发烫的金银，他们还带回了诗词曲赋，带回了琴棋书画，带

回了敢为天下先的豪情。这里发生了嬗变，这片土地成了插根枯枝也能长成森林的沃土。这里走出了朱熹、胡宗宪，走出了胡雪岩、胡适，走出了浙江、黄士陵……徽杭古道，也成了人间天河，喂养着一颗颗熠熠生辉的星子，并把它们放牧到天上。

风仍在吹，叶隙间的光点，涟漪一般波光粼粼，如梦如诗，闪闪烁烁间亦有清凉漫生。看着脚下这窄窄的小道，我本已疲乏的双腿倏忽间又有了力气。遥望谷中，巨石累累，或似铁骨铮铮傲然不屈的男子，或像迎风而上不畏艰险的风帆，或似竖掌如刀力劈华山的佛掌——竟都是丈夫之气，境由心生？后看标牌介绍，正是"将军石""顺帆石""佛掌石"，不禁莞尔。山中处处清溪流泉，像一道道柔软的白线，温和地化解了山石的坚硬。谷底潭水晶明，流泻一溪的翡翠玉玦。

古道曲又长，何处慰风尘？长亭更短亭。每至山腰险峻处，常有古亭静候。它们似慈眉善目披蓑戴笠的老者，温和地将疲累的旅人轻拥入怀。四面敞开的施茶亭内，我们小坐，清风徐来，天籁寂寂。山那边，就是杭州了。恍惚间，我仿佛看到了一代又一代徽州人热切的目光。当年他们行到此处，遥望杭城，脸上也一定会露出开心的微笑吧？他们可能并不知道山那边通往何方，但心中却坚信那儿必定春暖花开，必定是一个崭新的精彩的世界。短暂的小憩后，他们的步伐更坚定，也更沉稳。

如今，那些身影早已湮没在历史的风烟里。然而，今天的我走在古道上，却分明看到他们的身影一直清晰……

（作者单位：宣城市工业学校）

商旅要径登源道

程尚远

　　绩溪境内里程最长的登源古道，纵贯县境东部地区，又称东源古道。起自绩溪南端水陆码头临溪镇，接徽宁驿道。起点分为两路：一路沿登源河而上至湖里；另有一条近路，从临溪经徽宁驿道下佛岭，进山坞越登源洞岭到湖里，较沿河线近5里。两路相汇后，又沿登源河上行，通过登源地域到达虹溪桥，临溪到虹溪桥一段称"登源段"。从虹溪桥北行越绩溪岭凹后，进入邑东北隅山区，称"里节段"。道路越绩溪岭凹，攀闻钟岭，下至西坑（今西川），沿桐源河下行，至清潭下越阳西岭、翻阳和岭到碉头。转向东北，溯戈溪河上行，上金光岭到和阳，越峤岭至阳金山谷，在分界桥入浙江昌化县（今杭州市临安区）仁里。全程108华里，路宽1.5—2米，多为石板路面。沟通十至十五都（今临溪、瀛洲、伏岭、家朋4乡镇），连接皖省绩溪县临溪和浙省昌化北部山区，又称临（溪）昌（化）古道。

　　登源古道在县境内经大小村庄46个，越山岭7座，跨桥梁28座，经路亭41处（内茶亭18处），道路所经为县内人口最密集，乡村商店多，旅外徽商多的地域。

　　穿越时空，走上登源古道。起点临溪镇处绩溪县境南端，扬之、登源、大源三水在此相汇，流入歙境称练江，航运畅通。徽宁驿道在雄路会徽旌驿道至临溪与登源古道相接，明清时在此设临溪铺。交通

便利促成市面繁荣，商贾云集，街上车马辐辏，河中船只川流不息。商业经营以百货批发和粮食、土特产收购转销为主。旌德粮食运此加工转销南方各地；本县各地及旌德、歙南、昌化北部山区的乡村商店都来此进货。商路四通八达，成为绩溪最大水陆码头、徽州四大商贸重镇之一。

从临溪走登源古道近路，去湖里15里，中间越登源洞岭。明代，在岭头建跨路石拱亭，门额上刻"登源"二字，拱亭形似门洞，人称"登源洞"，登源洞岭因而得名。此处两山夹峙，地势险要，成登源门户，清代列为关隘之一。岭头处五岭之交：往西到临溪，往东北到湖里；向西北有岭路到龙塘上徽宁驿道，在雄路接徽旌驿道通旌德；南有岭路至富林坑，越白杨岭通歙县南乡；东北至辇显，经汪坑越汪坑岭去歙南，这两条通歙南的路都是歙县南乡人去旌德挑运粮食的必经之路。岭头建有登源洞岭茶亭，成了登源古道的驿站。

下岭至湖里（原名胡里），与古道沿河线相汇。湖里濒登源河设有码头，唐宋时名通镇，已是交通便捷、商贸繁荣的集镇。北宋开宝间，胡延政任绩溪县令，爱上这里，从婺源迁此定居，改村名"胡里"，衍成绩溪大姓明经胡氏。其后人才辈出，清末"红顶商人"胡雪岩就出生于胡里。

从湖里到仁里——千年历史文化名村，自古崇文重教，出过4名进士，近代专家学者灿若辰星，中国工程院院士程莘农，两弹一星功勋专家程开甲的原籍就在这里。仁里又是徽商发源地之一，走出去许多巨贾。清代，仁里人在通州（南通）经营典当业，先后开当铺三四十家，成了南通商界的翘楚，正如胡适所称"通州典业自是仁里程氏所开创"。程开甲的祖辈就是从仁里走出去，到通州开当铺，后转苏州盛泽经营百货业而寄籍该地，绩溪仁里是他的根。仁里人还于清末与英商合资，在绩溪和阳开采金矿；又在芜湖创办安徽最早的发电企业明远电灯公司。近年仁里获"中国传统村落""中国美丽休闲乡村""文化特色村"等称号。

上行5里至大庙汪村，因村西有奉祀汪华的大庙而得名。从这里有大路往西，越登岭至绩溪县城，是县东各乡往来县城的要径。

登源古道名村龙川，历史悠久，文风昌盛，人才荟萃。曾出进士十多名，明代有胡富官至户部尚书，胡宗明累官副都御史巡抚辽东，抗倭名臣胡宗宪晋封太子太保加少保、兵部尚书；清代徽商胡沇源世代旅泰州经营茶业，名扬三泰。龙川山水灵秀，古迹遗存甚多，胡氏宗祠、奕世尚书石牌坊、徽商胡炳衡宅。三处列为全国重点文物保护单位。还有许多人文古建和东面龙须山的自然景观。

从龙川上行进入龙须峡谷，登源河两岸山峰壁立。早先，道路从巧坑口过河，沿东岸山麓傍河而上，至甘山脚再渡河到北村，两次涉水。每到汛期，交通中断，行人叹为畏途。清道光末，湖村巨贾章忠柱（凤麟公）慷慨捐资，在河西悬崖绝壁上开辟新路长5里，中间山崖突出仄险处，凿开长 15 米隧洞，可供行人休息，称石洞亭。又铺龙川至湖村石板路面 10 余里，中途建上新亭、下新亭两座茶亭和双溪口三门路亭。咸丰年间太平天国战乱波及，章氏店业受损严重，凤麟公抑郁病亡，工程中止；乱后，其子承父志，继续施工。前后历十多年，父子相继，使之于成，登源古道去险为夷，路况大为改善。

到石纹桥茶亭，过桥进伏岭下村（简称伏岭，又名纹川），为邵姓聚居村。明代氏族兴旺，衍成全县最大自然村。因人稠田少，生存压力大，清代起大批村民闯外地经商，尤以开徽面店、徽菜馆者居多。由面店拓展为徽菜馆，进入上海滩，很快打开局面，并向南京、武汉等城市发展，远到东南亚创业。徽菜跻身"八大菜系"之一。抗日战争爆发，徽菜馆西迁，以村人邵天民为首，大批徽厨撤至大后方，遍及西南五省，远至滇缅边境。抗战胜利，复员返沪，徽菜馆迎来大发展时期。据 1949 年初统计，伏岭人在全国 11 个省开有徽菜馆 120 多家，平均 4 户伏岭人家就开过一爿徽菜馆，从业人员占男丁80%，涌现出一大批徽厨名师、徽馆老板。今伏岭誉称"徽菜之乡"

"徽厨之乡"。

从伏岭前行到达虹溪桥。登源古道南来的"登源段"与北去的"里节段"在此相交；东接徽杭古道通往浙、苏、沪；西连伏岭—扬溪—尚田古道通旌德，远去泾县或太平（原属宁国府），故有"径通江浙，路达徽宁"之称。优越的地理位置，使虹溪桥由一个二三十户人家的小村成了邑东重要商贸集镇。不逾百米的街上，商店栉比，有各种商店及骡马行、轿行、客栈等二三十家，商路通达四方，成为登源古道中段最繁荣的集市。

向北行 5 里越绩溪岭凹。此岭是新安江水系与长江水系的分水岭。嘉庆《绩溪县志》载："成功山东出为绩溪岭凹，在县东五十里，此山为十三、十四都分界。两腋涧水一过安田山后注登水（下注新安江）；一为桐源河北流，经戈溪入宁国（注水阳江入长江）。因此水流入他境，故以绩溪岭别之。"因地势险要，成为军事要隘，1947 年皖南游击队发展壮大，绩溪岭凹以北地区已"小解放"，国民党派正规军进剿，根据地军民据守绩溪岭凹隘口，使敌人的进攻一时难以得逞。绩溪岭凹阻击战在皖南游击战争史上写下了浓墨重彩的一笔。

过岭凹，越闻钟岭进入西川村。西川原名西坑，唐开元间建村，已有 1300 年历史，处五路之交：登源大道穿村而过，南去县、府城，北通昌化；往东竹岭古道进入荆州并远通浙江昌化；东北有道路经胡家村、尚村越山云岭也通荆州；村西南有石板大路经上西坑、大石门至扬溪上徽宁驿道，南去县城，较经登源去县城近十里，称"北源古道"，是邑东北隅去县城的捷径。地处交通咽喉，古为邑东军政要地。元代在此设西坑寨，明置巡检司，从元代至新中国初，都是都、区、乡的驻地，是登源古道"里节段"的军事、政治中心。

出西川村，傍桐源河北行，越阳西岭，经霞水、竹里村，再越阳和岭到磡头。磡头古名云川，为纪念抗美援朝英雄烈士许家朋，改名家朋村。村中今文化古迹遗存甚多，著名的有三屏五墩、六桥八景及清溪水街、古巷民居、祠堂庙宇、牌楼亭阁……相映生辉。其自然风光的秀美，人文底蕴的深厚，被誉为"中国的画里乡村"，今获"中国传统村落""中国历史文化名村"称号。

自磡头北行十里至和阳，在大岭脚攀上峤岭。嘉庆《绩溪县志》载："峤岭，一名大岭，在县东九十里，东界昌化，北界宁国，为邑东境极地，上有峤岭关。"岭头又建有茶亭和石拱路亭服务行旅。下岭为阳金山谷，谷中溪水流向浙境。从前这里两省界线模糊不清，边民常发生纠纷，导致械斗流血事件，惊动官府，经昌化、绩溪两县派员会同勘查，议定以谷地中小溪为界，在路口建石桥为分界桥。此后，两省边民和谐相处，分界桥成了"友谊桥"。

昌化北部岛石坞山区交通闭塞，距昌化县城虽只百余里，但有高山恶水深谷之险；经绩境登源古道去临溪码头也只百里，却道路相对平坦，且村落星布，途中有许多茶亭可作驿站，因此该地的山村商店都往临溪进货；出产的大量桐油、生漆、干果、茶叶等土特产品都挑运至临溪，农家饲养的生猪多由猪贩收购，成群结队赶往临溪，由水路转销南方城市。那时，登源古道上挑担的肩夫、驮货的骡马、赶猪的队伍络绎于途，一派繁荣景象。

登源古道进入昌化仁里后向东北延伸，经岛石坞、呼日，越马头岭到宁国县宁墩、狮桥，越唐舍岭再入浙江孝丰、安吉、湖州，远去苏州、上海，是绩溪东部徽商和信客前往浙江、苏南、上海的捷径。抗日战争时期，绩溪经杭徽公路和新安江水路去杭州、上海，经芜屯公路去芜湖、南京、上海的通道被毁坏、封锁，地形隐蔽的登源古道延长线成了沟通皖南内地与浙、苏、沪敌占区之间的秘密通道和商旅要径。

抗战胜利后，公路修复通车，公路运输代替了水运，临溪码头失去往日的优势，商业随之衰落，登源古道商旅如云的场景渐次消失，但仍为城乡间步行交往的道路。20 世纪 70 年代后，县乡公路登源、绩磡、桥和线大都依登源古道走向选线修筑，古道面目全非，往日的商旅要径登源道成了人们的记忆。

（作者系绩溪县教育局退休干部。插图：丁晓文）

雪岩商道上的故事

洪树林

古时，绩溪县通往境外的商道有 20 多条，"雪岩商道"是其中主要的一条。古道西起自我县的湖里，经周坑、汪坑村，越岭至歙县萌坑、洪琴、霞坑、北岸等村镇，至深渡新安江码头，采用花岗岩石板或青石板铺设，约 20 公里，是绩溪县登源河下游的主要商道。

古时绩溪人前往浙江金华、兰溪、杭州等地经商、游宦，歙县南

乡人来绩溪购买石灰，或前往旌德、泾县购买稻米，大都取此道路，特别是运输大件大宗货物，比较平稳安全。"一径通幽凉夏至，日光星点叶隙间"，正说出了它的特点。是我县与歙县的分界岭。因山上多梅花，岭头"累石为城，上置楼橹，下设铁门，以时启闭"。（嘉庆《绩溪县志》卷六《武备·关隘》）设关收税而名"梅关岭"。明代关废，以岭麓汪坑村名改称"汪坑岭"。清末，因湖里村人胡雪岩成为风靡一时的红顶商人，故而又称"雪岩商道"。

湖里，唐代以前，名叫"通镇"，取通达安宁之意。是我县仅次于临溪镇的水陆码头，繁华的"集市"。开宝年间，李改胡氏始祖胡昌翼长子胡延政任绩溪县令，他爱这里山水清丽，水陆通达，人气旺盛，就定居于此，改名为"胡里"。后来，周姓一支入居胡里，胡、周两姓达成协议：村名的读音不变，胡字加三点水，含有水方能行舟之意，周、舟谐音，既尊重了"先入为主"的胡氏，又顾及了周姓，就这样，胡、周两大家族和谐共居一地。

嘉庆八年（1803），胡雪岩在湖里村出生，幼名顺官，名光墉。在杭州钱肆当学徒，得肆主赏识，擢为跑街。因资助王有龄捐官成功而得报，乃自开阜康钱庄，又开胡庆余堂药号，成为杭城一大富商。

胡雪岩自从得到浙江巡抚王有龄的支持后，钱庄办得越来越大。他认为这是祖宗保佑的结果。因此，每年清明，不管生意有多忙，他都要赶回老家来扫墓祭祖。

一年清明后第二天，胡雪岩急匆匆要赶回杭州去。因为节前十几天，太平军围攻杭州城，胡雪岩受王有龄之托，去余姚采购了十万石粮食，为避免遭到太平军拦截，他必须赶到上虞，伺机将粮食运入杭州。

当他走到汪坑岭脚汪公庙前时，一阵凉飒飒山风吹来，他不禁打了一个寒战，有些晕眩，立即走入庙内，向汪公菩萨拜了拜，口里轻轻说了声："权借汪公宝殿歇息一时。"说完就在左边的连柱木凳上靠着屋柱坐下。

胡雪岩刚坐下，就迷糊了过去：他背着一袋米在一条山路上走着，山路很长很陡，而整座山光秃秃的，只有岭头上有棵大树，可供行人遮风挡雨。他好不容易爬到了岭头，靠坐着大树喘息。谁知突然乌天黑地，狂风大作，雷电交加，随着"咔嚓"一声巨响，大树的上半截被刮断，整个树冠被撕扯成无数的断枝碎叶，消散在天空中……

胡雪岩一个激灵，醒了过来，向庙外看去，仍然是一派春光明媚，惠风和畅，鸟语花香。他十分不解：自己才走了三四里路，怎么就突然感到困乏了呢？进了庙怎么一下子迷糊了过去？又怎么会做了这个奇怪的梦？自己所依靠的大树突然被摧折于大风之中，这是什么兆头？难道是汪公老爷向自己暗示王有龄大人他……

他不敢再想下去，立即向汪公菩萨跪下，磕着头祷告说："多谢菩萨的警示，还请菩萨大发慈悲，保佑雪岩得能度过劫难，雪岩一定重修庙宇，重塑金身！"

胡雪岩祷告毕，重新上路，一路上不断遇上从杭州逃难回来的人，都说杭州城破，巡抚王有龄以身殉职。胡雪岩既为失去这个大靠山悲痛万分，又为今后的生计大伤脑筋。而眼下让他最担心的还是那十万担米。

杭州自然进不去了，胡雪岩绕过太平军占领的地方，到达上虞码头。运粮船队已等候他许多时日。胡雪岩不敢贸然启航，先派一名伙计到杭州去打探消息。

过了几天，伙计回来说："湘军左宗棠大帅已收复了杭州，城里正发粮荒，我们这批粮食可卖个好价钱了。"

胡雪岩却说："无论为官为商，都要有一种社会责任感，既要为自己的利益着想，也要为百姓着想。否则，为官便是贪官，为商便是奸商。这两种人，都是没什么好下场的。眼下当务之急是想法见到左宗棠大人，用这批粮食帮他救杭州百姓于水火中。"

胡雪岩通过杭州藩司蒋益沣，见到左宗棠，捐出十万石粮食，缴回购粮余款两万两银票。这对左宗棠来说，无疑是雪中送炭，从此左宗棠全力支持胡雪岩，视之为股肱，成为知己。

胡雪岩为支持左宗棠创办福州船政局和甘肃织呢总局、新疆平叛、办洋务、在荒凉的西北高原开凿了长达200里的泾河，终年一会儿北京，一会儿福州，忽东忽西，匆匆奔忙，竟然一连几年清明节没时间回老家扫墓祭祖。

一日夜里，胡雪岩刚入梦乡，就梦见一位乞丐来到他家门前，门房一边驱赶，一边斥责道："看你一身蛮力，定是好吃懒做，我们家老爷虽说乐善好施，可不养懒汉！去！去！"

胡雪岩急忙制止道："你别这么说，人都会遇到难处，不到万不得已也不会乞讨。别看他这么一副硬朗的身子骨，却是面黄肌瘦，双眼无神，非病即灾。能帮就帮，帮不了，也不要打骂他！"说着，从口袋里摸出几两碎银子，递给那乞丐，说："你去胡庆余堂，就说是我让你去的，让那坐堂先生给你把把脉，服几帖药，将身体调理调理好，再用这几两银子做个小生意，慢慢会发达的。"

乞丐双手接着，抬起头来道谢，说："谢谢胡大善人，我也是徽州绩溪登源人，那年清明你回家扫墓祭祖后，因为打仗整个徽州十室九空，我带着一家人东躲西藏，不是被杀，就是饿死病死了，只剩下了我一人，也是一身病痛，想找个活儿，也没有人肯雇。今日我就听大善人你的吩咐，讨几帖药吃了，即回老家去，把房子修修，重新安个家，好好种山过日子。"说着，又要跪下磕头。

胡雪岩赶紧托住他双肘尖止住了。乞丐也没再坚持，向胡雪岩点了点头，转身走了。

就在乞丐转身一刹那，胡雪岩突然感觉到，这人好面熟，特别是那看他的眼神完全不像久病的人。醒来后他就反复琢磨：徽州人宁可饿死也不会当乞丐的；他怎么知道我那年清明后再没回去过？长毛被平定后，徽州人口锐减到十分之八九，有的是荒芜了的好田好地，他怎么说回去种山？"啊！……对了，是雪岩我失信了！"想到这里，胡雪岩顿时恍然大悟。忙把管家喊来，交

代了一番，立即动身回绩溪老家。

胡雪岩回老家自然还得经过汪坑岭，当他走到汪公庙时，呈现在他眼前的，果然是一副惨状：前向和右向两面墙全倒了，左向上半截砖墙也没有了，只剩下靠山体砌的一面石头后墙；六根屋柱，两根前列柱没有了，左中列柱的下半段被烧成为尖头橛子，屋顶上的瓦全没了，也只剩下了三五根檩垂挂着；那尊威武神像的油漆经不起日晒雨淋，剥落殆尽，好似被浇了一身烂泥又被晒干了似的。胡雪岩不敢再犹豫，也顾不得满地瓦砾，跪倒磕头，祷告道："雪岩并没有忘记当年许的愿，只是战争甫定，百废待兴，西疆叛乱又起，雪岩忙于助左帅西征，走南闯北，不敢停歇。却一时冷落了大王，罪该万死。只希望大王念在雪岩一心为了国家，为了天下苍生的份上，赐予一次补过机会。"

拜毕起身，胡雪岩卷起两只裤脚，只见两个膝盖已被瓦砾硌破了，渗出了许多血珠，他从包袱里取出一瓶云南白药，将药末均匀撒在伤口上，又取出两块干净手绢包了，放下裤脚，又向汪公神像拜了拜，再次祷告说："请大神放心，雪岩立即兑现当年许下的愿。"

这个故事虽然有点迷信色彩，却也表现了古代徽商不仅在做生意上，而且在日常生活中也是"言出必行"的诚信精神。

（作者系绩溪县政协办退休干部）

流动的古道——临溪码头

胡清宇

绩溪因水而得名，县志载："此县北有乳溪，与徽（翚）溪相去一里并流，离而复合，有如绩焉，因以为名。"境内河网遍布，且全为源头，绝无过境之水。全县流长2公里以上河流117条，其中10公里以上16条、20公里以上5条、40公里以上3条，是新安江、青弋江和水阳江的发源地。在漫长的岁月里，河流是重要的交通线，是流动的"古道"，并与陆上道路相连接，构成交通网通往四面八方，在群山间、激流中开辟了一条条与外界互通互联的生命线。

临溪古码头就是这些生命线上的一个点，是绩溪历史上规模和影响最大的水陆码头。

临溪位于绩溪县南11千米，与歙县毗邻，是古徽州的名镇之一，素有"小小绩溪县，大大临溪镇"之说。此地海拔为全县最低，县内三条最大的河流——登源河、大源河、扬之河在此

交汇，注入练江，流往歙县。三河交汇处形成了一块小小的三角洲。岸边有成片的竹园和古树杂木，河滩上芳草如茵，时见白鹭低空飞翔；登源水清，水势较弱；扬之河浑，水势较大，乡人称登源为"母河"，扬之为"公河"，交汇处清浊不淆，泾渭分明。当地老人还有一种说法：梅雨季节，只要看看两河的水势就可预测近日的雨情和未来的水势：母河盖过公河，则虽猛而将止；公河盖过母河，则既缓且绵长。每年汛期三河口波浪翻滚，声振数里，气势颇为壮观。

临溪码头在扬之、登源、大源三水合流处，徽宁、新岭驿道与徽杭（登源）古道交会点，临溪村西。码头所在地河面宽阔，水深平缓，适宜停船。码头连接着三条航道，一是临渔航道，练江上游临溪至歙县渔梁，全程 22.5 公里，县境内 3 公里。沙石河底，水流急，续航可达淳安、杭州或上海。明弘治十二年（1499）重建渔梁石坝后，河道渐淤砂石。清中叶自渔梁上水抵临溪，通 10 吨木船。民国初水深 2 米，河宽 30—100 米，枯水期，水道窄处 3—5 米。三五人打帮通行一船。枯水期船带木板，拦水入港道。上水背纤，通 1.5 吨木船，2—3 天抵临溪。下水可载 3 吨，半日到渔梁。二是湖临航道，登源河下游湖里至临溪，水程 10 余公里，通航至清末。三是华临航道，扬之河下游华阳镇杨柳村至临溪，水程 10 余公里，通航至民国初年。此外登源、大源、扬之河自古通竹筏（俗称竹排），顺水撑篙，逆水背纤；多在桃花汛期，从山溪流放（俗称"赶羊"）至河宽处集材场。集材场的竹、木扎排后大批放运（俗称"放排"）至临溪再转运渔梁。

历代县内物产及百货进出，多由登源河、扬之河下游或临溪码头船运。临溪民船俗称"坝上船"，木质构造，两头尖翘，长约 10 米、宽 1.6 米，底扁平，深 0.6 米，越渔梁坝，可上达屯溪，下抵淳安、杭州诸地。明至清初，船筏往来，商旅络绎。清中叶后河道淤塞，上水航程渐减，临溪遂成商埠重镇。清道光初年，临溪至渔梁有百余船只往来；民国15年（1926）前后，仍日

有数十艘进出。当时临溪码头"年运费数万金"，为县内和旌德、泾县、宁国、歙县、昌化等地"商货出入之总汇"。出口以粮食、山货、石灰、中药材等为主，进口为食盐、棉布、百货等。

自古以来，山水深处有人家，依山傍水建通道。临溪村自呼龙山脚沿扬之河南岸而建，高于河面20多米，居岩岸高端而踏实，临清河碧波而安澜，足可见先人遴选村址之高明，"临溪"因此得名。临溪东连钱塘、南通赣北、北接芜宁，自古以来是水陆交通之要道。

临溪商业在清代乾嘉期间便已初具规模，经几起几落，至民国20年（1931）间达到鼎盛，有牌号的店铺达109家，包括馆栈业、米店、盐行、南北杂货店、酱园、油坊、药店、饮食店、洋铁店、染坊、轿行、骡马棚、赌场等，1926年，苏德源大杂货店投资创办了全县第一家电厂。当时该镇营业税额占全县营业税总额的百分之六十以上，"小小绩溪县，大大临溪镇"的说法就是从那时开始流传的。

那时的临溪，河中舟楫成排，桅樯如林，每日来往船只百余艘，市面日吞吐货物一两百吨，码头上人声鼎沸；街道上骡马成群，人流摩肩擦背，热闹非凡。至今临溪村还存有一条长近700米的古街。20

世纪八九十年代，我在临溪乡政府工作，每日往返于古街，仍可见花岗石路面上的车轮凹辙，成排老店铺的门板上钉着用于系牲口的铁环。南京电视台曾在临溪老街取景拍摄电视剧《儒林外史》。我当时供职于临溪乡文化站，导演安排我客串了一个古代书生的角色，穿着布衣长衫在镜头前一闪而过……

我家住在上塘村，与临溪隔河相望。涨大水时虽近在咫尺，却远在天涯，因此母亲常说"隔河千里远"。于是人们就在河上架起木桥以利通行，涨水期间木桥冲散，由"永济桥会"雇船摆渡。扬之河西岸有一山坡（土名叫和尚岭），地势平坦，昔有寺庙，庙中住持永济和尚念民生之疾苦，发誓要在河上建造石桥。为此他东跑西跑，化缘募捐，终因积劳成疾，抱憾而逝。庙里僧众用永济所募钱财，成立"永济桥会"购置山场田地出租，所得收入用于高脚木桥的建设和管理，一直延续到民国年间。1971年，县"五七"大学曾置木船渡运本校师生，逾年，渡船被洪水冲走，遂停。1984年，经政府拨款和村民集资13840元建成"临溪西桥"（石拱桥），险阻终变通途，乡民之夙愿于兹得偿。

昔日临溪周边建有8座水碓。20世纪70年代初期，上游大队将原旧水碓的拦河坝整修加固，安装水轮机组，建成了一座"水轮泵站"，为全县最早的水电站，不仅加工粮食而且还使附近的上塘、上游生产队家家都用上了低压照明电，是全县乡村最早通电的村庄。

在登源河末端出口处原有一座三孔石拱桥，长62米，800多年历史，是县内最古的桥梁。最早由歙县殷家村殷氏所建，殷氏后裔世代传承修缮，故名殷翁桥。该桥在抗战初期炸毁，1966年拆去旧墩台，在上游20米另建新公路桥。儿时曾听长辈讲过关于殷翁桥的故事：传说很早以前，有一年登源河发大水，河边村里一孕妇乘船渡

河，船至河中遇浪倾覆，孕妇侥幸逃生，其余乘客全部遇难。孕妇脱险后即产下一子，民妇感念上苍眷顾，儿子尚在襁褓里，她就哼着摇篮曲教育孩子要知恩图报。其儿天资聪颖，经父母精心培育终于学有所成，官至尚书，后遵母所嘱，出资建造了一座七孔石拱桥，造福乡梓；乡民感其恩德，将桥取名为"殷翁桥"。殷尚书母亲唱的那首《摇篮谣》便在乡间流传开来：宝宝宝宝／快快长大／／进学堂考个状元郎／有朝一日你做了官／回到家里／妈妈告诉你／村头河上造座桥／百姓都欢喜。

据家谱记载，我家从曾祖父那辈一直到父亲均以经商为业。儿时常听我的大姑、大伯和父亲哼唱"写封信啊上徽州"，于是我也就慢慢学会并记住了这首民谣。（后经考证，这首民谣主要流传于临溪以及歙县一带），歌中唱道："青竹叶啊青赳赳（赳赳：拟声字，临溪方言，意为青翠颜色）／写封信啊上徽州／叫爹不要急，叫娘不要愁／

儿在苏州做伙头 / 儿郎在外学生意 / 心里记住爹娘的话 / 茴香（回乡）豆腐干 / 不能自己端 / 吃得苦中苦 / 方为人上人 / 没有出息儿就不回头 / 学好了生意我再上徽州……"后来我将这首民谣整理出来并谱成乐曲，编排了一个节目，以临溪古码头上母亲送儿子外出学商为情景，配以朗诵、吟唱和舞蹈等艺术形式加以展示，代表临溪乡参加了1990 年全县"丰收杯"文艺会演并在报刊上发表，有多本徽学研究专著里收录引用了这首民谣。

临溪历史悠久，人文荟萃。明朝在此设置了"临溪铺"，即官道驿站，清乾嘉年代称"临溪站"。宋天禧二年（1018）在临溪村南建有义林寺，声名远播，大诗人范成大出任徽州司户参军时曾造访此寺并赋诗一首。义林寺附近还是著名的"澄心堂"纸出产地。

民国 24 年（1935），芜屯公路通车后，船运衰落，加之河沙淤积加剧，失于疏浚，临溪至歙县河道只通小木船。抗日战争期间公路毁坏，复兴数年。新中国成立后，船运少见，1953 年断航。今日，临溪码头早已荒废，河两岸浇筑了平坦的游步道。只有残存的石埠、上岸石阶和后人所立的一块石碑，仿佛在默默地述说昔日的繁华。放眼望去，但见河道通畅，波光粼粼，历史和文化在静静地流淌……

（作者单位：绩溪县政协）

汪坑岭古道行走记

胡清宇

汪坑岭古道位于绩溪县临溪镇周坑村,距县城 12 公里。岭的这头是临溪镇周坑行政村汪坑,那头是歙县霞坑镇洪琴行政村萌坑;绩溪这边叫汪坑岭古道、雪岩商道,歙县人称之为萌坑岭古道。

据史料记载,此岭原称"梅关岭",因山上多梅花。岭头"累石为城,上置楼橹,下设铁门,以时启闭",设关收税而名。明代关废,以岭麓汪坑村名相沿称"汪坑岭"。

自明清以来这里就是一条连接绩歙两县的重要通道。古时绩溪登源河下游一带的人出门经商,主要从汪坑岭古道徒步赶赴歙县深渡,然后坐船前往江浙;歙县南乡人则经此道到旌德等地挑运粮食。汪坑岭古道在绩溪境内全长 5 华里,蜿蜒曲折,树多林密,路势平缓,石铺路面宽约 1.6 米,保存基本完好,2014 年公布为县级重点文物保护单位。古道沿途原建有茶亭和关帝庙(现已修复)。岭头有一路亭,分界绩溪、歙县两境,绩溪一侧的门楼上书有"径通古歙",歙县一侧的门楼上书"路达华阳"。

2014 年以来,当地结合美丽乡村建设实施乡村旅游整治项目,投资 70 余万元对古道进行了整修,在周坑村口搭建了一座竹制牌楼,上书"雪岩商道"四个大字。如此命名是因为清代"红顶商人"胡雪岩的故里就在距此三里地的湖里村。当地民谣云"汪坑岭五里十八拐，拐拐都有故事摆"，一则"胡雪岩拾金不昧"的故事流传最广，家喻户晓。

传说胡雪岩幼时家贫，3岁丧父，靠母亲帮人缝补做鞋浆洗维持生计，6岁替人放牛。13岁那年，一天上午放牛时在湖里村外的路亭里发现一个蓝布包袱，解开一看，里面有换洗衣服，还有个红布包裹着散碎银两和一张三百两的银票。他把包袱藏在草丛中，边放牛边等失主，一直等到傍晚才见一人匆匆赶来，确认为失主后将包袱奉还。失主为杭州米商，携款到临溪购米，路过湖里村时不慎将包袱遗失。米行老板钱财失而复得，既高兴又感激，立即随雪岩回家，向家长申谢。见胡雪岩诚实伶俐，便向胡母提议带往杭州学生意。母亲同意后，胡雪岩就跟随米行老板离开家乡，经汪坑岭前往杭州。从此踏上经商之路，最终成为富可敌国的一代徽商。

汪坑村自宋代建村，为汪姓聚居地，村南有山坑，故名。依坑建有水口，数棵高大的古树撑起一片浓浓的绿荫，古石桥保存完好，桥

东头建有小亭。《绩溪县志》载有一则民国 31 年（1942）汪坑村制定的《禁山护林公约》，规定："登山砍柴，（须）提养树苗。如有故意砍尽，除柴草没收外，罚猪肉面供全村 15 岁以上男女共餐。封禁树木不得砍伐。……众山开禁，准许砍柴，但要兴养苗木，点株数每株苗木发给铜板 3 枚，以示奖励。"可见此地环保生态理念由来已久，深入人心。

去年以来，汪坑成为"网红打卡地"，着实火了一把。缘由是村里一位叫程勇的小伙子，在杭州经商致富后为了实现"让村庄美起来、让游客走进来、让家乡富起来"的理想，他利用自己所掌握的美术知识，耗资 100 多万元，牵头组织几个青年"画师"，将村庄打造成为"彩虹动漫村"，游客纷至沓来。今年春天，我们全家人驱车去那里游览。七色的道路，多彩的墙面，栩栩如生的动漫造型，一排排错落有致、色彩斑斓的农家宅院，让人眼前一亮，古徽派建筑与绚丽的色彩拼接在一起，就像一幅油画，给青山绿水间的小山村披上了暖意，把整个村庄装扮成了梦幻般的童话世界。

徜徉在村内的石板小路上，我告诉家人我家祖上与汪坑村的一段情缘。父亲的前妻是汪坑人，结婚后不久因染血吸虫病而去世，留下年仅 5 岁的女孩（为其前夫所生）和老母。尽管她与家父未育有子女，但我父亲还是承担了责任，后来再婚后不仅与我母亲一道把女儿抚养成人，而且还承担了老岳母的口粮，每年新稻收割后父亲挑着担步行 20 多里把米粮送到汪坑，连续多年，直至老人去世，从未间断。脚下的这条光滑的石板路啊，父亲当年曾走过无数遍，今日我携全家故地重游，不由感慨万千……从古代胡雪岩到打造"彩虹动漫村"的程勇，再联想到作为普通农民的父亲，徽州人那种积德行善的传统一脉相承，实为一笔弥足珍贵的精神财富。

翻越汪坑岭就到了歙县的萌坑。萌坑处于十里深谷尽头，四周群山环绕，形成一个开阔的盆地。青石砌磅，依坡建房，临涧筑屋，遇溪搭桥，青石铺路，连接村内巷弄和毗邻村庄。一条小溪将萌坑分割成两部分——前山和大墓，前山姓凌，大墓姓吴。凌、吴两族世世代代和睦相处，少有纷争。因位于山坳中，当地人又称之为"萌坑党"，原有100多户，但如今很多已经外迁，常住人口不足百人。2016年公布为第四批中国传统村落。取"萌"字为村名，寓意着人与物的繁衍生息生机勃勃，如草木萌发，充满希望。村中房屋大多是明清和民国时期的老房子，保存完好，幢幢民居有墙头壁画，总数有600多幅，多数画在老宅门楼、墙角、窗檐、墙壁上，以花鸟、山水、人物为主要内容，以工笔代写意为技法，最早的距今已经400多年。据不完全统计，目前黄山市现仅存墙头壁画在2500幅左右，萌坑村是墙体画保护最为完整的村庄。当地人称"高屋"（华玉堂）老宅内有一座木雕狮子，据说是黄山市同类木雕中单件最大的；而门上的砖雕是徽州唯一署名的一块精品。村里还有保存完好的三眼泉水，各有用场，最里面一眼泉水直接饮用，中间一眼用于洗衣洗菜，最后一眼则用于洗刷农具和畜饮。

据当地老人介绍，萌坑的多处地名有些恐怖，比如"尸骨尖""大墓山""鬼头尖"，等等，为何如此呢？有民俗专家考证说，

当地居民害怕战乱或者劫匪，故意用这么恐怖的名称给不善的来者一点震慑力。"鬼头尖"位于歙绩交界处，海拔767米，据说万里无云的晴天，站在鬼头尖顶往西北可以看见百来公里外的黄山巍巍莲花峰，向东可以远眺二三十公里外清凉峰。登山的路曲曲弯弯，沿着山脊线忽上忽下。当地流传着一首民谣："遥望鬼头尖，伸手摸着天。饭饱草鞋牢，不怕路迢迢。"鬼头尖对面就是石壁墙，山巅之顶突凸而起的一片岩高约百米、排列长约三百米，远望似有直达天际的幻觉，险峻绝异，实属罕见奇观。

石壁上有一块高达三米的酷似观音的巨石，观音正下方石壁底下有一眼泉水，无论春夏秋冬，还是百年不遇的大旱，这眼泉水总是不大不小、不急不忙地流着，古人称之为观音泉。相传，正是有了这口观音泉，才有了萌坑村，继而有了这条古道。站在鬼头尖山顶上，极目远眺，北面是绩溪境内的登源河流域，朝南俯瞰是歙县南乡地区，一个个古村落星罗棋布。

汪坑岭古道周边是一块红色的土地。1934年，中国工农红军北上抗日先遣队红十军团第十九师4000余人，在师长寻淮洲的率领下，由歙县南乡经萌坑越岭进入绩溪。在古道东面萌坑村边，耸立着一座烈士纪念碑，向人们讲述着一段悲壮的历史——1948 年 3 月，国民党伪保安四团向我游击根据地棉溪、岔口等一带大举"围剿"，在反"围剿"斗争中，驻扎在萌坑的新四军皖浙支队 160 名武工队和新四军奉命负责牵制敌军，准备向敌军老巢歙县推进，不料被歙县白杨村保长告密。4 月 29 日，敌人调重兵分三路"围剿"萌坑。在激烈的战斗中，毙敌军 4 人，伤 10 余人；我军大部成功突围，15 人被俘，有 8 位新四军战士阵亡，长眠于此。

2022 年春，吾等行走汪坑岭古道，口占小诗以记之：青山有幸埋忠骨，古道无言连古今。汪萌两坑振声远，岭上白云传佳音。

（作者单位：绩溪县政协）

再走白杨岭

胡清宇

我又一次行走在白杨岭古道上。

时值初夏时节，山野里满目青翠，溪水淙淙，忽高忽低的鸟鸣声伴随着草木的芬芳气息阵阵传来，将我的思绪拉回到从前……

对于这条古道，我是再熟悉不过了。因为大姐从绩溪县的临溪镇上塘村嫁到歙县白杨的蔡坑村，我从孩提时代起便经常走这条路去大姐家。从最早随母亲、大哥和二姐同行，稍长与弟弟结伴而去，结婚时携妻子去大姐家"认亲"，再后来背着女儿到大姐家拜年，无数次往返，直到1995年，大姐一家迁回绩溪定居而止。这条石板路曾经洒下了我们多少欢歌笑语，承载了几多浓浓的亲情和无尽的温馨……

白杨岭古道（古时又称黄莲凹、环联凹）位于绩溪县临溪镇东端与歙县交界处，古时连接徽杭、徽宁两条官道，是歙绩两邑挑粮经商、生活往来的交通要道。歙县东部（俗称"南乡"）山区缺粮，百姓前往旌德购粮，挑运粮食一般走徽杭古道（歙县至昱岭关段），经北岸镇七贤村后岭洪至白杨村，再走白杨岭到绩溪临溪镇石榴村，全长约20公里，目前保存完好的石板路面7—8公里。

此番重走白杨岭，我是从歙县方向出发的，上午9时驱车到达白杨村。

其实白杨不是一个具体的村名，而是这一片村庄的统称，俗称

"白杨十八村"（绩溪岭北的寺后村与此类似，因一片村庄建于正觉寺后面而统称寺后）。唐代属歙县长乐乡白杨里，因白氏、杨氏先入建村，以姓为名，叫白杨。这一片有18个村18个姓，面积约30平方千米，人口超过4000人。记得我小时候就听说过当地有一首民谣："白杨十八村，好男好女住满村；走遍天下路，顶好还是白杨里。"可见当地人对自己的家乡是充满了热爱和自豪的。

白杨村四面环山，东、西两向皆有溪流，中源溪发源于靠近绩溪的山坞，流至上祈村水面渐宽渐深，成为白杨的母亲河——杨源河。走近白杨村，映入眼帘的是水口，四棵百年大樟树将水口簇拥在绿荫下；河流沿着水口的山包回环而过，形成了"狮象把门、玉带缠腰"的美妙格局。据史料记载，昔日白杨村内有九个自然村都建有水口，清末年间，白杨村的各个祠堂合议，曾专门制定《白杨源统一禁约》，以"白杨文会"公布于众，主要内容就是严禁乱砍滥伐，保护山林，违者照规重罚，严重的呈官究办。紧邻水口的是新桥村，对岸是白杨的核心村庄——上祈村和方祈村。新桥村正当中的大路边有一口古井，井圈凹凸不平，井内清水盈盈。附近墙面还有"大跃进"时期的"爱国条约"，"文革"时期的标语，改革开放初期的"计划生育罚款通知"等，成为时代风云的烙印。上祈村一栋老屋前的过街门楼上刻着"挹峡"二字，由此我想起在绩溪上庄古镇一户人家的门楼上刻有"挹秀"，二者真有异曲同工之妙，可见徽州乡村文化积淀之深厚。

走过广阔的田野，便进入山谷。与大多数徽州古道"截弯取直，高则夷之，低则筑之"的修筑理念一样，此道亦是依山沿溪，逶迤而延。到了坞口，跨过一座单孔拱桥，桥名"梅干桥"，建于宋代，逾千年依然坚固。过了桥，路分两边进入山坞，当地人称"大坞"和"小坞"。白杨岭在大坞尽头，走小坞也可达到绩溪县城。一路逶迤

8华里，山谷显得非常幽深。古道路面为石板铺就，直横搭配，宽度有一米左右，单、双轮木车和行人荷物通行都足够宽敞。山路时而贴近山崖，时而绕着农田，小溪始终如影随形，忽左忽右，清澈见底的溪水一路奔流不息。溪流中筑有许多小小堤坝，俗称"堨"，水坝蓄水用于灌溉附近的水田。因为有众多的人造水坝，山坡的梯田都种上了水稻，不怕干旱。流水从坝顶漫出，形成一处处小瀑布，坝下水潭碧水悠悠，成群的石斑鱼在水中欢游，煞是可爱。记得儿时我和弟弟暑假去大姐家经过此地，常常扑入潭中洗浴，那清凉的感觉别提有多爽。

沿途可见多处路亭，有的已经塌落。路边还有十多处别具特色的古石灰窑，洞体由石头砌筑，人字形洞门，有的还是并列的连体窑。此地盛产石灰石且柴木、水源充足，所烧石灰质地优良，"白杨白灰"远近闻名，行销方圆百里。在漫长的农耕年代，石灰是百姓生产生活的必需品，建房砌墙粉刷和稻田除草杀虫都离不开石灰。粉墙黛瓦的徽派建筑，如果没有石灰就无从谈起。记得少时在农村帮父母干活，水稻种植过程中有一道工序就是"耘灰"。至今古道石板上依稀可见车槽，应是当年运输石灰的独轮车日积月累留下来的吧。

在快至岭头的山坡南面原有一座茶亭。据徽学专家陈琦先生考证，该茶亭里面一间是早期建的茶亭，后来在外面加了一间过路亭，

依山的里间就做施茶人的生活区域，里面隔了三五个小间，可以住宿、做饭。内有一块大清乾隆五十九年（1794）立的《黄连凹茶亭碑记》。古碑记载，黄连凹为歙绩交界两邑通衢，行人络绎，由于山路崎岖，行路艰难，憩息更乏茶浆。乡贤吴宗枋先年捐建茶亭，为行人休息解渴，后来亭宇日就倾颓，茶浆渐以不继，于是召集同族人等齐心协力，共成善举，再建茶亭，为过往行人普济茶浆，并将茶亭的产业和各门捐赠钱物刻在碑上。

记得20多年前我经过此地时，一对老年夫妻在亭内居住，门口摆一缸凉茶，行人至此歇息可用小竹筒舀茶解渴。路亭墙上镶有《环连岭碑志》，四边用砖砌成。碑志序言曰："斯岭也，界于歙绩两邑，往来运粮，洵为要道。旧名黄连凹，新名环联凹，音同字异，一寓意，一真意，义各有取焉。昔则崎岖如彼，今则平易如此。左右望之，其回环联络之形势俨在目前，真意之不可掩也……"言简意赅，文采斐然。碑刻后面是密

密麻麻的捐助名单和数量，总数有 700 多人。

在快到山顶横铺的石板上，刻有各种形状的莲花图案。据当地老人介绍，这一段道路是岭上"莲花庵"里的尼姑出资的，细心的僧尼要求匠人在石板上刻上精美的莲花图以作纪念。莲花图案的石板路一直延伸到岭头最高处，茶亭斜上方的莲花庵门口。昔日庵前古木参天，右后侧有一片茂密的紫竹林。此庵上下对堂，坚柱四排二十根，中间有天井明堂，正中佛龛上有观音菩萨画像。有尼姑数名在此修行，安贫乐道，乐善好施。如今庵堂已圮，尼姑们早已不知去向，但其佛缘善行恰如那石板上的莲花图一样，历久弥新，流芳人世。

行走七八里路程到达岭头。正所谓"过岭爬山，七上八下"。伫立岭头，清风徐来，令人心旷神怡。朝东望去，绩溪方向的阡陌田筹、村庄人家尽收眼底，好一派美丽的田园风光、人间烟火。

缓步下岭，只见野草茂盛，这种土名叫"毛列"的野草常年不枯，叶片有着锋利的"锯齿"。小时候听父亲说，"木匠宗师"鲁班就是受"毛列草"的启发而发明了锯子。

绩溪境内古道的石板宽约 1.2 米，保存完好，走起来很是舒坦。到了岭脚再经过一片田畈就到了石榴村。该村因村头有一座形似石榴的低矮石山而得名。登源河傍村而过，四周山列如屏，环境幽雅。村南原大路上骑建一座两脚牌楼，楼体有三个层次：顶端竖了两根立柱，当中嵌一块长方形镂花石板；中层横架一块条石，上刻"大中大夫云南参政胡公神□"；下层双柱内侧镶有楼裙。古时登源河畔高车村胡姓有一支迁至县城遵义坊称"遵义胡"，明代出了工部尚书胡松，其父胡淳追封云南参政，死后葬于登源故里石榴村南山坞中，墓道原有多座石人、石马、石豸。1997 年我在临溪乡文化站工作期间，遵照县文化局的要求，将这些石雕运到了县城的三雕博物馆展陈。

在村南五里左右的山坞里一个名叫下坑的地方，有一股神奇的山泉水从两个泉孔涌突而出，终年不断，冬天水温保持在18℃，古人称之为"龙出水"。20世纪80年代初，当地村民曾在泉源处利用温泉水修建水池放养罗非鱼越冬，被原徽州行署科技部门认定为"颇具价值的科研成果"；后来又开发加工成矿泉水走向市场，注册为"石榴山泉"，至今畅销不衰。

出石榴村再走七八里就是古镇临溪，那里水路公路俱通，可达歙县、旌德、宁国，直至远方……

时隔多年再走白杨岭，感慨良多。想起一首古诗，抄此作为文尾："心事数茎白发，生涯一片青山。空山有雪相待，古道无人独还。"

（作者单位：绩溪县政协）

传奇竹岭道

胡周武

　　竹岭古道又称通杭古道，位于绩溪县境东北，连接登源古道通往荆州，远去浙江昌化（今杭州市临安区）。东接海拔 1349.6 米的饭甑尖逶迤之脉，南迎海拔 1305 米的首母娘娘尖发源之水。

　　古道距绩溪县城 34 公里，起点有二：一是从登源古道绩溪岭凹南麓上岭前北接线，向东北经东干村后横山培至上下岭头。另一条从登源古道西川村接线，向东经桐坑村，攀登上下岭。两线相接进入桐坑源峡谷，桐坑源源中有源，诸源之水汇集成桐源河，冲出山谷，经桐坑村口向西川流去。溯桐源河上行，至栈岱头脚上蜈蚣鼻险道到栈岱头茶亭，再向上攀行"九拐十八弯"高岭，越竹岭凹口进入荆州盆地，过石门亭茶亭，沿石门亭水（又名荆州河）下行至荆州中心村落上胡家。走上岭前起点线，全程 30 华里，是荆州乡通往县、府城的通道。从西川起点，全程 25 里，连接北源古道至扬溪，上徽宁驿道（后建成芜屯公路）往县城。此道早于"江南第一关"

的徽杭古道。

竹岭古道周围巅峰数座，山脊绵亘数十里，是荆州人去往县城的捷径，也是县境西南地方徽州商贾们经荆州去浙江"当学徒、吃面饭、做生意"的要径。

此道进入桐坑源峡谷后，溯河上行，要经过一段长约500米的冷水湾栈道，是在陡峭的山崖上开辟而成，上为绝壁，下临深谷，行经此处，令人胆战心惊。古人在栈道外侧高数十米的山崖上养育了一条护路林带，树木翁郁，形成了绿色护栏，使行人来往安全，也成了一道风景。

走过冷水湾栈道，跨过石屋桥，石板路沿河而上，两岸奇峰高耸，树木苍翠，河中怪石嶙峋，风光旖旎，激流连着碧潭，潭中娃娃鱼清晰可见。源内有奇石秀水，一步一景，演绎出许多神奇美丽的传说：生男生女石、母猪带仔石、仙人睡眠床、观音送子石、仙人三叠石、石门藏金牛、仙人碗、神牛脚印、观音娘娘洞、狮嘴啸天、猴狲观瀑等，不胜枚举。

猴狲观瀑的瀑布即竹岭瀑布，从竹岭流来的小溪，到栈岱头西侧，前面是近90度的陡峭山崖，高程60来米，溪水从两峰夹峙中一泻而下，此处地形酷似马的屁股，平日涓涓细流，好像母马在此撒尿。当地乡民称它"马撒尿"，其名虽俗，却带有浓浓的乡土味，也显出乡里人的奇思妙想。每到春雨季节，山溪水涨，飞流直下如白练高悬，冲击着谷底山石，訇訇之声震撼山谷，水花四溅如万点珍珠银光四射，令人悦目赏心，称奇叫绝。竹岭瀑布也成了古道上的最佳景致。

传说，文殊菩萨听赤脚大仙和铁拐李等仙友说，桐坑源的山水美景十分奇特；又听观音菩萨说，她在桐坑源设有一块"送子石"，以普度人间婚后渴望生育的夫妇和家庭。心里痒痒的，特想来桐坑源饱览山水美景和一睹"投石求子"的盛况。一日，难得闲暇，文殊菩萨就坐上自己心爱的坐骑——青毛狮，来到了桐坑源地界，看到桐坑源有如一座森林公园，水之清纯，树之奇异，山石之险峻，真是无与伦比。

众仙友在桐坑源留下了许多功德。赤脚大仙的"仙人靠石"，来桐坑源的人都想靠一靠，以沾仙气。赤脚大仙和铁拐李常来小住的"仙人屋"和"仙人床"。铁拐李建造的"石桥"和用铁拐凿出的"仙水碗"，石桥为过往行人提供了方便，"仙水碗"为过往行人解渴解乏，行人再不用费时费力跑许多路到谷底饮水。还有赤脚大仙的"仙人搭桥"和"仙人矗石"，未建成桥头和桥墩，桥虽未建成，但还是为人们留下了两处景观。最抢眼的还数观音菩萨的"送子石"，前来投石求子的人排成了长队。

文殊菩萨一边观赏山水美景，一边想着能为桐坑源做点什么，却怎么也想不出来。还是回去想好了再来吧！文殊菩萨呼唤自己的坐骑，准备回五台山。而这时的青毛狮被桐坑源的山水美景迷恋得神魂颠倒，任其主人呼唤，就是不愿回去。菩萨训斥它，它则跑到"仙人矗石"背后的山尖上蹲坐着，竖起脖子，对天咆哮，意思是我宁死也不回去。文殊菩萨想：这畜生怕是和桐坑源有缘，我何不成全它，为桐坑源留下一尊守护神，也了却我为桐坑源做点贡献的心愿吧！于是，文殊菩萨念动咒语，用手一指青毛狮，青毛狮立刻就在原地化作一头石狮。文殊菩萨对着石狮说：好生

守护着桐坑源吧！然后，就地升起一朵祥云走了。千百年来，这头石狮尽心尽责地守护着桐坑源。它的嘴一直向天张着，不知是在感谢主人成全了它的愿望，还是用威武的姿势吓退妄想来桐坑源作乱的妖魔。

由里路亭过桥，攀上竹岭下段蜈蚣鼻。这里山势峻险，岭路在绝壁上呈"之"字形曲折而上，外临深壑，危若天栈，故名"栈岱头"。其上平缓处建有茶亭，名同乐亭，又称栈岱头茶亭，供行旅饮茶休息。清同治五年（1866）此处险道被山洪冲毁，附近各村热心人士捐资重修，并养护路边山林，以护路基。具文申请绩溪县衙发布告示，严禁砍伐蜈蚣鼻和冷水湾栈道两处路旁柴薪，护林保路。碑刻立于同乐亭中，百多年来一直被严格遵守，至今树木参天，修竹青翠，路基得到很好保护，也给这里增添了秀美的风景。

从这里向上攀登竹岭上段。竹岭高程海拔 1065 米，为水阳江水系桐源河与钱塘江水系荆州河的分水岭。"岭之长以十数里计，自下而上磴道盘旋，地势凹凸，山石荦确，崎岖危巇，虽蜀之栈道剑阁，无以逾此"（《重修竹岭碑记》）。从前这条岭路是崎岖山径，行人叹为畏途。清宣统二年（1910），荆州善士胡寿六首捐巨资，主持重修，工程未及半，因劳累过度病于工地，不久去世。其子商岩遵父命，

"屏家事，弃营业，舍身斯路"，四处募捐，栉风沐雨，身临工地。父子相继，历七载，至民国 5 年告竣。计醵资 3100 余银圆，新筑石板磴道 15 里余，建石桥

4 座，修茶亭 2 处、路亭 3 处。里人感其德，刻碑记其事，并列入乐捐者芳名 1022 人，石碑嵌于中途石松亭中。

桐坑源峡谷纵深十多里，通荆州、逍遥、大鄣革命老区。1936 年 3 月，红军游击队一部 50 余人，由李连长率领，转战入绩溪境赴歙县南乡，受阻而折回我县大鄣，至赤石坑、桐坑源山棚中宿营。国民党为阻止红军前进，派遣三十四师一个营据守西坑和桐坑，用以阻截。3 月 14 日凌晨，红军游击队出桐坑源向西转移，到桐坑村外与敌军遭遇，战斗数小时，敌军死伤 2 人，我军亦伤亡 2 人（牺牲战士被村民埋在杨河源庵脚下，负伤战士被敌人押往县城）。因敌众我寡，主动撤退，向竹岭方向转移。

1945 年，新四军皖南游击队在荆州开辟革命根据地，成立革命政权。国民党调集军队四面围剿，以五十二师一五五团沿竹岭古道进攻荆州。游击队与荆州民兵凭借栈岱头的有利地形，据险伏击。敌人恃着人多势众，长驱直入，进入伏击圈后，我军猛烈开火，打得敌人仓皇后退。敌军组织三次反攻，均未能得逞，后调兵攀上对面山头，集中火力，居高临下对我射击，在兵力悬殊情况下，我军组织后撤。栈岱头保卫战打击了敌人的狂妄气焰，也争取到时间，使根据地军民有序转移。

1947 年，新四军皖南游击队进入大发展阶段，以九华（荆州）为革命根据地，向邻近各乡发展。竹岭古道成了游击队和荆州民兵前往伏岭下、大石门、胡家、西坑等地扩展革命组织，发动分粮斗争，攻击敌人碉堡的战略通道。

竹岭古道经受了革命风云的洗礼，验证了许许多多震撼当时的传奇战斗故事，为皖南游击战争的胜利和当地的解放起到了历史性的作用，也是一条红色之路。

（作者单位：绩溪县政协）

胡适故里的竦岭古道

胡清宇

　　我曾在上庄镇政府工作几年，记忆中好像在到村里办事时去过竦岭古道一两次，时间长了，印象不太深。最近为写古道记忆的文稿，我又特地去走了一趟。

　　竦岭古道连接绩溪县岭北乡与歙县东乡。绵延百里的徽岭山脉，将绩溪分为岭南和岭北；岭北乡一带主要包括现上庄、长安两镇所辖的范围，大小村庄100余个，人口约占全县五分之一。乡间语言统称为"岭北话"，与县内其他区域的方言有较大区别。在歙县的地域方

位中，竦岭属"东乡"范畴（实际位置在正北偏西方向），古时，出城"东门"，所达之处皆为"东乡"。尽管歙县的"东南西北乡"方位与实际地理位置相去甚远，但作为地域名称，一直沿袭至今，且已习惯成自然，就连位于歙县北面的高速公路出口竟也叫"歙县东"。

竦岭古道起于绩溪县上庄镇竦岭脚村，那头是歙县溪头镇竦坑村。古时岭北乡外出通道有5条，其中一条即是翻过竦岭，经大谷运、汪满田、溪头，到达徽州府，再至深渡码头走新安江水路，出徽州，进沪杭，走向五湖四海。竦岭是绩歙两邑边境贸易和人员往来的重要通道。20世纪90年代末，我在上庄村柏芝亭集市上常常看见身背竹篓的歙县人在购物，逢年过节走亲访友的也很多。

走古道从上庄到竦坑近7公里。古道路面宽约一米，就地取材，用花岗岩和青石铺砌。出上庄村经呈华塘（中国科学院院士方荣祥的祖籍地）、西慕坦到达竦岭脚，此处坐落着一个小村，村名就叫竦岭脚，古称大百里，分上、下两块，王、张两姓分别居之。村口建有亭，称"王（张）家亭"或"竦岭脚亭"，竦岭古道穿亭而过。村南路前坑有单孔石桥，名永安桥。古道不陡，岭头不高，海拔不足500米，和想象中高耸入云的"竦"之景象相去甚远。这也是徽州古道的巧妙之处，它的选址不仅是两点之间最短的路径，跨越的山岭也是群峰最低处。当地人说,在竦坑周边的千米高山大岭间,竦岭就像一个门阙,连接着绩溪八都(岭北)和徽州府城,沟通着山里和山外。

上山的路较为平缓,大部分路面由凿磨平整的青石垒砌,经过两处弧线形的弯道,长度约有 300 米,从高处望,弯道呈 S 形,路两旁草木青翠,光滑的石板在斑驳的阳光照射下熠熠生辉,于幽静中泛出一种淡淡的历史沧桑感……这一段是古道的精华部分,成为古道的标志,因此驴友经常晒出弯道的图片。

步行十来分钟,看见一座路亭,砖瓦结构,两边拱门均题额"半岭亭"三字。这是竦岭古道上唯一残存的建筑物。关于此亭,当地流传着一个"三代徽商建一亭"的故事。清朝乾隆年间,胡开文墨业创始人胡天注少年时在休宁县汪启茂墨店当学徒。有一年岁末,他从休宁回老家上庄过年,途中遇雪,到达绩歙两县交界的竦岭,已是大雪封山,路滑难行。勉强越过岭头,天色已暗,他不慎失足跌倒,幸得路人相帮,方从雪窟中脱身。此行遇险,绝处逢生,天注心中萌生一愿,将来倘若发迹,定要在岭上建亭以惠行人。后来,胡天注因经营墨业而成徽商巨擘,遂捐资重修竦岭古道,在半岭建亭。1947 年,胡天注后裔上海广户氏老胡开文经理胡洪开出资,重建成半岭跨路凉亭。后因年久失修,半岭亭岌岌可危。2004 年,上庄镇金山村旅港商人程振华先生捐资万余元,在原址重建竦岭半岭亭。

历代上庄人情系古道,《上川明经胡氏宗谱》就载有七条修筑古道的事例。古道的岭头原有一座茶亭,如今已不见踪影,仅有几个供行人憩坐的石头柱础。茶亭最早由上庄胡氏祖先永岩公所建,清同治年间上庄胡氏贞阜公重建,并置有山场林地为茶亭资产,召人住歇管理,以山场林茶收入为生活来源;每到夏收秋收季节,住亭人到近村田间化缘以补一年的费用。茶亭为过往行人及上庄近村上山干活的农民供应茶水，烘烤冷饭，远行人遇有特殊情况可在此借宿，还为夜行人提供照明灯火。

不知何时开始，上庄胡氏宗族为茶亭建立专项基金，购置灯笼、蜡烛等照明用具，设立规约：夜行人经过竦岭，天黑昏暗不能安全行进，可向茶亭具借灯笼照明，茶亭无偿供应烛火；过后，借灯人须遵守信约，将灯笼按时送回。年长日久，灯笼难免损坏或流失，蜡烛需经常添购，所需费用，都在茶亭专项基金中开支。由此循环使用，保证茶亭长年有照明灯火提供，称为"送烛还灯"制度。竦岭茶亭的住亭户基本上是世袭，"送烛还灯"的美德得以代代相传。从清代光绪年间开始住入竦岭茶亭的吴姓，其祖先从原籍歙县汪村迁来；解放后参加上庄土改，分得田地山场。不久，实行农业合作化，亭产收归集体，吴姓住亭户成为生产队社员，茶亭化缘随之消失，改由集体资助，仍为行人供茶。住亭户吴姓一家，子孙繁衍，发展到7户30多人，成为上庄村竦岭上居民点。农村实行联产承包后，以亭为家150

多年的吴姓后裔，先后迁至西慕坦、上庄建屋定居，到 21 世纪初，茶亭废圮。世居竦岭上的有一位吴氏后裔，因传承"金山时雨"名茶文化，带领群众致富成就显著，2015 年被评为全国劳动模范。竦岭茶亭的"送烛还灯"制度实为良风优俗，在徽州古道茶亭中最具特色，传为佳话，载入史册，成为徽州乡土文化的一段美好记忆。

竦岭在地图上位于歙县最北端，海拔 600 多米，距徽州府城 39 公里。在徽州，许多村庄是以地形地貌命名的，一个"竦"字加一个"坑"字，足以说明竦坑所在的地势环境：崇山峻岭一洼地。竦坑村民以江姓为主，有 400 多年历史。2019 年公布为第五批中国传统村落。传说明万历乙巳年（1605），竦坑江氏先祖积元公从桂林牌头往绩溪办事，于竦河边一开阔之地生火取暖并烘烤挞馃干粮，走时未灭薪火，三日之后，积元公自绩溪而归，发现火焰未熄，认定这是一方旺土，便迁家于此开枝散叶。这一传说证明竦岭古道在竦坑江姓拓荒成村前就已存在，且是歙县"东乡"至绩溪、旌德的一条交通要道。

我母亲的老家在歙县桃坑村，离竦坑不远，小时候就听她讲过许多关于竦坑的传说。母亲说当年这个"大路边"的"岭脚村"是很"俏"的（方言，吃香的意思），周边村庄都愿把女儿嫁到竦坑来，因为竦坑"一有观音忏，二有十月半，三有挑米好撑担"。以前歙县"东乡"人去绩溪、旌德买米，回头经竦坑便可在亲眷家撑起米担歇息、吃饭、过夜。所谓的"十月半"指的是竦坑村特有的民俗——庆熟节，农历十月十五日这天，家家户户杀猪宰牛、做豆腐、包粽子，亲朋好友欢聚一堂，热热闹闹庆丰年。母亲说竦坑曾出了个"竦东焕"的好汉，他力大无比，吃饭斗米，挑米三担，"一人砌了个仙人磅，还赶着十个挑米担"；母亲还会唱一首民谣"里一扭、外一扭哎，竦坑螺丝多个扭；里一弯那、外一弯哎，竦坑男儿代代出高官耶"……现在想来，那些代代相传的故事和歌谣不仅是诉说过往，真正传递的是山民们对土地的热爱，对美好生活的憧憬。

站立岭头回望上庄，只见大会山下，常溪河畔，良田万顷，阡陌纵横，村舍相连。竦岭是古时绩溪岭北人走出大山的生存之路、求学之路、经商之路。在这片神奇的沃土上，上庄人曾创造了"小上海"的商业奇迹，徽墨、茶叶、木雕名扬四海；从这里走出了一大批文人学士、大商巨贾和达官显贵，如胡传胡适父子、胡天注、汪裕泰、程裕新、汪静之、曹诚英等，数不胜数，成为徽文化的发祥地之一、名闻遐迩的名人故里、文化之乡和商贸重镇。所有的这一切，应该都与这条古道密不可分，或者说是古道成就了上庄的辉煌。

"竦岭积雪"是上庄八景之一。古人诗云"寒空布玉尘，有兽栖崇岭。何处鹤归来，踏碎梅花影。薄暮望山村，倍增丝发冷"。先人的足迹已难以找寻，但从上庄这片土地上走出去的胡适等一代又一代的名人，他们一定是熟悉这条古道的。试想当年，胡适先生吟诵"我从山中来，带着兰花草"的诗歌时，他的脑海里是否闪现出竦岭古道上的笃笃足音和清风明月呢？

（作者单位：绩溪县政协）

古道森森龙丛源

程福如

从绩溪城北 30 华里的丛山关村外，穿越铁路涵洞往深山方向，有一条古道——龙丛源古道，是原二都多个村庄与外界的最主要通道。《绩溪县志》载：龙丛源道"丛山关溯龙丛源至龙丛，经黄树岱、考溪、楼下至蜀水，或越吴周岭经校头、西坑至蜀水，再越株树岭或黄家岭通旌德"。龙丛源古道自丛山关始，直至二都蜀水村，共有 35 华里。其中丛山关口至龙丛村这一段，可称之为古道的总干段，约 15 华里，至今保存完好。再往前，分成了经校头、西坑与经黄树岱、考溪、楼下两条支道，在蜀水村的三岔口又合而为一，成了株树岭古道的起点。目前两条支道上除了吴周岭段还有一些石板路、三岔口古永丰桥尚存外，其他地方已难觅古道踪影了。

龙丛源古道位于龙丛山山脉的峡谷中，既没有徽杭古道的雄伟，也没有徽岭古道的厚重人文，但因地理位置独特，而自成一派清幽妙境。

龙丛山山脉山高均在 500 米以上，最高山近千米，山体巍峨陡峭，路面坡度接近七八十度。古道在两山的峡谷处依山势而建。青山突兀，树木阴森，使古道显得幽深而静谧。山林以常绿林为主，夹杂着一些落叶林。古道两边还有一些水竹和箬竹。每年春天，山花悄然次第开放；夏日，葳蕤的草木使山林充满了生机与活力；深秋与初冬到来时，落叶林纷纷变幻着颜色，呈现出层林尽染的风采；隆冬时节，雾凇或白雪及时装点着如黛青山，营造出一个冰清玉洁的纯美世界。

古道总干段，有芦塘降、龙丛山上的

水汇成的龙源河穿峡谷而南，直奔丛山关后北折流向金沙，再汇入宁国西津河注入水阳江。龙源河自龙丛村始，与周边山上来水渐渐汇合，河面也越来越宽。清嘉庆版《绩溪县志》载："……又三里耸起为芦塘降。南麓为龙丛，北麓为考溪、碣石（即楼下），并属二都。又南耸曰龙丛山。在县北三十里，有水西南流，纳入公塘，南出之水为龙丛源，凡八里，径丛山关麓东入宁国。"

河床内有形态各异的大小石头，如棺、如门、如兽……河水时而湍急，时而被中小石头阻拦，溅出朵朵浪花。当汛期的洪水遇上巨石，则发出"轰轰""哗哗"猛烈的撞击声，像一头发怒的狮子，很是壮观。春夏多雨时节，常有洪水顺弯而下，形成大大小小的瀑布。河中还有数个大小不等的水潭。两岸青山倒映其中，将河水映衬得翡翠般碧绿。水潭的周边，长着许多喜水的乔木和灌木。不知名的鸟儿穿梭在林中，时而发出清脆的鸣叫，时而飞翔在水面嬉戏。见有人走近，又扑愣愣地快速躲到山林中。因水量丰沛，半山腰上时常云雾萦绕，或浓密如乌云，或轻薄如纱翼，有如仙境般神秘莫测。

古道总干段与龙源河并行，有时与河几乎平行。由于两旁森林密布，在解放前时常有歹人出没于古道上，干一些杀人越货的勾当。清末的一天，天将黑，有四个外乡人行走在古道上，途经碓下糕点作坊时，其中两人留在作坊内过夜，另两人急着赶路。结果赶路的两人在离考溪村不远处被人杀害，在作坊内过夜的两人躲过了一劫。民国年间，黄树岱一个男子去扬溪卖牛回家，一个人走在古道中。可能是被歹人盯上了，一直尾随他，在无人处抢了他的钱后，将人也杀害了。后来这伙歹人被芦塘山的新四军剿灭了。

龙丛源古道在清道光年间进行过一次大修。据《绩溪泮川汪氏宗谱》中《汪文才传》文载："公年未壮，殚心公益事。有龙丛源者，邑北通徽宣孔道也。崖峭壁，荦确多阴，行旅者苦之，而无议修者。公不惜血汗金，慨然首倡，招工筑修，雇工巨，独立莫支，乃求村邻之有力者相助，奔走捐募。道逾半，费缺无可募，乃节衣食，售私产以继之。人多其德。"

清光绪年间胡家西川人《汪子清地理图说》中写道："龙丛源为二都通丛山关之要道，极为险窄难行，近数年修理完整，一律坦平，任事人之公德有足多焉。"从时间上看，可能就是指的这一次修筑。

古道的末端三岔口处，有校头、考溪和黄家岭三个方向的河水在此处合津，汇成大溪河。河上有桥。洪涝年份，此处常闹水灾，桥常被河水冲毁，而致行人无法行走。光绪五年（1879），下蜀水人陈潘佩率儿孙发动了一次由黄树岱、考溪、碣石（楼下）、上蜀水、下蜀水、西坑、南坑、校头、大溪、下溪以及旌德仕川等村参与的修桥公益行动，在河床砌筑牢固的桥墩，再用15米长的花岗岩作桥面，修成了一座美观、坚实的桥。事后立《重建永丰桥碑记》于桥头河岸。碑记显示，当时有各村100多位村民捐资相助。该桥尚存，碑记也仍立于三岔口桥头。

可见，这不是一条官道，而是经当地村庄的乡贤们倡议，再由相关村庄的民众集体修建而成。民间筑路修桥之艰辛由此可见一斑。

古道上设有多个茶亭和路亭。最出名

的为半丘庵路（茶）亭，位于古道总干部位的半丘庵处，南北两向开门。亭内东西向有长木条搭成的简易木凳供行人歇息。熟悉的不熟悉的人，都会不知不觉地聊起天来。茶亭建于路亭之上数步，每日有专人烧茶水免费供给路人喝。如果天黑了，茶亭里为路人备有火烛；如果突然遇上下雨天，路亭可以为行人遮风挡雨，还可以向茶亭主借雨具。到了年底，茶亭主会去相关村庄向每家讨米或米粉粿以充茶资。

龙丛源古道一米多宽，部分路段铺有石板，大部分则是泥土路面，可以拉独轮车。改革开放前，二都各村的公粮，先交到蜀水、校头、龙丛三个粮站，然后雇人用独轮车拉往杨溪。二都人所用的日用品，也是通过独轮车从杨溪运往二都。

古道在离丛山关二公里处，有一个深数十米的深潭，人称"烂马潭"，极其危险。一般人路过时都小心翼翼地贴着山脚走，不敢向深潭张望。据老人们讲，因旧时有人连人带马掉进深潭，因而称之为"烂马潭"。

烂马潭之外，山势与河面皆变得开阔，让人有豁然开朗之感。这就是古道的起始处——丛山关。明《县志》载"地称险阨，一夫守

关，行人气塞，昔尝立寨，因呼为丛山关"。丛山关是原徽州府的北大门，也是与宁国府的分界线。北宋时期就在此立栅。清兵入关后，曾在这里与金声义军展开过一场激烈的战斗。晚清的太平军与官兵，也曾在此激战。1937年，皖赣铁路修成，穿丛山村而过。次年，为防日军入侵徽州，政府下令将此处的铁路桥炸毁，废弃的铁路涵洞，至今仍屹立在关口，斑斑驳驳，像一位沧桑的老人，向过往行人诉说着这里曾发生过的那些可歌可泣的历史故事。

改革开放后，县政府开通了扬板公路，龙丛源古道不再是二都人外出的主要道路。

如今的龙丛源古道，静静地隐藏在龙丛深山之中，如小家碧玉般内敛、温婉，散发着一股神秘、清幽的韵味。近年来，随着人们生活水平的提高，乡村古道游成了热门。龙丛源古道也成了县内外人常常选择的旅游胜地。一些旅外二都人，常会带着满满的乡愁，约上家人步行古道，重温儿时的记忆；一些在二都工作、生活过的外乡人，对于曾经让他们往来吃力无比的古道，也充满怀念之情，常成群结队故地重游；一些城里人，在节假日里也会带着孩子，买来野餐垫和休闲食品，在古道下的河边树林下戏水度假。

龙丛源古道，还会给人们带来许多美好的感受与回忆。

（作者系绩溪县血防站退休职工）

悠悠伏旌古道

张益飞

　　伏旌古道是一条横跨绩溪中部的古道，它的起点为绩溪县岭南重镇伏岭下村，经际下过大石门，经扬溪、板桥、尚田、隐塘，过旌德白沙村到旌德县城，全程约35公里。古道东与徽杭古道相连，旧时旌德方向和绩溪岭中、岭北村的商客都由此道到伏岭，再转往徽杭古道去浙江杭州经商、务工谋生；绩溪岭南方向也由此道经旌德去太平、池州、安庆或去宁国、芜湖，下南京、上海经商务工。是绩溪县境内"三横四纵"古道中的一条重要的横向通道。另外，扬溪源里的板桥、校头一带和旌德县出产的稻米也由这条道运至扬溪镇，再继续转运往岭南的伏岭、家朋、歙县南乡等地，因此这条古道在旧时为旌德运粮米至歙南之要道。1935年芜屯公路建成通车后，从旌德县城调运的粮食都是用人力挑到扬溪，再由扬溪通过卡车运往芜湖、南京。

　　该古道伏岭至扬溪段是一条

断断续续的石板路，由麻石铺就、宽约 1.5 米。从伏下村西行过伏岭，有一砖木结构的跨路拱亭，供来往的商旅休息。经际下村到石头岭，际下村坐落于高山下，是古时十三都与十四都的交界处，故名际下。登源河支流——卓溪河与大石门河在村前交汇。

石头岭头是际下村通往扬溪镇大石门村的古道上的一个节点。在登源公路未开通前，伏岭一带所需要的粮食和日用百货皆从扬溪经此挑运。1934 年 12 月 5 日，红军北上抗日先遣队从这里经过，绩溪地下党组织、开明士绅在此和涉岭设茶水站，慰问红军。

大石门村始建于唐朝，历史悠久，名胜遗存甚多。因村南水口有狮象两石夹峙如门而得名。古道经过水口石门及观音阁，就进入村庄。

"丹崖花缀山成锦，翠浪鱼翻浦作盆。正是朝墩犹未上，已闻人语出深村。"站在观音阁后的小山顶上，东向可望见通往胡家和荆州的门茶岭、通往卓溪的大石门岭、通往际下的石头岭；南向可见通往湖村和塘塍的近坑岭；西向可见通往扬溪的涉岭；北向通往金沙、兵坑的楼基、楼坛十七村尽收眼底。

太尉庙，唐名石门院，宋熙宁四年（1071）改名为寿圣院，隆兴年间又改名广福寺。太尉庙只是其中一座殿堂，主祭唐代平定"安史之乱"的张巡和许远并南霁云、雷万春，占地十余亩，是附近最大的寺庙。现存有明代古戏台，相传农历九月十二日是太尉老爷的生日，太尉老爷又好听戏，古时每年在太尉老爷生日时要唱戏三天。

大石门是沟通绩溪县境内东西走向道路的枢纽，是古代旌德、太平、泾县通浙江杭州的要径。过大石门路口的古道上现存一路碑，直行通绩溪县城，右行可以通至宁国县的胡乐司，再往鸿门、宁国和芜湖。

涉岭岭头上现存一石拱亭，可供行人休憩、打尖、避雨等，古时设有茶亭（目前还有屋基遗存）。再至柏枝树下一个孤僻处有张山庙路亭，下涉岭至梓棚下涉村

有一飞檐翘角的路亭，供行人饮水打尖。过了涉村，就到了扬溪镇。

扬溪村地处丛山关内，锦屏山下。位于绩溪县地域中心腹部，也是古徽州北部第一重镇。元朝置都，扬溪被置为全县十五个都之首。徽宁驿道穿街而过，明清两代在此设置递铺，称扬溪铺。由绩溪县城去岭中各地的公文、物资等都由此中转。街道两侧店铺林立，货品齐全，有百货、馆栈业、米店、盐行、酱园、油坊、药店、饮食店、手工艺作坊，等等。

这些店铺不仅为岭中深处的人家、商店提供商品，而且为他们的小孩"学生意"提供场所，笔者的父亲8岁时曾到扬溪街上利泰商行学生意。利泰商行是扬溪老街上一家颇具规模的商号，不仅经营百货，还拥有糟坊、酱园等产业。家父在扬溪学生意时经历了寻淮洲领导的红军北上抗日先遣队从扬溪镇取道扬溪源去旌德、太平的事情（1934年），他们称作"过兵"。那时他们非常害怕，以往过兵时老百姓是要遭殃的，搞不好还有性命之忧。所以就跑到对面山上待了一晚，第二天才敢回店。回店后发现没有什么损失，只是酒缸里的酒少了些，老板也没说啥。后来发现在酒缸盖与毛毡之间还放着银圆。家

父年老时说起这事时说：从这件事看，我就知道国民党要败，共产党要兴。

扬之河上的扬溪桥，是现存历史最久的石桥之一。始建年代失考，宋淳熙间废，开福初年（约 1206）洪塘商人汪太重建，桥"高广五丈、径一丈"。后又几经圮建。现存的桥体是明代嘉靖间市民胡廷杰重修。3 孔，长 30 米，中孔跨径 9 米、边孔 5 米，面宽 5 米。

扬溪村西河流称扬溪源，源长 20 里，扬溪源由西往东与扬之河从北至南汇合于扬溪，形成两水合津。

过了这扬溪桥到了扬溪岭脚下，就进入了扬溪源大峡谷，峡谷长约 9 公里。板桥河的河水从这条峡谷奔流而下，落差很大，河道中怪石嶙峋突兀，时而河水撞击着巨石激起白沫，訇然作响；时而又水流平缓，水平如镜。河道两边，青山相对，瀑布飞流，有如玉带镶嵌，山头云雾萦绕。

这里有两条进出的道路，一条沿河顺势上行，这条路的特点是路程较短，但道路崎岖，称下路。有的地方需涉水而过，这里水一般时候都比较浅，有的地方搭几根木头就算桥了，有些地方利用在河中的石头或放置几块大石头，称水踏步。1985 年修建扬板公路时线路也基本是按照此线路走的。另一条从半山上走，称上路，这是一条人工痕迹更大一点的路，相对平坦，从扬溪的岭脚下斜上再到锦屏山的半山腰，到一个叫大邱田的地方出峡谷下坡与下路会合。这条道要远上一到两公里。《绩溪县志》载：这条道由明代邑人葛茂续捐修并建有冷水亭。一般推独轮车、赶毛驴驮货的人从上路走。

从前，在猫岱头、观音阁、大邱田和板桥头等处都设有茶亭，供行人喝水打尖，还为他人热饭和烘烤干粮。大邱田茶亭一直到 20 世纪 70 年代还存在，这里住着一家三口，他们一边开山种地，一边经营着茶亭，为来往的行人提供着茶水，他们一大早就用瓦瓮泡好了茶，上边有个木盖子，上面放着一个竹筒制成的舀子。茶叶是他们自己在山上种的，水是这里的山泉水。他们一家三口山上种的玉米作为主要粮食来源，每到夏收时节和过年时节他们都要拎着篮子到附近的村子去，村民们约定俗成地给些实心的米粿，没有制作米粿的人家就给半升一升的米，作为一年到头过往喝茶的回报。每年这些米粿够他们一家吃一两个月，平时就装在大木桶里，用清水泡着，保持不坏。20世纪80年代初，这里修建了公路，这两条古道渐渐没人走了，茶亭里住的人也搬走了。

出了这峡谷就到了板桥头。在峡谷的尽头有一座单孔拱桥，跨度7米。相传那河道上原先架设有木板桥，"板桥"的地名也由此而来。这座桥也是整个板桥的大水口桥，民间称扬溪源里的大水口，后来由于木板桥容易被水冲走，康熙年间里人张积铣在此兴建单拱石桥，后又被水毁架木桥。现存的桥是清道光年间由瀛洲人方体倡建的。

过了这桥，上了三岔路口，从右边路可以至东坡村、双岭下、过接贤岭到校头、蜀水、大溪、下溪，从龙溪河过南门岭到旌德俞村，到宁国胡乐、鸿门；往左进入板桥上中下三村。因其位于扬溪源支流河北岸，按流向分上中下三村。上村，又叫"碥上"，为叶姓聚居村落。相传宋代有歙县蓝田叶姓赴旌德，经"碥上"时烧了个火堆，回来火还未灭，就认定此处兴旺而落户，村内有叶氏宗祠。中村，清初建村，较上村、下村晚，曾建有黄家老屋，后黄姓衰弱，清末有本县荆州迁入的程姓，后来又有郑、方、吴、胡、周姓氏迁入定居。下村以张姓为主，元末明初建村，有张氏宗祠。后有戴家自浙江余杭迁入，建有戴家老屋。

过了板桥茅坎岭，5公里就到了尚田村。古川河穿过尚田村两座

老石拱桥缓缓流过。因其"山山紧相连，处处是良田"而得名"上田"，到清乾隆年间，改为雅名"尚田"。尚田村村民大多姓汪，始祖泰公，字源，乃汪华之三子达公的裔孙。

长岭原名长川，因尚田通往此村的山路称长岭，村依岭名。居民以倪姓为主，得姓始祖倪宽，源于曹姓，祖籍发源地为山东滕州、枣庄一带。唐兵部尚书倪康明（讳时思）为朝廷镇压反叛来到徽州，后辞官定居祁门。宋景祐年间后裔倪世宁由婺州迁此定居。

隐塘因村中有口水塘隐而不露，故名隐塘，与旌德白沙村交界。明朝后建村。村民多数为移民户。

到此，该古道就进入了旌德境内。

（作者单位：绩溪县政协）

会川古道燃烽火

胡清宇　曹　健

　　会川村位于绩溪县上庄镇旺川行政村境内，坐落在黄山余脉大会山山脉的黄会山南麓（大会山海拔 1259 米，因"四周众峰环峙，宛若大山聚会"而得名）。此山脉为绩溪与旌德两县的分界线，山之阳为绩溪岭北，山之阴为旌德西乡；也是河流的分水岭，山南之水注入新安江，山北之水汇入青弋江。北向有杨桃岭，南边为小岭，二岭均通旌德白地。

　　会川古道依河而修。昆溪河流程 12 公里，建有 15 座石桥。这些石桥最早建于明嘉靖初年，最迟建于清道光十一年（1831）。其中拱桥约占一半，三孔以上石桥 10 座，主溪上 13 座，支流上 2 座，还有沟、渠、溪头上的石梁（板）桥则不计其数。昆溪恰似一道长梯，而横跨河面的座座古桥，则有如一道道梯档；一桥一景，各具特色。历经数百年风雨，绝大多数石桥至今仍能通行，实为一大奇观和珍贵的历史文化遗产。

　　惠吉桥，位于恩岭脚下，高 9 米，长 12 米，宽 2.5 米，为旺川村徽商曹衍通等人建于清道光十一年。得贷桥，俗称里碓桥，位于铜锣坵谷口，是一座高 12 米的单孔拱桥，孔径 10 米，桥面宽 4 米，该桥高度居全县石桥之冠；建于明朝，为旺川村曹德所建。太乙桥，位于昆溪河尾端，四墩三孔，桥高 8 米，宽 5.6 米，长 23.5 米，明末曹毓柏所建。新桥，古称瑟希桥，三孔石拱桥，位于大源河上游（常溪河汇入大源河）。沿昆溪河而来的石板路过"新桥"之后就缓缓通向南面半山之中，不再绕溪而行，不远处就是歙县的地界了。

明成化至嘉靖年间，旺川人曹显应在徽州府城北门外开设米行，利用家乡昆溪河水流的落差，沿河建了16座水碓，从旌德西乡收购稻谷经杨桃岭运到旺川加工，再经临溪从水路用船筏运往歙县。

黄会山，是会川的中心村，因地处黄山山脉的大会山下，便以"黄""会"两字合成村名。村民大都姓程，据《会川程氏宗谱》记载，会川程姓是从篁墩迁衍来的，是新安程姓始祖程元谭的后裔。程姓在黄会山已传了30世，有800余年历史。

进入村口，映入眼帘的是一座高踞在岩石上的古亭，周边几棵高大的古树，枝叶茂密，浓荫匝地，每株古树需两人合抱。峰连着峰，岔连着岔，村庄处在树林茂密、沟壑纵横、层层梯田之中，紧贴

着山坡，粉墙黛瓦的民居依山而建，重重叠叠，错落有致。从远处望，好像一把打开的巨伞藏在山谷之间。从村口到村尾，一路石坎垂直而上，出门就上坎，甚至屋内都有坎。一道溪水从高处流泻下来，穿村而下，几处深潭，水清见底。绿树翠竹环村绕宅，环境优美，空气清新。夏季温度低，气温凉爽，是绩溪深山里的一处恬淡古朴、宁静清纯的古村

落。进入村庄，踩在一块块厚实的石板路上，踏着一级高一级的石阶，好像在一页一页地翻阅古书……站在村头的山岩上，可以看到对面山崖上如白练飞泻而下的"滴水塔"瀑布，瀑布击在石崖下的巨石上，发出雷鸣般的巨响。

1999 年 9 月，我调到上庄镇任副镇长，分管农业和交通等工作。当时的会川为建制行政村（1991 年并入旺川行政村），辖黄会山、风栖湾、昆溪上、下舍等自然村，不通公路，只有石板古道相连，村民进出要翻山越岭，肩挑背扛，还有赶着毛驴运货。当地人把会川称为"山里"。记得第一次去会川是步行的，顺着昆溪河边恩岭古道的"千步云梯"艰难跋涉。带路的会川村支部书记程文炎跟我们说了恩岭的来历，相传邻近的旺川村有位曹姓的朝奉，女儿长得出众，多少大村富贵人家前来提亲，女儿都不答应，她偏偏看上家居昆溪源头勤劳英俊的山里青年。父亲眼看着女儿嫁到山里，来往交通极不便利，就捐资在最险要的山道上开凿出一条 500 级石板梯路，并在昆溪上建了一座大石桥。山里人感念曹朝奉的恩德，便把这石板路叫作"恩岭"；还有一种说法，"恩"字在绩溪岭北方言中含有头疼、麻烦的意思，比喻山岭难行。

当时镇、村两级正在筹备修建会川公路，村"两委"干部带领村民投工投劳，多方筹集资金。时任省交通厅厅长王兴尧来到工地视察，看见数百名村民戴着箬笠蓑衣和冷饭干粮挥汗如雨，他动情地说："老区人民修路热情如此之高，十分不易，我们交通部门应该给予支持。"后来，省交通厅拨付了 20 万元的专项资金，县级各部门解决了 30 万元，镇头林场等单位也给予赞助，村民出义务工 3600 个，历时五年，全线通车。

2007 年我调离上庄镇到县宣传文化部门工作，多次介绍和带领记者、摄影家到会川采风，如今这里已成为皖南著名的摄影基地。2016 年，当地乡贤在公路入口处集资建造了一座石牌坊，上书"德泽会川"四个大字；上海客商程坤和本地青年胡士伟在此兴办了"放空地"民宿和"凤栖湾"山庄，游客纷至沓来，其独特的文化生态魅力正日益显现。

黄会山是革命老区。胡明受陈毅派遣到皖南山区发展革命组织，创立游击队根据地，1939 年由黄高峰下的王家庄经长坞、杨株来到黄会山，宣传革命道理，启发农民觉悟，以结拜兄弟的名义，秘密地成立了革命组织，约定每位参加的人出大洋一元作为活动经费。当时集结了八位贫苦农民，他们是程启福、程打街、程观林、叶林宝、高以芳、程熙福、程继开和程顺泰，称为"八兄弟结义"。后来这些人经过斗争考验，大都先后加入党组织，出生入死，为革命做了不少的工作，解放后程观林担任了旺川区第一任区长。1946 年元旦，胡明与杨明领导的革命武装力量在太平县（今黄山区）樵山会师后，奉华中局指示

成立中共皖南地委，胡明与杨明就住在黄会山，商讨成立皖南地委成立事宜。1946年2月中共皖南地委成立大会在大会山南麓长坞举行，长坞会议参加人员的食宿等生活供应都是黄会山村民帮助解决的。

长坞又名杨株，距黄会山约一公里，从下舍村后攀上一道山岭，岭顶有道石门，俗称"杨株口"，地势十分险要。沿途两山夹峙，山岩森然，巨石嵯峨，形态各异。有的石覆如盖，状如房屋，有的如奔驰的大象，有的如卧水的老牛，有的如巨人傲然耸立，天造地设，形态逼真。

山岩多溶洞，小者可容三五人，大的可容百余人，当地人称为"石屋"。再往前有深潭和瀑布。深潭名为杨株潭，位于昆溪源头。在这深山野坞里曾住有一户人家，户主叫汪生禄。胡明带领游击队来到长坞，经常住在他家。生禄老人为游击队做了许多事，常常以走亲戚访友为由，下山为游击队采购物资，了解敌人动静，收集情报。曾经有一次被敌人抓住，遭严刑拷打，始终坚贞不屈。他的几个儿子都参加了革命队伍。生禄老人去世后，就长眠在当年游击队驻地附近。绕过山湾，登上山坡，便是皖南地委（长坞）会议的遗址。这里已不见当年的营房和会场。山川依旧，泉水淙淙，老树新枝，芳草萋萋，让人不禁生发出对革命先辈的崇敬和怀念之情。

近年来，旺川村委会组织村民对会川古道进行了清理整修；2020年6月17日，绩溪、旌德两县政协联合举行了"古道保护开发考察座谈会"。古道承载着红色文化、徽商精神和名人文化，对促进文化旅游和生态经济的发展有着重要意义，在科学规划的基础上加以保护和开发利用，必将让古道焕发生机，为乡村振兴贡献力量。

（作者单位：胡清宇，绩溪县政协；曹健，绩溪县旺川退休教师）

情绕梦牵杨桃岭

洪树林

　　杨桃岭是上庄镇旺川村通往旌德江村的古山道。杨桃，即猕猴桃，古时因满山遍野长着杨桃，故名"杨桃岭"。又因自古以来，古道上留下了许多美丽动人的爱情、激昂悲壮的军民鱼水情、旅外游子的故乡情，而誉为杨桃岭情道。

　　我们能知道的最早发生在这条古道上的爱情约在明代中期。

　　昆溪上游有一对姓程的夫妇，靠租旺川村的一位富商曹朝奉的山场种苞萝为生，年过四十，才生了一个儿子，取名兴旺。16 岁时，长成为一位勤劳英俊的山村青年。兴旺每月挑柴来曹家抵租金，有时见曹家有什么事，总是二话不说，主动地帮着做了。曹家老少都很喜欢他。

　　曹家女儿凤姑见兴旺长得英俊健壮，又勤劳善良，还勤奋好学，不由得心生爱慕。兴旺见凤姑不嫌弃他这个山野贫家子弟，每次挑柴来她家，总是笑脸相迎，给他递茶倒水，洗脸擦汗，还帮着堆柴，全没有小姐架子。只是兴旺自觉出身贫贱，不敢有丝毫的非分之想。凤姑父母正为女儿婚姻发愁，选了十多个品貌端正、门当户对的子弟，凤姑都看不中，坚持非兴旺不嫁。朝奉夫妇也开通：与其让女儿嫁给不中意的女婿，终生难过，倒不如随了女儿意，何况他们自己也喜欢兴旺的人品。两家议定，小两口成亲后，山上山下两边住。

曹朝奉家为了女儿女婿来往方便，出资重修了山道以及道上的百步云梯，筑了一座单孔石拱桥。这也给山上山下的人们带来方便。人感其德，称岭为恩岭，桥为凤栖桥，山湾为凤栖湾。

　　万历五年（1577）前后，旺川人曹世科娶了旌德江村女为妻，将恩岭古道的石板路延修到了江村，因沿途长满了甘甜的杨桃，便改称为杨桃岭，并在岭头筑了一座石券亭，刻了四个字。虽然《曹氏宗谱》只简单记录了这一善举，民间也没有留下他与妻子的爱情故事，但从"拱天济美"这四个字可以看出，曹世科娶的是位美丽、善良的妻子，是因为老天爷对他的眷顾，才不惜花费巨资修路筑亭，以表谢意。他也没想到，此后三百年，这路这亭成就了山岭两边多少对美满姻缘，更想不到促成了一桩影响着胡适一生的曲折复杂婚姻。

　　1904 年春，江冬秀随母亲吕贤英来旺川走亲戚，巧遇沾亲带故的胡适母子。家境上，当年江家比胡家略胜一筹。江冬秀父江世贤为布政司经历加二级，母吕贤英是光绪进士、翰林院编修吕佩芬之女。吕贤英见 13 岁的胡适眉清目秀、模样英俊，遂主动提亲，愿以女字之。冯顺娣见江冬秀面容端庄、性格热情开朗又不失矜持，待人彬彬有礼，自然十分满意，遂定下了婚约。

　　胡适先去上海读书六年，又留学美国七年。满脑子"不自由，毋宁死！"的他，却不得不遵从母命，与江冬秀完婚。他自撰两副婚联："旧约十三年，环游七万里。""三十夜大月亮，念七岁老新郎。"还作了三首《新婚杂诗》：

　　　　　　　　一

　　十三年没见面的相思，于今完结。把一桩桩伤心旧事，从头说。

　　你莫说你对不住我，

我也不说我对不住你，——
且牢牢记取这十二月三十夜的中天明月！

二

记得那一年，
你家办了嫁妆，
我家备了新房，
只不曾捉到我这个新郎！
这十年来，
换了几朝帝王，
看了多少兴亡，
锈了你奁中的刀剪，
改了你多少嫁衣新样，
更老了你我人儿一双！——
只有那十年陈的爆竹，
越陈偏越响！

三

十几年的相思刚才完结，
没满月的夫妻又匆匆离别。
昨夜灯前絮语，
全不管天上月圆月缺。
今宵别后，
便觉得这窗前明月，
格外清圆，

格外亲切！

你该笑我，

饱尝了作客情怀，

别离滋味，

还逃不了这个时节！

诗写得清新、缠绵，读来有几分俏皮又有几分伤感，展现了胡适先生对新婚妻子浓浓的爱恋以及微微的抱歉、不安。

胡适完全没有想到，这场婚礼竟然在他与江冬秀的伴娘曹诚英之间不知不觉埋下了"抽刀断水水更流"的扑朔迷离的感情种子。曹诚英，是我国第一位留美农学教授。她的悲情故事也是令人深思的，具有深刻社会意义的话题。她与胡适、江冬秀的纠葛为杨桃岭这条古道披上了神秘的色彩。

开岁佳音叠。喜连朝方平桃岭，八都又捷。谈笑踏翻黄柏凹，斗大雪花飞袭。看万里，银装玉琢。脚滑风尖浑不管，浩歌行，震落千山雪。雪纵冷，血愈沸。

喧天鼓乐逢佳节。正村村彩戏秋歌，军民同祝。夹道扶携争一睹，谊比家人亲切，更絮语，终宵难歇。多少血仇多少恨，向亲人未诉声先咽。天下事，匹夫责。

这首《贺新凉》词的作者是宋亦英，解放战争时，任中共皖南地委机关报《黄山报》美术编辑兼文工队指导员。建国后，任安徽美协

秘书长、副主席等职。她在词里流溢着词人与杨桃岭沿途村庄和群众的鱼水之情。

1937年，旺川曹昇之夫人谭雪影在附近村子里办了几个学校，把乡村民众加以战时训练，教给一些战时知识。这些乡民和学生后来大都成了新四军游击队战士。

1940年，李式一化名吕蔚然，以龙井（今宅坦）乡中心小学教导主任身份为掩护，成立中共旺川支部。不久又扩大为中共旺川独立区委，在岭北一带撒下革命种子，打下了群众基础。皖南事变后，以胡明为首的中心县委成立了一支13人的新四军游击队，在会川创建了游击根据地。次年10月，胡明成立中共皖南地委。从此，皖南各地游击队有了一个统一的指挥中心。1949年4月24日，苏浙皖赣辖区人民解放军司令部和皖南地委在旺川召开迎接国民党安徽省保五旅起义的大会，促进了皖南全境的顺利解放。

旺川小学，1994年，曹浣和曹诚渊姑侄捐资128万元重建

曹诚英在家乡的直系亲人不多，但退休后还是选择到故乡绩溪定居，再三婉拒生产队要给她盖房，寄居在一远房亲戚家中。而将平时省吃俭用的少数积蓄，捐资修复上庄水口杨林石桥，多次捐赠当地救灾和生产发展。她曾试图在家乡办养猪场、建气象站以造福乡里，可惜由于当时条件的限制未能如愿。最后留下的遗嘱将所有存款献给国家……先生对国家、对党、对家乡人民的赤诚的爱，使当地百姓感激不已。

旅港旺川人曹浣，虽身在异地，但情系桑梓。与其侄曹诚渊，自1994年以父亲曹时旺的名义在绩溪县设立"曹时旺教育基金"，已为当地文化、教育事业的发展捐资630万元，先后捐助贫困学子2000多人次，发放助学金、奖学金100余万元。她本人也荣获安徽省"慈善事业"先进个人、宣城市"道德模范人物""感动绩溪爱心特别奖"等光荣称号。

谭雪影，抗战期间先回到旺川办学，接着前往屯溪组织皖南妇女流动工作团，任团长。后来，她在长沙被聘为湖南文抗会妇女部主任兼战地服务团团长，辗转于皖、赣、湘、鄂、黔、川等省。抗战胜利后随夫赴台湾，任台湾国立艺专教授，旅台50余年，始终不忘故乡情，1998年返故里定居。

当年，胡适与江冬秀成婚后第三天，按照乡俗，偕新妇同至江村，归途在杨桃岭上回望江村，庙首诸村，及其北诸山。不由得感慨万分，吟诗曰：

> 重山叠嶂，
> 都似一重重奔涛东西！
> 山脚下几个村乡，

一百年来多少兴亡，

不堪回想！

——更不须回想！

想十万万年前，

这多少山头，

都不过是大海里一些微波暗浪！

　　这条古道上的石板路，连同一个个故事、情事，隐没草木丛中，沉淀在了人们的记忆中。随着全域旅游事业的兴起，一代代人的情魂又萦绕在杨桃岭这条古道上，给游人以无穷的遐思。

（作者系绩溪县政协办退休干部）

公文传递徽宁驿

耿培炳

徽宁驿道纵贯绩溪县境中部，南起歙绩之界牌岭，经临溪街、雄路、快活林、徽溪桥入县城南门，贯穿县城出北门，经五里铺、十里岩、扬溪街、石街头、丛山关入宁国。全长 31 公里，石板道路，宽2—3 米。古为徽州府与宁国府（宣州）之通衢，亦是通往南京之官道。

驿道设传递军情、公文的班站为递铺。五代年间邮传"皆役平民"。宋建隆二年（961）始用军人。明县境本驿道有 7 铺，总铺设县衙前。分铺 6 所，临溪、雄路、五里铺、十里岩、扬溪、丛山关。各设铺司 1 名，铺兵 4 名，后时有增减。民国元年裁革。抗日战争全面爆发后，邮路阻断，民国 28 年设递步哨，传递公文、搜集情报、指导伤兵就医、散兵归队和公务人员路径。

1935 年芜屯公路建成通军，绩溪县境段，绝大部分依照徽宁驿道的走向定线，遂成绩溪的交通主脉。从此，驿道失去其交通功能。1937 年京赣铁路与芜屯公路平行建成试车过境（旋因日军侵华而毁）。1981 年 12 月皖赣铁路建成，贯穿县境，驿道退出历史舞台。

临溪街位于绩溪县南端，距县城 11 公里。它的建置可以远溯唐宋。临溪地处大源河、登源河和扬之河的汇合处，扼绩、歙之咽喉，自古以来就是江南一带东连钱塘、南通赣北、北接芜宁的交通要道，水陆交通十分便利。水路方面，自临溪以下可直抵歙县渔梁坝。过坝

顺新安江而下，分接富春江、钱塘江等，可达杭州、金华、建德和衢州等。溯新安江而上，可达屯溪、休宁和渔亭等地，并到赣北。陆路东到歙县南乡，北到宁国、宣城，西到旌德、泾县。

这条水陆衔接运输线，成了各地商品的转销口岸，每日要吞吐一二百吨货物，市面异常繁荣。临溪街道长达 600 余米，两边铺面楼房鳞次栉比，行业繁多，1931 年有牌号的店铺达百余家，其营业税额占全县营业税总额的百分之六十以上。

临溪清代以前即已辟为商镇，虽经天灾兵燹，仍有不少历史遗迹，如义林寺、洗马巷、接官厅、殷翁桥等。20 世纪 20 年代初临溪就设有邮政代办所。

雄路 位于县城南 6 公里。宋代建村，别名雄川。明、清两代皆在此设"铺"，为徽宁驿道要塞，又是歙县至歙德、泾县新岭驿道的起点。村庄雄扼路口，故名雄路。1954 年南（陵）雄（路）公路通车后，新岭驿道即被废弃，而且，本县人去岭北各乡也不再取道翚岭和新岭。

元至正十七年（1357），朱元璋征战婺州，路过绩溪行至船山（今串山与火车站出口），原驿道要翻越一座小山岗，依山傍水，其上乔木葱郁，眼看天色将晚，朱元璋便下令安营扎寨。林中凉风习习，且无蚊蝇侵扰，栖息于此，疲劳顿消，朱元璋大呼"此地乃快活林是也"。从此，这里就叫"快活林"了。1949 年初，有关部门在快活林挖到一枚"铅券"，经专家鉴定，铅券为铅锡合金，呈滴水形，上狭下宽，长 12.5 厘米，中宽 9.2 厘米，厚 1.4 厘米。版心以阴文镂刻，正面图案为葫芦形，正中有一行楷字，文曰"中军主将朱赏"。这块铅券的发现，有力佐证了 640 多年前朱元璋曾屯兵绩溪的史实。

徽溪桥位于南门外牌坊群下徽溪河上，是县内最早的桥梁之一，亦是行人轿夫、邮差骡马过驿道进城的必由之路。始建于宋，元延祐二年（1315）改建为石架桥，经历代维修，清康熙年间又重建为五孔石拱桥。桥南曾建有砖木结构的廊亭，亭内置条石为凳，大桥上下游的两岸树木葱郁，老百姓闲暇常来此小憩。

县城驿站　南朝，华阳镇已设良安驿传递军情文书，供应食宿车马。唐宋驿站在城东南隅。明驿马 7 匹，马夫 4 名，差夫 10 名。清顺治七年（1650）减为 5 匹，马夫 3 名，差夫 8 名。雍正六年（1728）裁马 2 匹，马夫 1 名。乾隆二十四年（1759）马及马夫全裁，留差夫。民国元年（1912）奉北洋政府令废除驿站。

县城总递铺　总铺设县衙前，置邮亭 1 所（供歇宿）。分铺 11 所，除徽宁驿道上的 6 所外，尚有祥云、翚岭、镇头、冯村、界首五所。

驿道由古城北门出，经上三里至五里铺。古代曾在此设铺。

十里岩　距县城十里，西岸一高岩横空而出，东岸石山突兀，两岸高岩对峙，地势峻险，因而得名。驿道在此设铺。附近有两座石拱桥，上名从安桥，下名永济桥。3 孔永济桥建在西边石岩之下，近处有关帝庙，香客来往多经此桥。始建于明代。

关帝庙位于大石岩下，后山龙脉来势汹汹，对面巉岩高耸，石窟上建有寺庙。明代时，有地舆先生认定这里杀气太重，故建关帝庙以镇邪。庙内关公神像如真人一般高大，细木雕刻，外饰真金五彩，绿

袍金甲，赤面长髯，双肩耸竖，神态威严。左立关平捧印，右有周仓擎刀，严森的气氛令人不寒而栗。庙内有多副对联，其中一副为"志在春秋功在汉，心通日月义通天"，省博物馆曾来此拍摄收藏。关帝庙香火极盛，住庙人设茶亭为香客和行人供茶。

扬溪街 距绩溪县城北 13 公里。扬之河由西往东与从北至南的东溪水合津于扬溪。西随古道经扬溪源至板桥、尚田，通旌德、太平；东往大石门、伏岭古道连徽杭古道达浙江；东南有古道经石京、湖村、北村越水岭通歙县南乡。芜屯公路和皖赣铁路平行贯穿扬溪村。徽宁驿道穿街而过，明清两代置扬溪铺。从光瑶岭至西山下1000 余米官道两旁店铺栉比，当时的繁华可见一斑。在以步行脚力为主的年代，成为县北商业中心与连接东西南北的交通枢纽。

北宋兵部尚书、知枢密院事葛致即家于此。葛方琳与王安石交情笃厚，王曾问其："仙乡产何精品？"葛曰："唯香白粢（即稻米）为佳。"后王路过扬溪，特地去看望葛，适逢其游历川蜀，不遇，十分失望，题诗于其家墙壁，诗曰："桥横葛仙陂，住近扬雄宅。主人胡不归，为我炊香白？"可惜的是，王安石的墨迹连同葛方琳故居早已废圮。

从扬溪沿古驿道北上便是石街头，位于新安江与水阳两水系的分界处，地势较高。村口有状如狮头的大石，古驿道穿村而过，形成近百丈长街，故名石街头。

丛山关 它是黄山山脉与天目山山脉的结合部，为"宣徽之脊"。这里离县城15公里，地形高耸，群峰夹峙，地势险要，从前，在这里构筑了关塞、瞭楼、旱关城、水关城，这关口就叫丛山关。

清时，关北属宁国府，关南属徽州府，也即绩溪县与宁国县的分界处。后来芜屯公路和皖赣铁路贯穿其间，把横跨山麓、雄踞岭头的关隘拆除了。但这天造地设的险峻山形，仍然使人不难想象出当年的雄姿和气势。

清顺治二年（1645），清兵攻下南京后，乘势进攻徽州。金声和门生江天一号召徽州民众奋起抗清，并在丛山关构筑关隘，金声亲自驻守这徽州的北大门。同时，分头派兵扼守周围的六岭，皖南各地都纷纷响应。绩溪邑人舒应澄组建县团练以自卫，仁里人耿社旺被荐为团练头目。及夏，在金、江麾下镇宁丛山关，与清兵发生大小战斗13次。后因清兵从龙丛源入新岭方向突破，县城沦陷，县令投降，丛山关也告失守。

丛山关是古老徽州北向的门户，数百年来，那些"十三四岁，往外一丢"的徽州游子，每当过此，怎能不漾起满腔的乡情？有诗为证："江南江北路迢迢，马上朱颜觉渐凋。今日故乡初入眼，丛山关下巧溪桥。"

（作者系绩溪县卫健委退休干部）

古道与古亭

耿培炳

绩溪地处"宣徽之脊",四境群峰环耸,道路纵横相通。古代陆路交通除官家的徽宁、绩旌驿道过境外,先民们还开辟了沟通外省、县的山岭古道和县内往来的乡道。通往浙江昌化(今杭州市临安区)的有雪堂岭、栈岭、浪广岭、灰石岭、分界岭、峤岭等;通往歙县的除徽宁驿道外,还有汪岭、中周岭、半茶岭、水岭、竦岭、茗堂岭(通歙县茶源。茶源今属绩溪长安镇)等;往宁国有徽宁驿道和戈溪源古道,大石门至黄土坎古道(原属宁国的金沙、黄土坎今已划属绩溪);通旌德县有考岭、龙门岭、杨桃岭、七磹岭、金岭、油麻尖岭等岭路和绩旌驿道、长岭隐塘至旌德古道。县内乡道犹如蛛网,主要有纵贯县境东部十至十五都(今临溪、瀛洲、伏岭、家朋四乡镇)的东源(登源)古道;徽宁驿道、雄旌驿道;连接岭北二、三、四、六、七、八都(今板桥头、长安、上庄三乡镇)的岭北乡道;从伏岭接徽杭古道向西经大石门、扬溪、板桥头、尚田至隐塘入旌德境的横向古道,还有戈溪古道、龙丛源古道、西坑至大石门古道等。

在这些峰回路转、崎岖荒僻的山岭古道上,还修建了许多路亭、茶亭等交通服务设施,旧有"三里一路亭,十里一茶亭"之说。

据程尚远先生20世纪80年代初参与编纂的《绩溪县交通志》,在"三古"(古道、古桥、古渡)调查中,对全县大多数的山岭古道和岭路上的路亭、茶亭，还有县城和村庄周边的亭阁数目、地域分布、服务功能、结构类型、人文历史、相关掌故等有了多方面的了解，并著有

《绩溪亭阁文化》一书。据不完全统计，全县三纵四横及各条乡间古道70余条，上有茶亭70多座、路亭250多座。

绩溪的路亭大都是砖墙或石墙瓦顶、木架构的徽派亭屋，很少见到多柱竖立、翘角飞檐的凉亭式结构，建筑简朴、粗犷。也有不少加工石块垒砌成拱形石洞建筑，称石拱亭或石洞，别具徽州山区特色。路亭内设有木条凳或条石作凳；好些亭中设神龛，供奉神像，既是供人祭拜的小庙，也是便民歇息、避雨、躲荫的路亭。

清乾隆年间，伏岭下（又名"纹川"）文士邵振翔《纹川记》中写道："纹川水口关锁缜密，两峰夹峙，桥以跨之，名曰石纹桥，亭翼其上，桥下多石痕，参差怪状，如交剑，如象齿，如鳌头，深浅不同，长短不一。会天高日晶，潦清水净，穿石梳流，水之漱石如漱齿。然值云蒸雨集，溪水奔腾，滩激汹涌，分合之势，龙行耶？蛇爬耶？难以象状，故名石纹。"桥上之亭即"石纹桥亭"。

石纹桥为5孔石拱桥，全长58米（含两端桥台），面宽4.5米，高7米。据《邵氏宗谱》记载：石纹桥始建于元至正十年（1350），纹川邵氏第五世孙再琦创建，后圮。明永乐间，九世孙文愈、文敬等并建亭24楹于桥上。这是最早的石纹桥亭，也是绩溪最大的廊桥，

就古徽六邑而言，仅次于婺源清华的彩虹桥，较现今尚存的歙县北岸廊桥（3孔）、许村高阳桥（2孔）要大得多。明、清两代，纹川邵氏后裔，多次投入资金对廊桥进行维修。其间，清康熙戊子、己丑（1708、1709）两年，裔孙邵诠曾独力慨捐400金，重修桥、亭及附近道路。可惜在雍正甲寅（1734）年，一场特大洪灾，桥梁冲毁，廊亭随之湮没。乾隆间，邵邦巩等又集全族之力，复建石纹桥和桥亭。直到新中国成立之后，该桥和桥亭，依然保存完好。1970年兴建"绩（溪）胡（家）公路"利用此桥，拆去桥亭，加固桥体，修筑护栏，通行汽车，桥亭成了历史。

后建的石纹桥桥亭规模相对缩小，亭长约15米，宽与桥面等同，砖木结构，徽派风格。东、西设拱门，东拱门上方书有"纹川古里"，登源大道穿拱门向西，折向北进入纹川村；西拱门上方写的是"石纹桥"三字。亭内一侧设神龛，供"五猖"神像，神龛前面装木栅栏以保护神座，村民四时来此祭拜。早年，村中文士曾题书对联："捍灾患，占祯祥，群黎咸仰德；逐妖氛，保安泰，众庶共沾麻。"另一侧

墙上开明窗，墙下置坐凳，是行人休息之所。

桥东首为三岔路口，步下桥梁石阶转弯南行，大道通往县、府城；向北有路去罗坑、祝三村，并可经徽杭古道远通浙、苏、沪。三岔路口上建跨路三面凉亭，后连广济庙，庙中供观音菩萨。广济庙附设茶亭，由庙祝管理，为行旅供应茶水。

以石纹桥和桥亭为中心，连接广济庙和庙后逶迤东来的长岭岗，与雄峙桥西的大雄尖，共同组合成纹川村灵秀的水口景观，使纹川成为钟灵毓秀之地。

茶亭是具有供茶功能的路边亭，是路亭的衍生物，也是由寺庙施茶演变而来。一般都建于离村庄较远的荒僻路段（寺庙施茶的例外）、交岔路口或山路岭头，依山傍路建房屋三五间，有正屋、厨房及猪栏、厕所等附属建筑，供住亭户使用；还倚屋跨路建凉亭（棚），置木、石坐凳及储茶、饮茶设备；置有田地山场为亭产，供住亭户经营作为生活来源的一部分；夏收、秋收两季，附近村民收割时，住亭人可以深入农户田间募化稻、麦，也有向村民挨户募集，村民乐于相助，已成惯例。解放后实行农业合作化，改向生产队募集，所得收益用以补充茶亭费用开支之不足。住亭户无偿供应茶水，行人自行取饮，一年四季不辍。

地处高山荒野的茶亭，还为夜行人免费提供照明灯火，上庄竦岭头茶亭设有"赠烛还灯"的制度，代代相传。茶亭还具有便民借宿和指路的功能。绩溪徽商旅外远行，农民远途挑担或上山干农活，都有自带"冷饭"的习惯，茶亭可以烤"冷饭馃"、热"冷饭"。远行客遇到特殊情况可在茶亭借宿，一般不收费，即使收点伙食费也十分低廉。茶亭可说是古道上的驿站。

建茶亭者是积德，住茶亭者以公益为业。建亭者大部分是寺僧、绅士、商人、宗祠，从不考虑"收回成本"；住茶亭者为当地无田无地的农民。记得小时候，每到夏、秋两季打下粮食，母亲总要亲自把附近几家茶亭的那份儿预先分好，留下，专等他们前来收取。当然，母亲认为哪家服务态度好，去的多些，留的那份儿也就多些。但不论怎样，附近茶亭的份儿是一家都不能少的。如果茶亭人家不能及时上门收取，母亲还会自言自语地唠叨："某某亭怎么还没来？"

徽杭古道上的"施茶亭"为伏岭人邵承方捐建，"一得亭"为邵飞凰捐建。他们均视富贵如浮云，疏财仗义，热心公益，以修桥、补路、造亭为乐事。邵飞凰父子置田三亩为茶亭资产，召族中贫困户来此住歇，烧茶以供行人。使往来行旅有饮茶憩息和夜行投宿之所。父子同心，两代相继，卒成善举。现已发展成今日欣欣向荣的"黄茅培"邵姓聚居村。

莽莽苍苍中，初时何曾有路和亭，岂不都是悬崖峭壁，榛莽荆棘？野烟山岚，虎啸猿啼，险象环生。是生活的热望，是不屈的精神，支撑着徽州先民们用一代代人的晨昏，一代代人的脚板，砍倒了荆棘，驱走了狼虎，踏平了坎坷，铺出了古道，建起了古亭。

散落于乡间的古道与古亭，既有其实用功能，又体现了儒家伦理道德的人文关怀，它涵盖了徽州建筑文化、徽商文化、宗族文化、宗教文化、民俗文化和诗联文学等诸多元素，它们与周边的山水人物一起，以其历史的真实性和乡土的现场感，承载着传统文化和过往历史，召唤后人去认识那真实的乡村社会史、文化史。

古道悠长，古亭静候。清风徐来，天籁寂寂。长亭外，古道边，芳草碧连天。天之涯，地之角，知交半零落。

山那边，就离目的地不远了。

（作者系绩溪县卫健委退休干部）

旌德篇

时光深处的旌歙古道

方光华

旌歙古道是徽（歙县）宁（宣州）古道的一段，旧时旌歙古道全程 70 公里，旌德境内 47.5 公里。主要路线从旌德县城沿旌（德）泾（县）驿道至蔡家桥折西而行，经新建、白地、高甲，越东箬岭至歙县许村。

今天的"旌歙古道"，特指从旌德白地镇高甲越东箬岭至歙县许村（茅舍），全长约 25 公里。因古道保存完好，风光秀美，每年有数以万计的户外爱好者行走其中，被网络推为全国"十大古道"之一，被评为"安徽省重点文物保护单位"。

一

现代旅游意义上的"旌歙古道"起点在旌德县白地镇高甲村。这个村是以"高"姓命名的村，"甲"是"家"的讹传。高甲地处徽水河支流玉水的上游，三个小源头在这里汇为"上洪溪"。"上洪溪"也就成了"高甲"的别名。20 世纪 60 年代中后期在高甲建起了小三线旌旗机械厂，专用公路修到了古道路口。当年的厂房宿舍，今天还剩一副摇摇晃晃的残躯，倒是杂草和藤蔓给那些残败注入一些生机。如今，旅游公司在古道口建起了停车场和一个不大协调的道口建筑。

踏上旌歙古道那些溜光圆润的青石板，千年的历史风尘似乎顷刻间从睡梦中苏醒过来。那些花岗岩石板道宽 1.6 米至 3 米不等，蜿蜒而倔强地向着密林峻岭中进发。

初入古道，一片茂林修竹拾阶相伴，左手旁是卵石凸显的上洪溪，溪与道向着同一个方向指向东箬岭。阳光从高处照射下来，不管天气多热，经过枝叶剪裁之后，一块块光斑不仅没有蜇人的嚣张气焰，反而多了点凉爽的诗意。

"两里半一路亭，五里一茶亭"，既是古道的硬件搭配，又是古道的风情所在。那样的硬件写满了捐助者的仁爱之心，那种风情道出的更是岁月的艰辛。

第一个出来和游人见面的是"五里亭"，亭子原本像一道彩虹落在古道中央，那道"拱"，曲线无比流畅，只是维修者画蛇添足给它

五里洞（方光华摄）

附加了一些不必要的累赘之物，成了现在这种生硬的模样，好在藤蔓善解人意，把那副生硬的嘴脸降低了几分。亭名"五里亭"，显然是距高甲村五里的意思。亭中一块石头上还能找到"正德七年"（1512）的字样，据此推算亭子的历史至少在 500 年以上。商人叶大泰捐银修建，花岗石垒砌，拱呈洞态，又称"五里洞"。

在古道上行走，洞、亭是最形象的里程碑。

过了"五里洞"，沿着山腰密林走两里地，靠壁洞在那里等着歇肩喝水的行人。"靠壁洞"因地取形，倚山而建，以势得

名。"靠壁洞"洞壁正面凿着四个小字"当境土地",不难想象当年过往行商,会在这里祭祀土地神,祈求平安。

荒郊野外,给人祈求平安的不仅有土地神,还有慰藉心灵的佛经。

过了靠壁洞,穿过一个小岭口,古道突然拐了一个直角弯,在直角弯尖的路边,竖着一根2米多高的石经柱。

石经柱,本名"如来佛柱"。为小型石雕建筑,有的基础为覆盆状石座,高约30厘米,直径约60厘米。柱身青石,高150厘米左右,8面,有的每面顶端刻一佛龛,龛中莲花座图案上有一如来坐像,其下依次竖刻楷书:"南无妙色身如来""南无广博身如来""南无离怖畏如来""南无甘露王如来""南无阿弥陀如来""南无多宝如来""南无宝胜如来"及立柱的时间。柱顶为三层莲花型毗罗檐盖,形状有点像唐僧戴的佛帽,柱身的字迹已经模模糊糊。

如来佛柱由佛教经幢建筑演变而来,旧时立于河边、桥头、渡口、墓旁。古人认为如来佛柱有"能除一切罪孽魔障,能破一切秽恶……"的巨大法力。对于民众来说,这就是可利用的法宝。于是,这尊神就从寺观庙宇,搬到了河边野地,置身老百姓的生活圈中,担负起镇恶除邪、护境安民的重责来。走在这山野之中,旅人只要看到如来佛柱,心里自然就安宁许多了。

过了如来柱前行约两公里,忽然一堵石墙挡在眼前。墙由一块块石块垒砌而成,有数十米长,横亘在古道上。走近石墙,才发现是一座由石块砌成的四方形房舍,这里就是天竺庵遗址。建庵之前这里同样有一个洞亭,供人歇脚。洞边建庵,有点鸟枪换炮的意思。

清嘉庆《旌德县志》陈陛诚的《箬岭修途建庵记》中倒是可以看出原委:

悠悠古道，缘溪而上（江建兴摄）

箬岭为通徽孔道，途人所必经，高山上下有三十余里，杳无村庄，行寂寞无人之境，遇溽暑则汗流浃背，而无止息之所，遇祁寒则朔风栗烈，而有皲瘃之悲。江村江景淮心甚悯之，于中途建三山、笃祐、天竺三庵。夏施凉茶，而苦热者不啻琼浆也；冬施姜汤，而患寒者犹如挟纩也。复置田收息，令子若孙永为修路及庵中日用与冬夏茶汤之费。从此往来，行人如登周行坦途，君子履焉，小人视焉，其功岂浅显哉？宜乎邑人感其惠，四方之人颂其德也。

"天竺"，为印度古称，用作庵名是取"佛保平安"的意思。有了天竺庵之后，行人不仅可以喝到茶水，特殊情况借个宿，也不是什么问题。住店的人，有个闲情雅致，还能唱个小调下个棋什么的，那个石棋盘就是证据。

关于天竺庵，旌德有这么一个故事：说是一对新婚不久的夫妇，丈夫从这条官道翻山越岭出外经商，一去多年未归。妻子盼夫心切，便卖掉房屋和田地，到这里开店等丈夫回来，同时向过往客人打听丈夫音讯。一晃十多年过去了，终不见丈夫踪影。少妇等成了白发老妪。老人怨自己命苦，前世未做善事。于是吃斋念佛，一心向善，广结善缘。因此，当地人习惯称这里为"老庵"。

对于天竺庵的幽静之美，前人留有这样四句诗：

天半钟声惊落叶，山中云影隐朝曦。

临风万竹摇清露，净我尘寰采玉芝。

幽静和凄婉，有时就像一对孪生姐妹。

过了老庵，翻过一道山梁，远远地就能看到坡高处有个石洞，走近一看，洞额上有"旺子洞"三个字。洞建于明万历年间，传说捐建者是位求子的妇女。按照大团圆的习俗，这位做好事的妇女一定实现了求子的愿望。关于"旺子洞"还有一个解释："旺"与"望"谐音，说是父母思念久离家乡的儿子，到古道探望。"旺"字的"日"旁似"月"，有日日盼月月盼之意。洞亭题额上的文字如下：

斯洞始自□□间，江公辉宗府君正置，迄今数百年，倾颓已久。现值我族余庆堂修理箬岭崎岖之路，固善举也。余勉力重整此洞。岂曰敢希其踪，亦惟继祖志，少助行旅憩息耳。时在大清道光二十九

天星洞的冰雪时光（方光华摄）

年岁次己酉仲月，元芝公派下裔□，逢仪字舜率□，懋理字燮斋重□，拙庵江山书。

碑文虽然没有直接解释"旺子"两字的含义，但"祖志少助"致力善行，对一个家族而言岂不是旺事？

现在的古道行走有的是季节不一的各样美景，从老庵到旺子洞最后到东箬岭岭头天星洞，冬日的雪景美轮美奂，那无疑是一个超可爱的童话世界。

天星洞所在的地方称"东箬岭"，是相对于歙县境内箬岭而言的。这里海拔 1009 米，同样是旌德、绩溪、太平（黄山区）、歙县四县毗邻之地。

明代，这里曾经是个古关口，有一夫当关、万夫莫开之势。关口废了以后，清代江村义士捐银修建了洞亭。因为洞壁常有行人点蜡烛、马灯照明，远处望灯，宛如挂在天边的星星，老百姓由此叫"天星洞"。当然文人的解释，是说"高天之远"，登高望远，站在这里远望的就是黄山诸峰了。明代诗人胡沛然有一首《度箬岭望黄山》诗：

千回鸟道萦青嶂，一啸鸾音落彩霞。
山气出云浑作雨，泉声佛树半成花。
到来丘壑酬心赏，别去风尘上鬓华。
三十六峰看咫尺，欲从轩后问丹砂。

山间的动与静，云与泉，近与远的互动关系，诗人都给说明白了，想象中就是一连串的美景图。

过天星洞之后，古道沿着山脊蜿蜒前行。在茫茫群山穿梭两个小时才能到箬岭关。

二

箬岭关的地理位置很特殊，歙县、绩溪、黄山区（太平）、旌德四县交界，民间形象地说是"一脚踩四县"。箬岭关口（俗称关洞）的地理坐标是北纬 30° 08′ 48″，东经 118° 31′ 97″。这也让箬岭关洞成了古徽州在北纬 30° 的标志性建筑物之一。

清顺治四年（1647）设关，关洞海拔 1002 米。关洞额头上"天险重开"四个隶书大字，苍劲雄浑。关墙高 5.02 米，关门宽 1.6 米，高 3 米，门洞深 1.33 米。洞西壁距北侧门口 2.9 米处开有 0.75 米的曲尺形楼梯，沿着西上南折的石砌台阶可登上关顶。站在关顶，环顾四面，一目了然。箬岭关往东、北两侧是通往旌德、泾县和太平县青阳县方向的色岭和梅花岭。

对于箬岭关隘的维修，历代徽州官府都十分重视。

崇祯七年（1634）至十二年间，歙县知

箬岭关（江建兴摄）

县傅岩为方便守关，在箬岭和乌泥岭各建关门一道，并增设石仓，修备火器。傅岩在其编撰的《歙记·事迹》中这样记载：

> 县境四塞，东南水陆路通浙省，有街口、王干两巡司扼其要，严督弓兵辽缉查比，各有责成。西南通江右，东北达金陵、宁、

太，休、绩为外蔽。惟正北箬岭羊肠鸟道，姑苏、芜关货值所来，向多啸聚，剽窃行旅，且民极被其毒。前委巡哨官统操弓兵守之，因无栖息关隘，难以屯守。乃亲诣相度，并西北乌泥岭樵径亦为间道，乃集诸乡绅士民会议，捐资三百金，倡工于岭半各建关门，置缮石仓，修备火器。绅士翕然捐助，工用告成，以固锁钥。

咸丰八年（1858），歙人宋修坤奉县令领款，并资助重修箬岭头关隘。

箬岭设关以前，关口的作用就已经显现。最早的镇守者就是古道的始拓者"徽州第一伟人"汪华。

汪华（586—649），歙县登源（今绩溪瀛洲汪村）人。因驻守箬岭关、平婺源、拓箬岭至宁国府、太平县山道有功，深得将士爱戴。隋末率众起义，占据歙州，相继攻下宣州、杭州、睦州、婺州和饶州，六州赖以平安十多年。徽州人视汪华为地方神，被奉为"汪公大帝""花朝老爷""太阳菩萨"。宋政和四年（1114）正式钦定建庙，赐匾额"忠显"，后改"忠烈"。明洪武年间，歙州建汪公总庙于箬岭关东 20 米处。总庙一进，坐北朝南，宽 8.85 米，深 8.55 米，面积为 75.7 平方米。四周墙壁为花岗岩石块砌成，顶盖大青瓦。八字门，青石门楣上刻"忠烈庙"三字。庙内神龛上方挂一横匾，上书"六州屏翰"；两侧悬挂的对联为："自昔州闾资圣户，于今稼穑沐神功。"

今天，许村两兄弟捐资百万元重建了忠烈庙。昔日，悠悠古道的维修大多是凭借民间力量进行的。

明万历前，许村的许洪寿、许社鉴、许世积等多位富商捐资，筑路修亭，盛况一时。嘉庆年间程光国捐资重修。许承尧在《歙事闲谭·程光国修箬岭路》中介绍说：

岭界宣、歙间，为歙、休宁（应为绩溪）、太平、旌德要道。其高径二十里，逶迤倍之，险涩道南北合百里，丛莽涧水，荦石碍路，穴蛇虺狼虎，伏贼盗，一岁中颠而踣及遭噬攫、利刃、白梃毙者常接踵，人视为畏途，然舍是无他道。

程君光国，自为诸生时，由歙赴会城乡试，常出此。程贫甚，一囊一伞，恒自负戴，盖自上岭至平地，凡数百休乃得达。闵行者之劳，奋然立志，修岭上下道。后五举不第，遂儒而兼贾，生计稍裕，即决为之。薙莽凿石，铲峰填堑，几及百里。以歙石易泐，不可用本山石，复自新安江辇载浙石青白坚久者补焉。长七八尺至四五尺不等，皆随道广狭，躬自履勘，不假手他人。辛勤数十年，甫得就。于是行者始不避昼夜，不虑霜霰霖雨，往返百里，如履庭户。

前后一对照，程光国的善举和智勇，路人皆碑。

道光十五年（1835），位于箬岭东、北两侧，通往泾县、太平方向的色岭和梅花岭重修。今天，《重修色岭梅花岭碑记》仍耸立在箬岭关口的宗烈庙旁。修路的监修的是许正焯和许元吉，共募白银78.8两，捐赠者90人。碑记云：

盖闻龙盘虎踞，谓崖壑之雄岩；鸟道羊肠，乃穷途之峻险。斯有恬形之名，路曰色岭；状高天之远，洞号天星。山高路险，壮亦扶筇；蚓屈蛇横，少须拄笏。人烟绝断，登磅礴以心惊；鸟语密声，仰巉岩而胆丧。况年来狂蛟为厉，决平壑以为池；攀石倾颓，望悬崖而生畏。洞口非殉良之地，日久堪虞；峰头岂仗筑之崖，知谁投降？过斯道者，同凛冰渊；意欲修者，谅符心志。

是安危共出一途，踊跃必然。意予等不自揣陋，妄为倡领，集腋可成裘，崎岖变为坦道矣。是为记。

由此可见，险象环生的古道是在义捐的光照中，崎岖变坦途的。

三

徽宁古道若从汪华始拓算起，已历 1400 多年。

明弘治《徽州府志》载："箬岭在徽州府歙县北八十里，黄山之东，上多箬竹，今为通衢。"它一通太平，一通旌德，为北邑要冲。这是徽州府通往沿江、中原的战略要道。《明一统志》就有官方在许村和茶坦分别设铺的记载。至民国初年，两铺才被邮政部门所取代。清初，太平县岭北太河开通，可通长江，芜湖商贩到徽州，一般不超过十天。

随着徽商队伍的不断壮大，地方政府设法加强对箬岭关的治安管理。明代箬岭始设巡检司，"弓兵十五名"。清顺治《歙县志》对箬岭巡检司有详细记载：县北一百里岭界，连旌德、太平为歙要冲，财货所经入。天启中，屡有巨寇啸聚百人，白昼剽窃，往来患之。邑令戴东旻申请院道，于岭巅设立巡检司，即减南路铺兵闲役以补号兵，官民不扰，寇盗遂平。

汪华庙右行，徽宁古道则通往旌德，名色岭。穿箬岭关洞左行，入太平县境，称梅花岭。至上岭脚，经谭家桥、感样里、迄溪、马兰地、三口至仙源；西行至甘棠，转向西北，经秧溪河至广阳，广阳北上直通青阳县城，称为"徽青古道"。

徽宁、徽青两条古道是徽州通往山外的交通要道，经济要道。一路通太平、石台、青阳、贵池乃至安庆及沿江到中原；一路通旌德、泾县、宣城。歙北、太东、旌西、泾南向为名茶产地，而太平多杉木，旌西、南陵有余粮，泾南出宣纸，名优特产都从这条道走出大山。至明代，仍是连接徽州府和安庆府的重要官道。徽商兴起后，太平、旌德的粮食通过官道源源不断运入徽州府，成为重要的粮食、盐和山产的运输要道，官道的作用一直发挥到民国末期。

生活于清乾隆时期的洪亮吉在《新修箬岭道记》中这样写道："率计一岁中，行是岭者不下十数万人。"从数字看，每天经过箬岭官道的不下四五百人，可以想象当年的箬岭是何等的人声鼎沸。据当地人说，鼎盛时期，从茶坦到许村的五马坊，沿途饭店星罗棋布。岭北旌德的高甲和岭南的歙县江村，就有100多人专门从事骡马运输。

徽宁古道不仅商旅之人经过，达官贵人、名人雅士路过的同样不少。

北宋政治家、文学家王安石提任江东提刑时，从江西入徽州，走古道到宁国府。

明代旅行家、地理学家徐霞客，穿古道登黄山，发出"登黄山天下无山"的慨叹。

咸丰年间，时任徽宁池广太道台的惠征和夫人带着17岁的长女那拉氏（后来的慈禧太后），去九华山进香，求神灵庇护选秀成功，夜宿古道听"唱灯棚"。太平军和清军在徽州拉锯战，多次在古道周边激战。1934年12月，方志敏领导的红军北上抗日先遣队过古道北上作战。皖南事变后，活跃在旌泾太的皖南游击队在古道周边多年坚持斗争。1949年4月28日，李德生率领第二野战军第十二军三十五师从箬岭入许村，解放歙县。

沧海桑田，历史的风云均已化入古道每一块石板的光润之中。

行走古道，每一个人都可以来一次时光穿越，一次今古对话，一次美的旅行。

（作者单位：旌德县政协）

杨桃岭古道

——胡适、江冬秀联姻之道

方光华

  杨桃岭古道从旌德县白地镇江村经三节桥、杨树下,越杨桃岭至绩溪县黄会山村、会川村、下舍村、旺川村、鲍家村、西村、宅坦、上庄,全程 15 公里,旌德、绩溪境内各 7.5 公里。

  杨桃岭古道起点是中国历史文化名村——江村。《济阳江氏金鳌派宗谱》载:"江韶以先世曾官是邦,因留居旌德县之西乡,子孙后益繁衍,同村居者以万计,遂名其地为江村。"按谱记江氏迁入时间推算,约在唐朝永徽年间(650—655)。江村又以金鳌山之名名村,别称"金鳌村"。清咸丰初年,"男女八万口,官商在外者不与"。当时有梅杏居、桐竹居、松筠书屋、鳌峰书屋、双凤书屋、梅坞、西麓、雪堂、传恭堂、龙山书屋等 29 个书舍。崇文重教的风俗,让江村明清至民国初十年,出进士、举人、学士、博士 127 位。江希舜、江藩、江绍原、江泽涵、江冬秀、江春泽等都是江村的优秀儿女。1938 年,抗日战争期间,安徽六邑联立中学由宣城迁至江村,前后 8 年,培养学生 8000 多人。江村古有十景,分别是黄高晓日、箬岭晴雪、天都耸翠、金鳌飞瀑、豸顶桃花、茆龙红叶、狮山暮雨、羊岗夕照、双溪月夜、聚秀荷风。今天,聚秀湖、孝子祠、江氏总祠、溥公祠、父子进士坊、笃修堂、茂承堂、江泽涵故居、江冬秀故居、闇然别墅、老街等明清建筑均为全国重点文物保护单位。

江村水口（江建兴摄）

江姓是旌德的名门望族，在讲究门第观念的宗法社会，姻亲的选择大多是周边的大姓名族，比如江氏与庙首吕氏、江氏与孙村汪氏、江氏与绩溪上庄胡氏等，都是互为选择姻亲的最佳选项。从江村至绩溪上庄的杨桃岭古道，几百上千年来自然成了江、胡两姓的联姻之道，成了婚嫁的情爱之道，从这一条道上走过的最著名的莫过于上庄的胡适与江村的江冬秀，他们的婚恋传奇依然在早已被冷落的山间古道上随风传送。

江村到三节村3华里，道路两边均是大片肥沃的良田。三节村早先称"三节桥"，以村口两孔三节石桥得名。三节桥更土的名字叫"油坊"。过去，三节桥是在江村的版图之内，村中居民也以江姓居多。现在三节桥被撤并到了白地村，失了传统章法。

三节桥到杨桃岭的古道路口已是茅草丛生，零星的一些路段还剩那么点青石板，时隐时现。上山的路忽上忽下，左拐右弯，走一个多小时，山道上出现了一些石阶，在荆棘中蹒跚而行，不到一会儿工夫，一个古老的石亭出现在隘口。石亭利用隘口两边山崖顺势修建，上有"拱天济美"四个大字，落款是"明万历十七年仲冬月，绩邑旺川曹世科立"。由北而南，穿亭而过，亭内左边墙上嵌着两块新碑，一块刻："徽池古道杨桃岭，拱天览胜客流连。联姻之路多佳偶，伟人故里若比邻。公元 2011 年春立，绩溪旺川村委会重修此亭。"

明万历五年（1577）前后，绩溪旺川人曹世科娶了旌德江村女儿。曹世科夫妇经常在旺川和江村两地之间往来，觉得山路崎岖难行，就在岭两边修建了十余里的石板路，并建造了一座石亭。亭长而高，形似隧洞，后人称之为"世科亭"。洞内两头门顶镶嵌有铭文，南边一块为：

> 大明国直隶徽州府绩溪县七都旺川信士曹世科宝中江氏，男应儒、应试，喜舍石□□□石路。文福有攸归。万历十七年岁次己丑仲冬月吉旦立，万历四十六岁次戊午信士曹士科宝中江氏，男应试、应训，孙男光绍、光习、光学、光惠为重修立。

北边一块门额被风雨长期侵蚀，字迹模糊不清，大致意思是嘉庆二年（1797）世科派下孙光如、曾孙明仰、玄孙国柱重修。清嘉庆《绩溪县志》载：杨桃岭为旌德西乡往来路道，蚕丛荆棘，行走艰焉。旺川曹世科独力砌石板路十余里，遂成康庄，建"拱天济美"石亭。

石亭历经四百多年的风雨侵蚀，依然屹立在杨桃岭古道上。

杨桃岭，顾名思义，是山岭遍布众多的猕猴桃（杨桃）。岭头左边是座废弃的露天石英矿，翻起的矿渣废料顺着山坡倾倒，掩埋了的植被至今没有恢复，破碎的石英石折射出闪闪的亮光，在这高山之巅显得非常刺眼。

站在岭头向北俯瞰，旌德县西乡白地、洋川、里仁、庙首、水北、孙村均历历在目。冈峦起伏，村庄星罗棋布，良田万顷，河渠纵横，水库如镜，宛如一幅锦绣的田园风景画。向西遥望，美丽的黄山就隐身在云雾之中，光明、天都诸峰时隐时现。眼前那些沐浴在云雾之中、盘根于石上、枝干曲生、形态奇美的苍松，或与奇岩怪石相伴，或与清泉相携，山形树影亦真亦幻。

杨桃岭岭口只能算是半岭，从这里往东上山是海拔1200米的黄会山，往西是东箸岭。春天的时候，通往黄会山山巅的大小冈峦上杜鹃似海，奇丽无比。

"拱天济美"三百年之后，杨桃岭迎来了胡适和江冬秀那顶大红婚轿。

江冬秀是旌德的名门望族。祖父江绍理生有两个儿子：江世贤、江世才。江世贤是江冬秀的父亲，"布政司经历，加二级"，37岁病故；江世才是数学家江泽涵的父亲。江冬秀母亲吕贤英是光绪进士、翰林院编修吕佩芬之女。

胡适与江冬秀的联姻，纯粹是"父母之命，媒妁之言"。故事还得从一次庙会讲起。当时，绩溪乡下盛行"喜会"（又名"火把会"）。每逢闰年，为纪念南霁云、雷万春抗敌有功，举行"喜会"，游龙灯、玩花灯、放焰火、演徽戏……喜会举办地，四乡村民汇拢，家家户户亲友盈门，非常热闹。胡适14岁那年，轮到七都（旺川）举办，适逢胡适外公冯振爽（金灶）家新屋落成，来了不少客人。吕贤英（菊花）带着冬秀，冯顺娣偕胡适都来了。江家与胡家本有表亲关系，两位姐妹自然一见如故。吕贤英见胡适眉清目秀、模样英俊，想以女许之。吕贤英把这事告诉了胡适舅母的兄弟曹诚钧，同时还请了冬秀的私塾老师、胡适的族叔胡鉴祥一起做媒。

两个媒人来撮合，江家门第又比胡家高，冯顺娣见江冬秀面容端庄、性格热情开朗又不失矜持，待人彬彬有礼，自然愿意接受这门亲事。但担心冬秀（属虎）这头老虎会克儿子胡适（属兔）这只兔子，于是只好像她嫁胡铁花那样，请瞎子算命排"八字"。胡适的"八字"

是：辛卯、庚子、丁丑、丁未。

算命先生神乎其神地把两人的"八字"推算一番，说女方命里宜男，与男方生肖不冲不克，大一岁也无碍。

冯顺娣松了一口气，不过还是不大放心，又将写有冬秀"八字"的红纸折叠好，与其他几家来说亲的姑娘"八字"一起放进一个竹筒里，虔诚地供在灶神面前，谁也不得去惊动它。过了一段时间，家中平安无事，没有一点不祥之兆，于是冯氏在灶山燃烛焚香，拜了灶神爷，取下竹筒，使劲地摇了又摇，然后用筷子夹出一个折好的"八字"来，拆开摊平，一看正是冬秀的。这可真是天赐良缘！

于是，14岁的胡适和15岁的江冬秀就这样定下了婚约。时间是1904年1月。

订婚后一个月，胡适走出皖南大山，到上海去求学。与未婚妻一别14年，直到1917年12月30日结婚时才第一次谋面。

1910年胡适考取第二期"庚款"留学美国官费生，在大洋彼岸一待就是7年。江冬秀则每年不定时到上庄去伴婆婆，尽"儿媳"的义务。

1917年6月胡适渡洋回国，7月尚未到北京大学应聘，先回乡拜见慈母，接着专程去江村看望江冬秀，准备践婚约了。

8月盛夏的一天，胡适独自一人兴高采烈地翻越上庄与江村唯一的通道杨桃岭，来到江村。只见村道阡陌纵横，民舍鳞次栉比，"父子进士坊"牌楼矗立，两条清溪贯穿全村，林木茂盛。他略一打听，就找到了江家，进了已经破落的"通转楼"大宅。岳母已在一年前（1916）故世，"漫劳外母多情，老眼望穿未婚婿"（胡适寄女方挽联句），而今女婿归来了，却终于见不到了。岳家由舅兄江耘圃主持，设盛宴招待这位自美国归来的乘龙快婿。席间，胡适要求见见江冬秀，然后议定完婚日期，这当然是女方望眼欲穿的大好事。席终，胡适由耘圃陪同去江冬秀闺房。近门处，胡适被留在门外稍候，耘圃进去通知。这时楼上楼下聚集了很多江家的男男女女，争相一睹洋博士姑爷的风采。胡适在回忆这一场面时写道："耘圃出来面上很为难，叫七都的姑婆进去劝冬秀。姑婆（吾母之姑、冬秀舅母）出来，招我进房去，冬秀躲在床上，床帐都放下来了；姑婆要去强拉帐子，我摇手阻止了她，便退了出来。"胡适回首一瞥，帐幔下垂，密不见缝，但隐隐觉得似有颤动。殊不知这位"望眼欲穿"候"适之哥"（闺中书信语）的老姑娘想见又不敢见，只好躲在帐中既激动又难为情地暗暗哭泣呢。

胡适究竟是胡适，在这"危机一发"的时候，他没有打轿回家，也没有搬到客店去住，更没有闹起来，令江家人强迫冬秀出来，他冷静思忖："我有了面子，人家面子何在？"于是大度地到"子隽叔"（即江世才，江泽涵父亲）家宿了一夜，清晨留一封信给冬秀，才返回上庄向母亲复命。他向母亲说了真情，冯氏知道后愤愤不平，要去江家讨公道，却被胡适劝阻了。至于对村里人，他说了谎言："见着了。"最后对自己，他把这恼人的"闭门羹"化作两首《如梦令》：

她把门儿深掩，不肯来相见。难道不关情，怕是因情生怨？休怨！休怨！他日凭君发遣。

几次曾看小像，几次传书来往。见见又何妨？休做女孩儿相。凝想，凝想：想是这般模样。

胡适对自己未婚妻的怜爱之心跃然纸上。不仅如此，他在临走前致冬秀的信中，表示自己完全理解，并写下了结婚日期。

昨日之来，一则欲与令兄一谈，二则欲一看姊病状。适以为吾与姊皆二十七八岁人，已常通信，且曾寄过照片，或不妨一见，故昨晚请姊一见。不意姊执意不肯见。适亦知家乡风俗如此，绝不怪姊也。适已决定十三日出门，故不能久留于此，今晨须归去。幸姊病已稍愈，闻之甚放心。姊好好调养，秋间如身体已好，望去舍间小住一二月。适现在不能定婚期，然冬季决意归来。婚期不在十一月底，即在十二月初也。

1917年阳历12月30日，高高的杨桃岭终于等到了洋博士胡适的迎亲花轿。一位海外博士、世界名人，一位山村小脚女人，把婚姻传奇写在弯弯的山道之上。

按照绩溪岭北习俗，新人结婚后三天要"回门"，即携新娘子去拜见岳父母。江家此时已门庭冷落，冬秀慈母已长眠黄土，新婚夫妇在坟前默默凭吊，恭恭敬敬行三鞠躬礼。胡适心中感触尤多，由于自己的坚持和留学学业，使岳母不能如愿，抱憾终生。胡适《新婚杂诗》中有一首，就是对这件往事的回忆：

江胡联姻之杨桃岭古道（方光华摄）

> 回首十四年前，
> 初春冷雨，
> 中村箫鼓，
> 有个人来看女婿。
> 匆匆别后，
> 便将爱女相许。
> 只恨我十年作客，
> 归来迟暮，
> 到如今，
> 待双双登堂拜母，

只剩得荒草孤魂，

斜阳凄楚！

最伤心，

不堪重听，

灯前人诉，

阿母临终语！

　　胡适携新婚妻子江冬秀"回门"返回上庄时，再次登上了杨桃岭。他回首来时路，望着江村及重重叠叠的山峦，突然涌起了一种时代兴亡及个人沧桑之感，写下了有关杨桃岭的著名诗篇，其引言是：

　　与新妇同至江村，归途在杨桃岭上望江村、庙首诸村，及其北诸山。

重山叠嶂，

都似一重重奔涛东西！

山脚下几个乡村，

一百年来多少兴亡，

不堪回想！

——更不须回想！

想十万万年前，

这多少山头，

都不过是大海里一些微波暗浪！

　　这是胡适《新婚杂诗》五首中的第三首，这首诗将上庄和江村相连，和杨桃岭一起载入史册。

　　江冬秀婚后相夫教子，料理家务，成就了胡适奔走国事，潜心学问的丰伟事业。崎岖的杨桃岭山道，留下了他们的爱情足迹，见证了

杨桃岭岭头一颗爱情之"心"（方光华摄）

他们终生不渝的爱情！

我曾在杨桃岭岭头上，看到户外游人用石子精心排出的两个心形图案，这些人一定为胡适和江冬秀的故事感动过。

曹世科造亭修路的义行，同样出现在胡适夫人江冬秀身上。

江冬秀在漫长的订婚期中，走着杨桃岭古道去上庄孝敬婆婆。当时江家家境充裕，善良的江冬秀就让家中捐资修葺这条古道。江冬秀婚后随胡适出了远门，依然惦记着古道，惦记着古道上过往的乡亲。民国30年（1941）江冬秀回江村省亲时，又捐银洋1000块对古道进行重修。

过了杨桃岭，古道随着山势一路下坡，古道上石板路保存完好，古道或伴密林而行，或伴溪水而前，一个季节有一个季节的图画。古道口会川，背倚黄会山，面临昆溪水，如今利用闲置的民居发展民宿，古村焕发出勃勃生机。

会川到上庄，一个村落连着一个村落。昔日一村一姓，阡陌相连，鸡犬相闻。如今，村与村之间水泥路相连，来往车辆行驶，早已不是从前的慢节奏，节奏变了，情调自然也就变了。

这一条道上，胡适、江冬秀、曹诚英、汪静之、胡冠英、曹秋艳等，曾经编织了一场场纵横交错、真真假假的凄美爱情故事，至今让人或羡慕、或叹惋。

（作者单位：旌德县政协）

通往旌德西乡的大岭古道

方光华

从旌德县城出大西门、西岭亭、中村、太子殿、许家、红家坦、大岭头、石井至厚儒，全长 14 公里。

旌德县境内现存古道中，除了旌歙古道、杨桃岭古道外，大岭古道保存相对完整，七八年前我曾从现在的旌德高铁站背后的西山过西岭亭至厚儒，最终到达孙村镇合庆村晓岭（小岭）村民组。

西岭亭所在的位置是旌德县治祖山——西山。西山，又称栖真山。西山，是民间称谓。称"栖真山"，就有故事了。

清嘉庆《宁国府志》载：

栖真山，在县西五里，昔窦子明曾居此山，其坛迹存焉。长孙迈所述《神仙传》，子明既来江左，晋元帝嘉之，拜陵阳宰，在县三年，民服德化。后弃官寻访名山，搜采奇药，至徽水之阳，结庵西山，炼丹高岭焉。

大岭古道（方光华摄）

有了窦子明炼丹这出大戏，在栖真山立寺祀神，理所应当。宋乾道年间，栖真山的南面建起了青华观。

康熙九年（1670），旌德知县茹鄂侯在栖真山建西竺寺。清嘉庆《旌德县志》上叶华平写的《西山春圃》图上，西竺寺的规模比梓山上的东岳庙要阔气许多，两层楼阁之外，还设有塔院、养生池、观鱼台等。寺依玉屏峰，俯瞰城郭，遥望凫山，四周虬松林立，修竹环绕，石板道沿西岭穿梭向北。

文人雅士、官绅显贵，但凡外地客官到旌德，游西竺寺均是必修之课。

清代宣城大文人施闰章到访后留下一首《旌阳西竺寺》：

寺占栖真地，春阴岩际归。泉根来处远，峰顶到人稀。
山郭入深翠，仙台知是非。夕阳看不足，半岭又云飞。

集禧亭（方光华摄）

西竺寺消失之后，栖真山的诗情似乎就戛然而止了。

当我走在西山古道上时，古意和沧桑还在，栖真的意思早已褪得一干二净了，西竺寺的地盘不知打从何年开始让位给了蓬勃而生的野竹茅草了。两公里左右的西山古道，串着两个从明清走来的洞亭。一为"集禧"，曾为先人集福；一为"西岭"，逶迤向北在林木幽深中与大岭古道相接，隐约而模糊地指向石井、厚儒。

过了西山岗，古道上的石板有点像省

略号，时不时出来打个照面。走山过村直到大岭头，石板道又有模有样地蜿蜒开去。大岭，全称"大岭头"，位于碧云村东北。这个名字想必是相对西山而言，因为西山海拔600米，大岭头足足高出100米。过了大岭口那片小竹林，就是石井地界了。碧云乡撤并前有个石井村，群山环抱，周高中低形似井，所以取了这么一个名。石井村那会儿，村委会驻地是"方家"，以方姓命名。"石井"叫顺了嘴，反而冷了"方家"之名。

古道入石井，豁然开朗，因为眼前是一片纵横交错的梯田，油菜花把诗写在青山和炊烟之间。石井的名声，不是因为这片梯田，而是因为一枚小小的贡枣——玉枣。

传说古时候有仙人坐在水井边，井旁长出一棵枣树，结果满枝，因井名"玉井"，枣呈琥珀之色，又名"玉枣"。

这还不算，最为传奇的是石井人将玉枣带进了皇宫。时间是明太祖朱元璋在位时，皇宫中一石井村的差役，将家乡的枣子进贡给了皇上，备受赞赏，赐名"御枣"，列为贡品。

奉为贡品的玉枣，一核两仁，故又名"双仁枣"。

双仁枣果大、肉厚、皮薄、核小、双仁，味甜鲜嫩，不仅含糖量高，蛋白质丰富，健脾胃、止痢泻，还具有滋补、养颜和防治小儿天花的作用。"小儿出痘或不灌浆，煮二三枚服之，痘浆立满。"（《宁国府志·食货志》）

呈琥珀之色的石井玉枣（方光华摄）

玉枣加工，按传统工艺，要经过选洗、蒸煮、焙烤、回卤、烘干等工序，此法加工而成的玉枣别具风味，深受食客喜爱。

　　清代，玉枣成了风靡金陵的尤物，枣商纷至沓来，争相购买。20世纪90年代石井玉枣尚存300余棵，年产量5000公斤左右，以后仅一方姓人家制枣了。2021年，旌德玉枣入选全国"农作物10大优异种质资源"。

　　过了石井就是厚儒。厚儒旧名厚儒里、厚云里，因蛟峰上有个厚儒洞而得名。旌德建县前"厚儒"名"后如"，名字的改换与唐代一个叫王万敌的人有着直接关系。

　　唐宝应元年（762），后如（是为太平县麻城乡）人王万敌起义，抗租抗税，聚众于后如洞，太平县地方武装难以对付。唐王派太子左庶子袁傪任江淮招讨使，领兵镇压。起义被镇压后，袁傪以麻城乡一带层峦叠嶂，交通阻塞，管理上太平县鞭长莫及，奏请朝廷析太平

站在大岭古道上俯视晓岭、水北（朱学文摄）

东北境麻城等九乡之地，于宝应二年（763）二月建旌德县。"旌德"一词，取"德以旌贤"之意。王万敌聚众造反的"后如洞"，也改名"厚儒洞"，希望百姓尊重儒家，尊重读书人，知书达礼，安心过日子，不要想造反的事。

这样的故事一说，人们对于厚儒自然有点刮目相看了。

过了厚儒，古道经过一片田畈，再一次蜿蜒入山。古道的身影陷于杉木林和毛竹林中，从厚儒向大牛山之牛尾延伸。山顶置洞亭一个，呈南北向，古道从洞中穿过。洞顶为半圆形，石砌洞口为藤叶掩映，在岁月风尘中透出一抹生机。小岭头上的古亭名"长庆亭"，据亭内碑记载：亭建于明弘治元年（1488），清乾隆二年（1737）再次捐修。过了长庆亭，小岭的田园村落就出现在眼前了，下坡的古道在村后的梯田间把我们迎入村庄。

到了小岭村，古道画上了句号，乡村水泥路和纵横的公路把人们引向孙村、庙首……

（作者单位：旌德县政协）

勾连旌德东西的大兴岭古道

方光华

　　旌德县大兴岭古道从孙村经玉屏、东固、大兴、蔡家桥、朱旺、汤村至乔亭，全长 18 公里。现 205 国道、蔡云公路通此。

　　旌德县孙村早在宋朝就是个文化发达的地方。

　　孙村原居民姓孙，后来渐渐衰落了。宋宝庆年间，汪圻从新建迁往孙村，人口繁衍，成为村里的大姓。汪圻宽容大度，没有因汪氏家族兴旺而更改村名，一直沿袭"孙村"之名。汪圻重视教育子孙，在孙村桥东玉溪河畔办起了汪姓会文场所——鸿文阁，汪氏族人汪文谅不受皇帝赐银，而请改赠内府所藏秘书，运回村里储存于"鸿文阁"内，供族中弟子阅览。一时间，文人墨客皆会于此，吟诗作画，以文会友，潺潺的玉溪水伴随着琅琅的读书声，一派弦歌四起、歌舞升平的繁华景象。《鸿文阁记》中说："见旌之大姓巨族，类皆设会文之所，萃一族之人才而甲乙之，邑西孙村汪氏为最著焉。"清道光年间，东固桥村首建起一座"研说书屋"。玉溪河畔，以后又出现一处会文佳地——从心寺水阁。学者储大文在《从心寺水阁记》中说："阁佐俯玉溪，寒湍激石，水流虢虢，云阴寝驳，山霭微蒙。"这样的环境自然为文人所向往。

　　孙村因之人文郁起，出现了汪文谅、汪齐、汪瀣、汪文槐等一大批博通经史之才，许多人在朝廷做官，登显仕者七十余人，簪笏半朝，受到皇帝赐予"江南第一家"的厚誉。

汪姓是个崇文重教的大家族，从宋至清出进士 20 余名，位居旌德之首。

古村的风貌总有些外在的标配，比如古树、老桥、牌坊什么的。孙村同样如此。孙村管家村口有棵千年银杏，高 31 米，胸围 645 厘米，冠幅 840 平方米。这棵银杏树根蘖萌发能力极强，同一植株上萌生出不同年代的"子孙"，在母株周围长出 9 株小银杏，每株树高 20 余米，胸围 100—150 厘米不等，形成"多代同堂""九子环绕"的奇特景观。据说这株古银杏有时夜间还能发出荧光，村民们视之若神灵。相传，明代管姓先祖自山东南下时，看见这株银杏根盘庞大、浓荫高挺，预示着管氏族人可"生根发脉"，遂决定落脚定居。2011年，这株老银杏被评为宣城"名树"。

徜徉在孙村老街上，那些不受待见的老房子照旧把沧桑写在脸上，只是骨骼多多少少有些松动，砖瓦之间如漏风的老牙，久违了烟火之味。石板道还是老巷的底色，贞节坊上的"冰心辉日"匾和"圣旨"一样，只有在外人眼里才会扯出故事的线头来。

孙村和玉屏两个村，外人是分不出界线的。它们都背倚玉屏山，东濒玉溪河。只不过牌坊属孙村，隆兴桥成了玉屏的网红点。隆兴桥汪若海重建于清乾隆四年（1739），长 42.6 米。今人把老桥改成了廊桥，成了休闲说事的好地方。廊桥下因活动坝聚起了一汪碧水。碧水、蓝天、廊桥，在光影导演下倒是能组合出一个个美丽的瞬间。孙村和玉屏 20 世纪小三线时代，因为有好几家工厂及仪电中学，倒是比其他地方先热闹了一阵，今天也成了上海小三线人寻找青春记忆的地方。

隆兴桥（朱学文摄）

现在从玉屏到东固再到大兴岭直至蔡家桥，古道基本让位于205国道了。东固村因桥而得名，古代是通衢之地。西越黄华岭可到太平，南逾箬岭可达歙县。大兴岭，又名长亘山，海拔592米，左右两峰长十里，是旌德东西水的分水岭。

过了蔡家桥往北就是旧时旌德县著名的"十里三村"。十里三村，指朱旺村、汤村、乔亭村，字面意思指十里范围内三个村，实际上是说这三个村不同凡响。

朱旺村，今天以"九井十三桥"让旅游者口耳相传。过去，朱旺村人重视经商，以富硕慷慨享誉四方。朱旺老街古商号的气息便是佐证，耸立在顺成桥头的"豫立义仓"是朱旺人扶危济困的一座"义"字碑。朱旺人捐修石壁山古道美誉载道。清代朱姓独修文庙，把朱旺人的义捐行动送到了巅峰。嘉庆十年（1805），旌德县城孔庙倾欹杇坏，朱旺村附贡生朱则汉偕其弟等26人，费银30000余两，修建文

九井十三桥的朱旺村（江建兴摄）

庙，规模较旧宏敞，工材倍加壮丽，事迹勒石，并详入《府志》。今天，参观旌德文庙的人听完这个老故事，都会由衷地为朱姓点赞。

汤村，旧时房子大、巷子多，大概与出能工巧匠有关。汤村历史上多"剞劂匠"，这些人以刀代笔，既刻宗谱方志，又刻经史子集。汤维新、汤复、汤尚、汤义、汤达甫、汤廷昊、汤文光、汤辅臣、汤湘甫、汤瑞庭、汤明休、汤信穗、汤炳南等，这些人用现在的话来说，他们就是当年的"大国工匠"。说到刻工，不可能不提到汤村汤姓。汤姓刻工扮演了那个时代文化和道德传承人的角色，今天依然值得我们敬仰。

与汤村相隔不远的乔亭同样是旌德的名门大姓。一入乔亭村水口，就会有异样的感觉。不管是步行还是行车，任何人都不会不注意到路边那个呈圆锥状的石塔。塔建于明嘉靖九年（1530），一算快500年了。塔是按《易经》八卦兴建的，目的是借风水之利，使刘姓

乔亭文笔投池（倪建宁摄）

家族人文蔚起，世代簪缨，跻身于阀阅巨族之林。旧时，旌德村落水口多有象征意义，文峰塔旁大多设计一个湖，湖的形状多似砚台，以塔为笔，以湖为砚，以田地为纸，旁边再来个亭阁状如墨锭，笔、墨、纸、砚统统为一个家族的希望而出场。

乔亭文峰塔系方形花岗石砌成，内填泥沙。呈圆锥形，顶扣葫芦形石，高 11.7 米，底径 6 米，顶径 1.5 米，状如卓笔，故名"石峰文笔"。峰旁 50 米处为堑湖，疏凿于清道光元年（1821），碑记云："周广二十余亩，甃石回澜，澄鲜一色，旁建敞轩数楹。"泾川人赵如圭题联："拓开诗酒盘桓地，涌出鸢鱼活泼天。"湖边的文笔峰，倒映水中，恰如笔投砚池。

此后浩浩两万余人的乔亭刘姓，确实没有辜负那一方水口的希望。祖孙同科、父子同科、叔侄同科、兄弟同科者数见不鲜，以功名进仕者不胜枚举。"其时士则应试者以百数，科举未尝或间，殷实之家各皆有，而称小户者则指不胜屈……"明末清初篆刻家、鉴赏家刻《快雪堂法帖》的刘光旸，清代撰《北极高度表》《坤舆图说》的刘茂吉都是出自乔亭的旷世奇才。

站在高处看乔亭村，村落处在群山怀抱间的一块洼地中，东北略高于西南。两条小河前溪、后溪从村庄东西两侧潺潺流过，在村口文昌阁旧址交汇。"以村基为筏形，祠为筏首，自祠至村顶，高下相悬无虑数十百仞。而自村前及凭高视之，则见祠屋昂居；其前后之各抱地势，参差相属，无高出其上者。亦异境也。"乔亭形同竹筏，前、后二溪为船坞，宝塔为竹筏靠岸后的钉桩柱，喻船靠码头、风平浪静、兴旺发达。

占地 10 亩的刘氏宗祠早已化为过往云烟，但留下 6 只汉白玉石礅却依稀记录着它的辉煌与传奇。每只石墩皆由 8 幅全然不同的画面组成，为花鸟图者，上有喜鹊登枝、鸳鸯睡池、凤凰栖梧等；为百兽图者，上有鱼跃龙门、鹿鸣山坳、麒麟送子……雕刻细腻，惟妙惟肖。"光绪十三岁次丁亥孟冬月"立的一块石碑字迹尚清晰："旌阳称望族者四，曰吕、曰江、曰汪，皆居西乡；东乡惟数我族。族各有祠，而我族之祠规模宏厂，体制庄严……"

昔日，从乔亭到汤村约 5 华里地均由石板铺就，一路牌坊相属，一路凉亭相望。仅二里半亭到马义岭段，就有牌坊十余座。

如今，作为中国传统村落的乔亭古村肌理尚存，拾级而上的小巷、溪水、石踏步依旧，斑驳的民居在风中诉说着陈年的故事。

古道如同大地上的筋络，四通八达。从乔亭汤村翻越春岭，经周王坑可至泾县保险庄。

（作者单位：旌德县政协）

上坦古道上的风情图

姚小俊

上坦古道从旌德县俞村镇芳川经凫阳，越乌岭至宁国市上坦，旌德境内约9公里。

每个人心中都有一条古道，可能是儿时的记忆，也可能是心中的诗和远方。但不论是哪一种，它一定承载着深厚的历史文化，沿途一定有人们想看的风景，想感受的风情。

儿时和小伙伴们走过的上坦古道记忆深刻，古道从旌德县俞村镇芳川经凫阳，越乌岭至宁国市上坦。

芳川村遥倚凫山，远眺龙王尖，处于石凫山和邵顶岗间开阔的河谷平原中。村中双溪自西北款款携手而来，"源出凫山，合石岭以东之水，襟带于王村之南，下汇环溪入宁国，注入西津河"。

芳川村民王姓居多，故别称"王村"。原为行政村，后并入俞村村。古道从村西路口"双溪桥"上过。双溪桥为单孔石桥，重建于明弘治二年（1489），500多年间有多少故事从桥上飘过。

旧时，800多米的芳川老街，通贯全村。老街两旁建筑均为前店后坊式铺面，米店、布店、药店、客栈、餐馆、茶亭、染坊、轿行，应有尽有。"芳川镇" 3 个字，浓缩了芳川过往的所有繁荣。

过了芳川，上坦古道进入凫阳村。

凫阳村，因位于石凫山南而得名。汪、姚、蒋三姓在凫阳和谐共居。明弘治进士汪坚就是凫阳人。汪坚，字守之，号青峰，历任河南参政、保定知府、大理寺正。汪坚为邑中名诗人，诗风古朴、典雅。其《邀俞碧山·清溪二君登凫山》云：

<blockquote>
子明二女吞金丹，化为仙凫飞此山。
仙凫不知何处去，山名千载留人间。
五更曙色浮青塔，六月寒威侵古松。
今日与君登绝顶，神游碧落欲忘还。
</blockquote>

　　在凫阳，与汪坚齐名的还有一位"汪百万"。"汪百万"，原名汪能御，清乾隆年间人。曾捐银3000余两，重修石壁古道之石壁至乌岭段。以后，又从石壁开通往乔亭的8里支路。那段宽仅尺余的石板小径，是当年汪百万嫁女儿时，与儿女亲家、乔亭村刘百万斗富时修

乌岭古道隐在崇山峻岭之中（胡劲松摄）

建的。刘百万则在沿途石径上筑亭，傍山凿洞，专供行人憩息。途中有一飞来石，形似乌龟，人称"乌龟石"。相传，某日一货郎路经此地，倚石而憩，巨石上几行类似文字的印痕吸引了他，一番冥思苦想之后，货郎竟能神会其义。当读到最后一行时，忽然雷鸣电闪，风雨大作。货郎一路狂奔，躲进山洞遮雨。待雨过天晴，货郎回头再读其字，大脑中已是一片空白，先前之事俱无影像。传说那里是汪百万藏宝之地，巨石上的"天书"，类似于阿里巴巴与四十大盗的"芝麻开门"，是打开洞扉获取珍宝的钥匙。传说故事，无非是佐证汪能御的富庶。

证明汪百万富有的证据，还有一株白皮松。白皮松，亦称"白果松""虎皮松"，系我国特有树种，原产秦岭及黄河流域一带。汪能御当年从外地带回树种并移植成功，在气候、土壤等条件不相适宜的皖南山区，这是一个奇迹。凫阳白皮松，主干圆满通直，枝粗叶稀，树冠呈圆形伞状，树皮呈花白色。汪百万手植的白皮松毁于"文革"。距原树200米处曾生发了一株白皮松，树龄百年，可惜死于近年。

凫阳下村为蒋姓、姚姓居住区。汪、蒋、姚三姓在这里创造了丰富的地方文化。

正月十五闹元宵，便是凫阳人才艺的一次集中展示。元宵活动由舞龙灯、骑竹马、转大车、唱大戏几部分组成。龙灯一般由竹、木、纸、布等扎成，节数不等，俱为单数。龙头糊彩纸，麻丝为须，节间用红布缀连，上方镶齿形黄布。表演时除舞龙者外，另配有舞云彩者8人，每人持绘制的彩云2朵，上下舞动，伴随龙行。1人耍彩珠戏龙逗引，龙灯翻腾追随。此外，还有鼓乐手数人。龙灯表演动作复杂，有阵法70余种。跑竹马一般由儿童表演，竹马8匹，另配有扎制的麒麟、虎、狮等兽，1名手持圈铃的儿童在前引路，走村串户，

凫阳锣鼓队（朱学文摄）

配以鼓乐，边舞边唱。舞时状如骑马徐行、疾驰或跳跃。转大车则由年轻力壮的年轻男子表演，大车由稻草扎成，车轮、车轴由檀木制成，18部插满彩旗的大车，在36名头扎红巾、脚着草鞋的年轻人整齐威武的口号声中，缓缓移动，其势庄严，蔚为壮观。

20世纪60年代，凫阳村组建起文艺宣传队，有队员40多名，乐器众多，还有专门演绎京剧和黄梅戏的队员，整支队伍人才、道具齐全。那时文艺宣传队经常拉着板车，一边赶路一边高歌，热热闹闹地去全县各地演出。当年，提起凫阳村宣传队，旌德无人不晓。20世纪80年代初，村里的文艺宣传队慢慢解散了，但队员们还坚持着自己的爱好，组建了凫阳锣鼓队，一个时期名冠旌德。外村人家办红白喜事，都以能请到凫阳锣鼓队为荣。直到今天，凫阳锣鼓队的力量还在吸收新鲜血液，传承技艺。

凫阳村节日美食丰富。凫阳贩水田多，同样是"徽州粮仓"的一部分。凫阳人家多有余粮，每个节日都特有仪式感、凫阳味。清明节，每家每户都会制作清明粿，端午节裹粽子，农历七月半做发糕，十月半制米粿，腊八熬八宝粥。腊月的凫阳，依然缭绕着烟火味，家家户户为吃忙，年糕、糍粑、花生糖、芝麻糖……一样都不能少。妇女们聚在一起，今天去你家帮忙，明天去她家帮忙，田园生活里全是老派的年俗镜头。

凫阳三大姓，关系融洽，相互间通婚成常态。过小年，村里有个与众不同的习俗。汪姓和蒋姓都是腊月二十四过小年，姚姓却是腊月二十六过小年。遇上两姓婚嫁组建的家庭，一年就要过两次小年了。

听老人说，明朝年间，凫阳村举人姚本在山东冠县任知县，他清正廉明，修建学宫、城池等利民工程，还修纂了第一部《冠县志》。在任6年，建树颇多。迁知邠州时，当地百姓为他立下"去思碑"。姚本外地为官，只有过年才能回家看看，漂泊久了，自然生起归隐之心。那年朝廷改任姚本为独山知州，与土贼作战。战后，姚本与士兵走散，他身无分文，一路乞讨，没赶上到家过小年。腊月二十六赶到家时，脚底全是泡，鞋底只剩薄薄的几层布条。族人见他归来，敲锣打鼓，欢天喜地。那年以后，姚本一直留居凫阳，再也没有出门做官，他曾有自题诗一首：

老夫归来卖却田，只因宦职不贪钱。
尔曹莫道吾官冷，留与人间作话传。

姚本的清廉刚正，得到了姚姓族人的敬重，把小年改在腊月二十六过。县志宦业篇也为姚本立了传，以示褒扬。

上坦古道乌岭至宁国驿道在崇山峻岭间，数十里无居民。为保护地方及行旅安全起见，明朝曾设乌岭巡检司，清初废。明嘉靖《宁国府志》："地形险要，明季兵燹，旌典史兰之鼎率民兵扼险把守，……邑赖以安。"乌岭既是军事要地，又是寺庙善地。岭上因果堂，明代旌德知县乔晚旃曾在堂壁题诗。现岭口遗石碑一块，乃寺庙之物。

乌岭关旧址（曹小兵摄）

僻险之地，往往风景殊异。清代张时英的《乌岭道中》可见端倪：

> 漫说蚕丛异，登临别有天。云随山足绕，瀑向岭头悬。
> 鹿影栖寒木，猿声破晓烟。何当却尘累，幽谷访神仙。

神仙出没的乌岭，海拔 628 米，与白云山毗邻。山高出好茶。

乌岭茶，茶树生长在乌岭沟。云山遮盖着的 900 亩茶园，茶农们沿袭传统手工制茶，用农家烧制的木炭烘焙，没有异味，还揉进了人间最古朴的温暖。几十年前，乌岭沟茶叶就因质优声名鹊起，只要到集市上一说是乌岭沟茶，很快就被一抢而空。

乌岭茶好离不开木炭好，木炭是乌岭有名的特产。乌岭沟因为没有水田，村民的经济收入主要是茶叶和木炭。几乎每家都有几十亩、上百亩的茶园和山场。上半年采茶卖茶，下半年烧炭卖炭，这就是乌岭沟人的日常生活。乌岭沟人的炭窑，规模不是很大，基本上一窑木

木炭烧制（朱学文摄）

材在老师傅手上，大约能出 700 斤的炭，400 多斤木材烧 100 斤炭。

乌岭沟人的冬天是忙碌的，凫阳村村民的冬天也是忙碌的。木炭业发展鼎盛期，一个新的行业应运而生。

挑炭工，是凫阳村民一个新的职业。村民们天不亮就出发前往乌岭沟，脚力好的一天可以挑两趟。上七里下八里，天黑打电筒出门，晚上打电筒回家。虽然很辛苦，一天也能挣两个小工的费用。还有部分村民做起了木炭生意，除了冬天，平日里不忙时，也会去挑炭，放在家中，等到冬季，家里安排人在城里摆摊位卖炭。因为木炭，也曾让一部分村民富了起来。

过了乌岭沟就是云乐镇的地界了，离宁国上坦也就不远了。

千百年来，上坦古道上人来人往，留下多少足迹，就留下多少故事。时光机中总有人来了又去了，总有人聚了又散了。不论世界如何在变，古道或断或续或明或隐在那里，等待有缘的访客。

（作者单位：旌德县政府信息中心）

徽水岸上的旌泾驿道

方光华

旌泾驿道全长约 60 公里，旌德县境内 23.5 公里。起自旌德县城北门，途经新桥、柳山铺、跳仙桥、蔡家桥、高溪、三溪入泾县达宣州。

旌泾驿道出旌德县城北门沿着徽水河向北路过的第一个村庄是新桥。新桥，村以桥名。当年 14 岁的胡适离开绩溪上庄去上海时，曾在旌德新桥住了一晚，日记留有"宿新桥"的记录。胡适见到的自然是这座石拱桥，不知新桥留给少年胡适怎样的印象。

新桥，明万历二十七年（1599）苏宇庶纂修的《旌德县志》载："在县北五里，高数丈，阔二丈，通泾县大路。"据此算来，新桥至少有 400 多年历史。清初水毁，顺治十三年（1656）宁国府推官杨光溥署旌德县事时重修。康熙五十七年（1718）又水毁，雍正九年（1731）重修。后遭水毁，道光六年（1826）众姓重建。新桥气势宏大，做工精细，每块砌石方正有棱，搭石严密。这座三孔石桥，长35 米，宽 6.5 米，高 8.9 米。桥两边分别筑有荷花柱栏杆，桥身上下在经年的风雨中披挂上了生命力极强的爬山虎，宛如一条绿色苍龙横卧在"溪益壮阔"的徽水河上。

新桥村，是南唐状元舒雅的故里。

舒雅，字子正。南唐时以文赋、绘画为韩熙载所知。及韩知贡举，擢雅第一。后归宋充秘阁校理。咸平二年（999）曾本张僧繇画重绘《山海经图》十卷，凡二百四十七种。官至舒州太守、刑部郎中，著有《西昆酬唱集》。弟舒雄，官至尚书郎。

驿道比普通的古道多了个邮铺。旌泾驿道从县前铺往北十里是柳山铺。柳山，清嘉庆《旌德县志》："世传柳相公居此，故名。南有石室，是其遗迹。按：柳本星名。"《尔雅·释天》："咮，谓之柳，其次为鹑火，其辰在午，固南方文明之象也。以兹山绵亘鸿庞，少崤拔之势，昔人特于其巅建天柱塔，为文笔峰。其名之为柳者，殆冀其上应星辰，以为阖邑人文之助欤？"山顶有塔，山麓筑庙，"孤塔重峦外，丛林大道旁"。可惜，梵宇已毁，塔存半截。柳山铺，"铺舍三间，铺司一名，铺兵四名"。

过柳山铺不远是跳仙桥，依旧是以桥名村。

明万历《旌德县志》载："在北境十一里，凫山南面水出口处。"传说建桥时匠人抬石将合拱，一叟策蹇欲过，众谓拱未合，不可行，叟不语，鞭驴跳过，须臾不见，众大惊。这就是"跳仙桥"名的由来。"跳仙桥"，其实就是踏步桥，设于河宽水浅处，用方形石柱埋入河床，高出正常水位，一步一踏，水涨似礁，水落石出，别具风情。

古道是由南而北，徽水河上的桥是勾连东西。

别具风情的跳仙桥（严厚康摄）

　　跳仙桥过三四里地，又是一处以桥名村的地方——登云桥。登云桥，别名登瀛桥。乾隆三十六年（1771）春，大川人黄大生、黄大鉴兄弟共同发起建桥，乾隆四十一年（1776）春建成，取名登瀛桥。不仅如此，黄氏兄弟还置田 25 亩，作为往后修理的资费。杭州卢文弨应其弟子黄朝俊请求，为黄氏兄弟集资建桥作《旌德重修登瀛桥碑记》，文中说：桥长三百尺，广二十尺，高倍之。两旁石栏杆，宽容坚致，东岸建石帆亭，石柱木梁，四面来风，以憩行人。卢为乾隆进士，累官侍读学士。碑记收入其《抱经堂文集》中。

　　清道光三年（1823），洪水冲垮了登瀛桥，黄圣楷督理黄氏后人集资重建。桥长 65 米，3 孔，每孔净跨 13 米。

　　古道顺着徽水河岸到了蔡家桥。徽水河在这里汇入了大溪河，河水湍急，怪石嶙峋。河岸上因为有了巍峨对峙的石壁山与泰山，清秀的景观多了些雄奇。清代诗人吕光亨诗云：

壁立高千仞，嵯峨竟倚空。两岸相对出，一水自中通。

车马敲危磴，波涛斗巨砆。当关安虎旅，气势若为雄。

　　蔡家桥，是泾（县）、旌（德）、太（平）三县的必经之地，说是
一"关"非常贴切。

　　沟通东西的蔡家桥（又称"福成桥"），始建于清康熙初年，初
名"定远桥"，朱旺村人朱士海创建。康熙五十七年（1718），山洪
突发，徽水暴涨，这一年的洪水，是旌德县最大的一次，境内桥梁几
乎全部被冲毁，定远桥同样未能幸免。到了雍正元年（1723），朱士
海后裔朱振远、朱振达、朱为显合资重建时吸取了水患教训，加高加
固，以后再没有发生类似事故了。五孔石拱桥建成后，易"定远"为
"福成"。桥长88.8米，宽7.1米，高9.8米，每孔净跨13.6米。45
对莲花形石柱嵌石板栏杆。桥头竖一尊如来佛柱，辟邪镇妖。桥南设
八角凉亭，供南来北往的行人歇足。今天的蔡家桥镇仍然以桥名镇。

　　过了蔡家桥左转便是高溪村。旌泾驿道活力四射的年代，"高溪"

蔡家桥（严小虎摄）

叫"蒿口铺"，"铺舍二间，铺司一名，铺兵四名"。过了蒿口铺，古道进入石壁山中。清嘉庆《旌德县志》载：

> 石壁山，一名文山，距县二十五里。两山对峙，一水中分，迂回曲折，长六七里许。旧路在半山，悬崖千丈。宋胡安定、周竹坡诸公有题咏。人多畏其艰险，别往他道。明嘉靖初，李默以吏部郎左迁宁国府通判，署县事，命比丘募缘，下劚山石，缘溪开道，遂为通衢。中途建石亭，筑战楼一座。先是，天井山劫盗时出，至是盗患始息。石壁上镌有"钦免养马"，并罗近溪手书"高山流水"字，至今尚存。

徽水流经石壁山谷，路险景美，文人墨客，达官贵人，多有吟咏。昔时风情，跃然纸上。邑人方学成《石壁赋》云："邈兹石壁，蜿蜒东南。千岩攒壑，两崖束湍。云弥峻谷，日隐层峦。深不可测，高绝跻攀。沖瀜溙沆，崒崒回环。"

宋代宣城周紫芝《入石壁》：

> 两峰夹天高，一水绕山麓。鸟道绕山腰，下临千仞谷。
> 仰观寸草青，千章罗巨木。不知谁凿空，穿穴入山腹。
> 平生蜀道难，耳目见闻熟。兹山亦险巇，初未挂史牍。
> 了知天宇间，万险自重复。岁宴雪霜多，归途戒当速。

周紫芝还写有《出石壁》诗：

> 倚空出崭岩，平地石龃龉。修途缭危磴，十里无寸土。
> 山高不见日，雾重自成雨。入壁天始明，出壁日已午。
> 青苍断崖谷，开豁见天宇。稻田棋局方，梯山种禾黍。

道旁两三家，稍稍闻笑语。始知在人寰，邂逅得徒旅。

仆倦饥欲啼，游子欢自许。何当把春犁，带月耕垄亩。

闭门了残年，危磴不复取。

"天当险处难窥日，路到穷时忽见山"的旌泾古道，给路过的文学家施闰章留下了深刻印象，从其《石壁》诗中可以看出：

抗策凌峭缅，秋霖方滞淫。轻飙扇微凉，亭午荡层阴。

上有千仞峰，下有百尺浔。飞泉泻丛簿，百响腾崎嵌。

既中清商曲，还伤游子心。嗜嗜玄蝉息，嗷嗷哀猿吟。

昔有伶伦客，眷言山水音。道远谁见录，寂寥故难任。

抚弦发孤唱，日昃寒岩深。

歙州汪膺繁《过三溪石壁》对其恶劣环境体会尤深：

未经神禹力，奇险不堪论。涧水人流影，苍山石作根。

隙才通日月，阴欲变朝昏。虎迹秋来遍，人家早闭门。

邻近古道的朱旺村人是捐修石壁大路的主力，清代宁国府知府鲁铨写过一篇《旌川朱氏修石壁大路并建石亭记》，其文说：

旌德处万山中，土凹而凸，其介居宣歙之冲，昔人比之蜀道者为石壁山，崖奔湍激，逼侧崎岖，马瘏仆痡，靡所憩息。自康熙中邑人朱子文焕首捐千五百金鸠工平治之，行人称便，事载邑郡志。嗣是子若孙以时修整，百余年如一日。然或大雨时行，山水暴涨，溜穿砾礧，又足为行旅忧，修之之勤，不敌其毁之之易也。朱氏敦善不倦，屡思易以磐石，而难其材，辄谆语后人徐图之，务黾勉以竟厥志。

会嘉庆八年春蛟发，蒿溪凌家山巨石裂焉，又南湾河水力挟沙以行，巨石出焉。其后人欣然喜曰："是可以成吾先人之志矣。"乃以是年八月，命百夫邪许辇致，山渊并采，盖磊磊然攻之欲其坚，甃之欲其密，砥之欲其平，绳之欲其直。自蒿溪桥西至南湾街，横阔五尺余，绵亘坦夷者十二里，复堤其外以防溪水之啮，沟其旁以纳山水之春亭，其上以为往来驻足之地。讫工于十年六月，共糜白金五千一百有奇。余尝按部过其地，舆丁贩夫咸津津乐道，以为此朱氏善举云。

施善者是朱文焕的子孙朱为光、朱为显、朱化鹏、朱羽鸿、朱则环、朱则汉、朱则璟、朱则班。

朱氏的善举，行者皆碑。

古道过南湾就到了旌德重镇三溪。

抱麟溪、玉溪、丰溪汇入徽水河，三溪以此为名。徽水河因此河宽水大，从三溪至泾县下坊，清代曾用竹筏运输。康熙时，三溪约有八百筏。筏运一直延续到解放后公路通车为止。

旌泾驿道石壁到三溪这一段因地势险要，为历代用兵之地。晋咸和三年（328），俞纵拒苏峻部将韩晃于旌泾边境之兰石关，力战殉难。宋宣和三年（1121），方腊起义于帮源洞，震动江南，起义军乘势袭衢、饶、信、歙等州，直趋兰石，官兵裹粮携械，直当要路，与方腊军决战，起义军向南进歙。清咸丰十一年（1861）曾国藩部为镇压太平军，曾扎营三溪营盘山。

今天，205国道早已串联起石壁山、三溪、泾县。不仅如此，"双峡高无极"的石壁南湾段芜黄高速用桥梁和隧道将天堑化成了通途。

（作者单位：旌德县政协）

旌德通往泾县的牛栏岭古道

方光华

从兴隆镇大礼村经月村，越牛栏岭至泾县濂坑。全程20公里，旌德境内10公里。

旌德县兴隆旧时有两条通往境外的古道，一条是从大礼村越黄华岭至太平县仙源镇。另一条是从大礼村经月村，越牛栏岭至泾县濂坑。前一条古道已经为330国道所取代，后一条古道从月村至牛栏岭依然隐藏在崇山峻岭之中。

兴隆镇大礼村在旌德县北，属黄山北麓，西北与太平、泾县毗连。全村主要聚居着戴、刘、朱、吕四大姓。因山川秀丽，地阜物丰，人丁兴旺，人民生活富裕，旧有"小小旌德县，大大大礼村"之誉。

大礼村的地标，270多年来一直为表灵塔所占据。

表灵塔前曾经是大片的农田，塔后是成排的民居，背景是起伏的群山。

从三溪方向入大礼村，远远地就可以看见雄伟的塔姿，犹如一支巨笔直指苍穹。

表灵塔是旌德现存最高的古塔，建于清乾隆十三年（1748）正月，乾隆十九年完工，历时7年。是大礼村朱、刘、戴、吕四姓捐银

表灵塔（江建兴摄）

共建。塔为七层八面阁楼式砖塔，脚入地一丈二尺，周十丈，基为八角形，每边广一丈。每层高一丈五六尺不等，上顶合尖，高三丈六尺，下台高三尺六寸，总高约十五丈。用老砖五十余万块，费银五千余两。

清代文学家、书法家赵青藜撰写的《表灵塔记》说到建塔的缘由，是"述形家作用"，可占风水、旺村庄，寓有"砥末俗、挽颓风，进一乡、一邑、一世于隆谷，一如夫塔之回澜障川"。总之，表灵塔的字义，就是盼望当地士子，遵循"三纲、五常"之道，和"格致诚正，修齐治平"的学说，像塔一样岿然屹立，和"礼村"命名，如出一辙。

当地人按地形风貌，把大礼村比作一张大竹排，把表灵塔比作稳定竹排的排篙。传说很久以前，一群喜爱游山玩水的人，乘着大竹排到处寻幽探胜，游览风光。当竹排行至重峦叠翠、溪流环绕的大礼村时，被这里的旖旎风光陶醉而不愿离去。于是，插篙停排，在此定居，世代繁衍。由于这里山川秀丽，地阜物丰，得天独厚，村民生活日富一日。有文化的子弟又多外出经商，把财富源源不断地汇入村里。长老智者为防财源外流，便在村口建了这座象征排篙的表灵塔，以祈千秋不朽、风雨不移。

解放战争时期，国民党军队曾利用此塔作为碉堡，负隅顽抗。1942 年 2 月、1947 年 3 月和 10 月，在这里先后发生了游击队"三打大礼村"的战事。特别是第一次，旌泾太游击队趁大礼村迎神赛会之际，攻其不备，给伪自卫队以沉重打击。

大礼村是著名抗日爱国将领、国民党淞沪警备司令部司令戴戟的故乡。戴戟任皖南行署主任期间，对禁烟、兴教、交通建设等方面卓有成绩，为官清廉，有"虎为清官让路"之故事。1940 年戴戟返大礼村祭祖时，族人在戴氏宗祠高悬由许世英题写的"桑梓崢嵘"金字匾，以表拥戴。

大礼村与月村的距离也就一二公里，曾经的古道已被乡村水泥路所替代。大礼村和月村之间现在却是名声日噪的两处网红打卡点，一是兴隆梅园，一是"云上梯田"。

两个景点均在三山村，三山村曾经的名字叫"月村"，因邻近高岭、桃子岭、濂岭三座山，并村时取了"三山"作村名。

兴隆梅园面积 500 亩，为安徽十大赏梅地之一。梅园盛景，当在早春二月。

是时，远处青山做大背景的缓坡低岭上全是梅花，一片连着一片，远远望去就是梅花的海洋。赏花的天气，最好来点细雨，要不时雨时晴，那样梅朵最见精神，梅园最展风情。举目望去，连成一片的紫红、粉红、纯白、淡绿的梅花，在微风中婆娑摇曳，简直成了花海

云上梯田（朱学文摄）

梅浪。俊男靓女们此起彼落的欢呼声、啧啧的赞叹声、照相机快门的嚓嚓声，构成一幅华丽生动的人流海洋，他们和花海梅浪相映成趣，美不胜收。

梅园的脚下就是三山村村委会驻地月村，月村村口乌溪河岸的那一排古树，把月村的历史全都浓缩进去了。

三山村的"云上梯田"近年迅速在全国升温，宣城市有关部门把三山村定为艺术山村进行点化。

"云上梯田"的美在水、在云、在光，是水、云、光的造化让其美轮美奂。

清晨登高，朝霞中的滚滚云浪飘浮在万亩水田之上，给梯田罩上了忽隐忽现的朦胧面纱。霞染云涛之中，散布于梯田中间的村居农舍、树木修竹挣扎着露出婆娑的身影。村是一二十户组团，房是粉墙红（青）瓦，树是新绿披身，它们就在波光粼粼的水田中间，在云和

山中穿行的牛栏岭古道（曹小兵摄）

雾、光和影的流动中闪现。

　　暮色远眺，夕阳将远山近景抹上一层金色，灿烂的晚霞把山间云涛染成层层红色波澜，使人不禁赞叹大自然造化之神奇。当你置身于版画般的梯田中，看着耕牛在田间犁秒，闻着空气中新鲜的泥土味，你会感觉到这是人和土地最亲密的接触，记忆中所有的乡愁都在瞬间被唤醒。

　　田间小道绿树成荫，农家倚田临水而居。纵横阡陌，似筋如骨，呵护着一丘丘水田。池塘或大或小，溪流或直或曲，与成百上千块蓄水的梯田臂挽手牵，晃化为万千魔镜，映射着天光、云雾、树木、房舍……这样的画面从高处看、从空中看，云雾光影在流动，实景和留白在交替。粼粼水田、憧憧树影、俨然屋舍、鸡鸣犬吠之声相和，就像一幅从天上飘洒下来的巨画，铺展在兴隆大地上，那种五彩斑斓、如仙似梦的淋漓动态，怎不勾人心魄？

发现"云上梯田"美的最早是摄影人，因为视角的变化，过去习以为常的景致在镜头里成了仙境。

今天原生态牛栏岭古道入口在湖田村民组牛栏岭居民点。湖田，俗称"泥田"；牛栏岭，又名"连塘岭"。桃子山、阴山、濂岭三山障于北。牛栏岭古道并不像旌歙古道那样用一块块石板横砌而成，因为岭山就是石山，表面上多风化的碎石，古道沿着小溪缓缓上山终达泾县濂坑。

解放战争时期，牛栏岭古道是一条军事要线。皖南事变后许多新四军从此道撤离泾县。1941 年，洪林在泾县濂坑组织了旌泾太游击队。为了打通此道，便利群众往来贸易和游击队活动，他们潜入旌德礼方村，责令保长撤除牛栏岭关卡，废除"不准濂坑群众外出买米"的禁令，同时镇压反动恶霸地主吕佩卿。以后，牛栏岭古道成了游击队活动要道。

今天红色故事依然在三山村民口中传颂，在三山村红色纪念馆里向游人展示。

（作者单位：旌德县政协）

红色古道：从仕川到旌阳

方光华

旌德仕川农民自卫军武装暴动走的一条道，从仕川村经绩溪县下溪村，越株树岭至霞溪而旌阳，全长 19 公里。

旌德县俞村镇仕川村，地处旌德县东隅，距县城 25 公里，旧称"里八都"。仕川地势纵长横窄，宛如象鼻。东部黄岭以北邻宁国市，黄岭以南顺时针方向绕至西界，系绩溪县地界，相对行政区划而言，仕川是旌德的一块"飞地"。

仕川大约建村于唐朝初年，喻氏从江西婺源迁往歙县堨田，有人偶然到了仕川境内，见四面环山的大片开阔地，于是燃起一堆篝火，一天一夜未熄，认为是吉祥之兆，于是举家迁入。明清时，仕川有"千灶万丁"之说。

仕川六岭回环，四溪萦绕。东有竹岭、黄岭，南有考岭，西有杨坞岭，北有磨刀岭、柿岭。"仕川之源有四，所谓四溪者也。其西南一水发源于七岭，东南二水则至黄岭、竹岭，惟正面一源出自龙潭山中……"（周赟《龙王殿记》）故仕川又有仕溪、四溪之称。在喻氏先人眼里，"仕川"寄寓了仕途发达之意。

仕溪河由南向北穿村而过，昔日的石板道古韵犹存，水口凤桥（喻家桥）身影孤单，今天已经没有多少人知道仕川是曾经的村落

六岭回环、四溪萦绕的仕川村（汤道云摄）

水口了。

　　昔日西凤山下的仕川水口，凤桥两岸双印墩上，古木参天，林荫蔽日，桥下流水潺潺，游鱼往来倏忽。桥上三圣殿，桥首关帝庙，风景绝胜，为仕川八景之"四溪印月"。

　　水口是一村兴旺发达的象征。趋利避害，是营造水口的关键法则。仕川村水口的双印墩就是改造风水的一个佐证。一藻的《双印墩记》记载清晰：

　　　　吾族世居仕溪，颇得山居胜概，冈峦环绕，而西北隅稍缺。因思胜境虽由天设，而补救亦赖人功。明嘉靖间，合族筑二印墩，以当门户，上植嘉木，蔚然葱蒨。当夫风清日美，登陟其际，高瞻远瞩，见夫人烟历落，山水清奇，俯仰上下，顾而乐之。迄今人文矗矗，家室溱溱，未必非培植之力也。后人之有能应运而兴，蔚为桢干，以光大门闾，则斯印即吾族之三槐矣。用记之，以俟来者。

晚清宁国县著名文人周赟（1835—1911）写有《四溪印月》诗：

清溪四面影迢迢，月白西楼唳玉箫。
散步夜游忘远近，清光多在凤凰桥。

在文人墨客眼里，仕川是一处充满诗情画意的地方。

特殊的地理环境，在动荡的年代，往往会产生大事件。

1926年初，旌德三都梅村青年共产党员梅大梁来到仕川小学教书。在这偏僻山区，梅大梁办起平民夜校传播马克思主义，点燃了革命的星星之火。正当革命星火燎原之际，1927年，蒋介石发动四一二反革命政变，大肆捕杀共产党人。旌德山城也随之受到波及。当时，北伐军二军六师政治部主任萧劲光委任共产党员谭梓生为旌德县县长，红色政权仅53天就被反动势力所扼杀。反动知县唐绍尧奉命带兵前来镇压革命力量。谭梓生、汪君实、喻运火、谭笑萍、芮庶康（后变节）等人迫于形势，远走武汉。半个月内，革命群众、知识青年朱甲、王观明等80余人被捕入狱，革命暂时转入低潮。

这时，远离县城的仕川，共产党人梅大梁点燃的革命星火正在燃烧。这里建立了党的秘密组织，并通过平民夜校对广大农民进行革命教育，他们很快成立了"农民自卫军"。仕川附近的汪村、考岭下、金竹坞、东山下、川下等村庄农民几乎百分之百参加了这个组织（只仕川地主、里八都村董喻长有一人未参加）。他们拥有土枪40余支，加上北伐战争中溃败下来的北兵中收缴来的步枪 27 支，一时军威大振，求战心切。恰逢组织上派往武汉学习的喻乾林、汪守仁（宪廷）、喻运火等结伴回来，他们看到仕川的农民革命活动搞得轰轰烈烈，各地农民运动风起云涌，心情异常激动，不顾谭梓生等同志在武汉时的"你们回旌德后，立即转入地下活动，积蓄力量，待机而动"的嘱咐，小觑了当时形成的一股革命逆流，他们立即参与了"农民自卫军"暴动攻城的领导与组织工作。

当时，旌德交通闭塞，消息不灵通，外地一片白色恐怖，他们知之不详。正在这时，西乡方面又派了党的特派员王廷甫和程朝干来到仕川，积极联络各乡，营救被拘捕的同志，提出："推翻土皇帝唐绍尧，拥护革命县长谭梓生再任县长，造福乡邦。"大家一致响应这一建议，并立即付诸行动。

王廷甫、程朝干于 5 月 3 日来到喻运火家，当晚在其楼上和喻乾林、汪守仁、吕贡南（吕花子）等秘密会商。他们决定 5 月 16 日拂晓，联合本县三都、二都、十五都以及西乡各地农民自卫军，一举攻下旌德城，营救被捕的同志后，立即进军绩溪并向屯溪挺进，与武汉北伐大军会师。他们当场决定由王廷甫为攻城总指挥，先潜伏在城内，相机联络各路人马；并决定程朝干负责西乡片；喻乾林、吕贡南负责东乡片；喻运火、汪守仁负责仕川片。以仕川为主力，打出"旌德第二区农民自卫军"大旗，会合一、三、四、五各区届时首先出击。

经过十多天的酝酿发动，准备工作就绪，仕川农民自卫军除有土枪、步枪六七十支外，又从宁国下中川借来两门檀树土炮，以壮军威。没有枪的则以马刀、大刀、长矛、铁尺、虎叉为武器，大家磨刀擦枪，群情激昂。

1927年5月，仕川农民暴动使用过的部分武器

5月15日晚饭后，农民自卫军在仕川下门喻氏支祠集合，自卫军首领喻世良做了动员报告。他们提出"打土豪、分田地！拥护谭梓生再当县长"等口号，而后浩浩荡荡由仕川经绩溪下溪向株树岭通往县城的大路出发。在株树岭凉亭内清点人数时，队伍人数为108人。

队伍从仕川出发，翻山越岭，黎明时分，到达旌德城下东门瑞市桥。由于队伍是临时仓促凑成的，素未训练，仅凭一时之勇，缺乏临阵实战经验。队伍刚到时，既未取得各方联络，又未按照原来部署寻求统一指挥，鼓噪向前，便鸣枪开火。其他各路自卫军因错传时间，均未能及

株树岭亭遗址，当年仕川农民暴动队伍在此清点人数（方光华摄）

时赶到。城里的攻城农民自卫军指挥部，由于组织不纯，泄露机密，攻城总指挥王廷甫等7人被内奸出卖，5月15日晚国民党反动派在瑞市桥太子殿（今酒厂老址）将他们拘捕。城里也早已防备，除了本县反动武装外，还有绩溪新县长上任路过旌德，其随行卫兵也参与作战。双方开始在相互不明情况下，打了一阵乱枪。本县反动武装中大部分人慑于农民自卫军（全县有800人）的煊赫声威，又想到谭梓生县长的德政，不敢杀伤农民，一直是朝天开枪，借以塞责。后来绩溪新任县长的卫兵一到，就对农民自卫军进行猛烈射击，农民自卫军喻灶林小腿受伤，另有自卫军青炎（又名王炎木匠）草帽被射穿，衣襟被子弹穿破，人未受伤。双方对射了约一小时，自卫军方面还点放了一门檀树炮，一声巨响，硝烟弥漫。由于炮内锅铁装得太多，炮身被炸裂，另一门就不敢再点火。仕川农民自卫军因各路援军未到，城内又早有准备，只好趁天明前撤退。城内反动武装不知底细，又怕四路

仕川农民暴动旧址（江建兴摄）

仕川农民暴动队伍由丛山关古道过霞溪
到旌德县城（方光华摄）

合击，也未开城追赶。自卫军队伍分几路撤回，受伤的喻灶林由同伴雇了轿子，遮上油布走俞村大路抬回。仕川群众不了解战况，还连夜用两匹骡子驮了子弹、火药、食品给养等，循株树岭前来支援，半路相遇，只好一同折回。

攻城第二天，王廷甫、朱甲、王观明、禾启发、张有德等13人在下东门外壮烈牺牲。

仕川农民暴动比南昌起义早两个多月，比湖南秋收起义早三个多月。暴动虽然失败，但打击了反动派的嚣张气焰，大长了革命者的志气，为我党建立革命武装、开展武装斗争积累了宝贵的经验和教训，在旌德、宣城乃至安徽革命史上留下了重重一笔。

今天，仕川农民暴动走过的路线，成了旌德年轻人接受革命传统教育的一条红色古道。他们从县城出发经霞溪、株树岭、下溪到仕川，在仕川农民暴动纪念碑下重温入党誓词，瞻仰仕川农民暴动旧址，让心灵和身体共同接受洗礼。

今天的仕川村是"中国传统村落"，宣城市"十大红色村庄"之一，村内除"仕川农民暴动旧址"喻氏支祠外，还存有30多座明清古民居，仕川正月十五跑竹马、六月六做安苗馃，仕川野小蒜都是为游人称道的美景、民俗和特产。

（作者单位：旌德县政协）